中国数字经济
政策全景图

何 伟 孙 克 胡燕妮 张 琳 续 继◎著

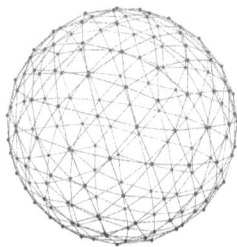

人民邮电出版社

北 京

图书在版编目（CIP）数据

中国数字经济政策全景图 / 何伟等著. -- 北京：
人民邮电出版社，2022.1（2022.3重印）
ISBN 978-7-115-55859-6

Ⅰ．①中… Ⅱ．①何… Ⅲ．①信息经济－经济政策－
研究－中国 Ⅳ．①F492.0

中国版本图书馆CIP数据核字（2020）第256375号

内 容 提 要

党的十九大以来，党中央、国务院对"实施国家大数据战略，构建以数据为关键要素的数字经济，加快建设数字中国"等工作做出重大战略部署。"数字经济"热已经是一股不容小觑的浪潮。如何读懂国家政策，如何深入理解数字经济背后的内涵、逻辑，各地政府、企业如何结合现实开展数字经济布局，本书旨在答疑解惑。本书总结提炼了全球数字经济发展的新态势和新动向，梳理了世界主要国家的数字经济政策沿革，提出了我国数字经济体系框架，整理了我国数字经济排名前十省（自治区、直辖市）的数字经济政策特征，对我国数字经济政策的制定提出展望。本书适合各级地方政府、数字经济产业体系内的企业、数字经济研究者等阅读与学习。

◆ 著　　　　何　伟　孙　克　胡燕妮　张　琳　续　继
　　责任编辑　赵　娟
　　责任印制　陈　犇

◆ 人民邮电出版社出版发行　北京市丰台区成寿寺路 11 号
　　邮编　100164　电子邮件　315@ptpress.com.cn
　　网址　https://www.ptpress.com.cn
　　北京虎彩文化传播有限公司印刷

◆ 开本：720×960　1/16
　　印张：14.5　　　　　　　　　2022 年 1 月第 1 版
　　字数：217 千字　　　　　　　2022 年 3 月北京第 2 次印刷

定价：69.90 元

读者服务热线：(010)81055493　印装质量热线：(010)81055316
反盗版热线：(010)81055315
广告经营许可证：京东市监广登字 20170147 号

纵观世界文明史，人类先后经历了农业革命、工业革命、信息革命。每一次产业技术革命都给人类的生产生活带来了巨大而深远的影响，极大提高了人类认识世界、改造世界的能力。数字技术日新月异，应用潜能全面迸发，数字经济正在经历高速增长、快速创新，并广泛渗透到其他经济领域，深刻改变世界经济的发展动力和发展方式，重塑社会治理格局。

数字经济是以数字化的知识和信息为关键生产要素，以数字技术创新为核心驱动力，以现代信息网络为重要载体，通过数字技术与实体经济深度融合，不断提高传统产业数字化、智能化水平，加速重构经济发展与政府治理模式的新型经济形态。

发展数字经济，是紧跟时代步伐、顺应产业规律的客观路径，是着眼全球、提升综合国力的战略选择，是立足国情、推动高质量发展的内在要求。当前，我国正处于大力发展新一代信息技术，推动新旧动能接续转换的关键期，是通过数字化、网络化、智能化，深化供给侧结构性改革、建设现代化经济体系的攻坚期，更是贯彻落实党中央、国务院的决策部署，发展壮大数字经济的重要机遇期，发展数字经济前景广阔、潜力巨大。

未来几十年，是数字化改造提升旧动能、培育壮大新动能的发展关键期，是全面繁荣数字经济的战略机遇期。发展契机转瞬即逝，谁能抓住机遇，谁就能赢得发展先机。我国应准确把握发展大势，明确历史方位和发展方向，加强统筹谋划，借鉴国际经验，发挥大国大市场优势，保持战略定力，增强发展动力，深化改革，努力开拓数字经济发展新局面。

"明者因时而变、知者随事而制。"顺应新一轮科技革命和产业变革的世界大潮，中国信息通信研究院将一如既往，笃学求真，持续加强数字经济研究，坚持基础理论与产业实践相结合、国内发展与国际经验相结合、历史进程与战略远景相结合，努力探求数字经济内在机理，努力洞悉数字经济发展规律，努力为社会各界提供开卷有益的智库成果，为新时代数字中国建设做出更大的贡献。

···· CONTENTS **目录**

第一章

数字经济发展新态势

在全球经济缓慢曲折的复苏进程中，以云计算、大数据、物联网、人工智能为代表的新一代信息技术创新发展、广泛渗透，在持续催生新兴产业的同时，不断激发传统产业的发展活力，数字经济呈现出持续快速增长的态势，对经济增长的拉动作用愈加凸显。基于数据可获得性、国家代表性等方面的考虑，本章在获取各国投入产出表、信息和通信技术（Information and Communication Technology, ICT）产出及相关价格数据等基础上，采用投入产出方法，测算 ICT 产业对国民经济的贡献程度，重点对美国、英国、中国、日本、印度等 47 个国家的数字经济发展情况进行比较分析。

一、数字经济规模不断扩张

各国数字经济蓬勃发展。当前，在全球经济缓慢复苏，增长动能减弱，不确定和不稳定因素明显增多的背景下，各国数字经济的发展依然取得了明显的成效。2018 年，美国数字经济规模蝉联全球第一，达到 12.34 万亿美元，中国依然保持全球第二大数字经济体地位，数字经济规模达到 4.73 万亿美元，德国、日本、英国、法国数字经济规模均超过 1 万亿美元，分别达到 2.4 万亿美元、2.29 万亿美元、1.73 万亿美元、1.16 万亿美元，位列第三位至第六位。韩国、印度数字经济规模较大，超过 5000 亿美元。加拿大、巴西、意大利、俄罗斯、新加坡等国家的数字经济规模也都超过了 1000 亿美元。芬兰、丹麦、挪威等北欧国家，马来西亚、泰国、越南等东南亚国家，奥地利、匈牙利等中欧国家，数字经济规模为 100 亿～ 1000 亿美元。欧洲的立陶宛、斯洛文尼亚、爱沙尼亚、拉脱维亚、塞浦路斯等国家，数字经济体量较小，不足 100 亿美元。2018 年全球主要国家数字经济规模如图 1-1 所示。

各国数字经济排名与国内生产总值（GDP）排名基本相当。2018 年，在所测算的 47 个国家中，美国、中国、英国、法国、瑞士、比利时、新西兰、塞浦路斯 8 个国家的数字经济排名与 GDP 排名持平。德国、韩国、墨西哥、爱尔兰、新加坡、芬兰等 17 个国家，数字经济排名较 GDP 排名有所提升，其中，新加坡和爱尔兰排名提升幅度最大，分别提升 11 个和 10 个名次。另有日本、印度、意大利、印度尼西亚、土耳其等 22 个国家的数字经济排名较 GDP 排名有不同程度的下降，其中，土耳其的数字经济排名较 GDP 排名下降了 12 个名次，下降幅度最大。2018 年全球主要国家数字经济排名与 GDP 排名比较见表 1-1。

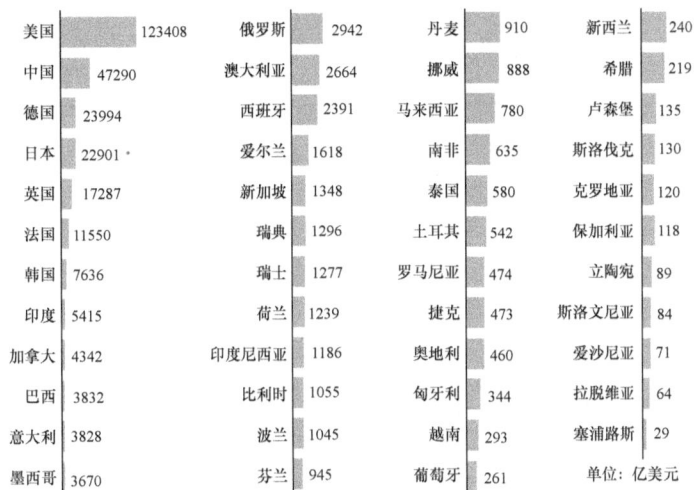

美国	123408	俄罗斯	2942	丹麦	910	新西兰	240
中国	47290	澳大利亚	2664	挪威	888	希腊	219
德国	23994	西班牙	2391	马来西亚	780	卢森堡	135
日本	22901	爱尔兰	1618	南非	635	斯洛伐克	130
英国	17287	新加坡	1348	泰国	580	克罗地亚	120
法国	11550	瑞典	1296	土耳其	542	保加利亚	118
韩国	7636	瑞士	1277	罗马尼亚	474	立陶宛	89
印度	5415	荷兰	1239	捷克	473	斯洛文尼亚	84
加拿大	4342	印度尼西亚	1186	奥地利	460	爱沙尼亚	71
巴西	3832	比利时	1055	匈牙利	344	拉脱维亚	64
意大利	3828	波兰	1045	越南	293	塞浦路斯	29
墨西哥	3670	芬兰	945	葡萄牙	261	单位：亿美元	

数据来源：中国信息通信研究院

图1-1 2018年全球主要国家数字经济规模

表 1-1 2018 年全球主要国家数字经济排名与 GDP 排名比较

国家	数字经济排名	GDP排名	数字经济排名提升	国家	数字经济排名	GDP排名	数字经济较GDP排名提升幅度
美国	1	1	0	丹麦	25	30	5
中国	2	2	0	挪威	26	25	-1
德国	3	4	1	马来西亚	27	29	2
日本	4	3	-1	南非	28	27	-1
英国	5	5	0	泰国	29	23	-6
法国	6	6	0	土耳其	30	18	-12
韩国	7	12	5	罗马尼亚	31	34	3
印度	8	7	-1	捷克	32	33	1

（续表）

国家	数字经济排名	GDP排名	数字经济排名提升	国家	数字经济排名	GDP排名	数字经济较GDP排名提升幅度
加拿大	9	10	1	奥地利	33	24	−9
巴西	10	9	−1	匈牙利	34	38	4
意大利	11	8	−3	越南	35	32	−3
墨西哥	12	15	3	葡萄牙	36	35	−1
俄罗斯	13	11	−2	新西兰	37	37	0
澳大利亚	14	13	−1	希腊	38	36	−2
西班牙	15	14	−1	卢森堡	39	40	1
爱尔兰	16	26	10	斯洛伐克	40	39	−1
新加坡	17	28	11	克罗地亚	41	42	1
瑞典	18	21	3	保加利亚	42	41	−1
瑞士	19	19	0	立陶宛	43	44	1
荷兰	20	17	−3	斯洛文尼亚	44	43	−1
印度尼西亚	21	16	−5	爱沙尼亚	45	46	1
比利时	22	22	0	拉脱维亚	46	45	−1
波兰	23	20	−3	塞浦路斯	47	47	0
芬兰	24	31	7				

数据来源：中国信息通信研究院，世界银行

注：表中"GDP排名"是指各国在所测算的47个国家中的排名。"数字经济排名提升"列中正值表示数字经济排名较GDP排名提升位次，负值表示数字经济排名较GDP排名下降位次。

各国数字经济成为国民经济的重要组成部分。 2018年，英国、美国、德国数字经济在GDP中已占据绝对主导地位，英国数字经济占GDP比重达到61.2%，美国数字经济占GDP比重为60.2%，德国数字经济占GDP比重为60.0%，占比排名位列所测算的47个国家中的前三位。韩国、日本、爱尔兰、法国数字经济占GDP比重超过40%，分别为47.2%、46.1%、43.0%、41.6%，位列第四位至第七位。新加坡、中国、芬兰、墨西哥数字经济占GDP比重都超过了30%。丹麦、加拿大、巴西、印度、澳大利亚、俄罗斯、南非、斯洛文尼亚等25个国家，数字经济占GDP

比重为 15%～30%。而荷兰、越南、新西兰、泰国、印度尼西亚等 11 个国家，数字经济占 GDP 比重低于 15%，其中，土耳其数字经济占 GDP 比重仅为 7.1%，其数字经济对国民经济的贡献较弱。2018 年全球主要国家数字经济占 GDP 比重如图 1-2 所示。

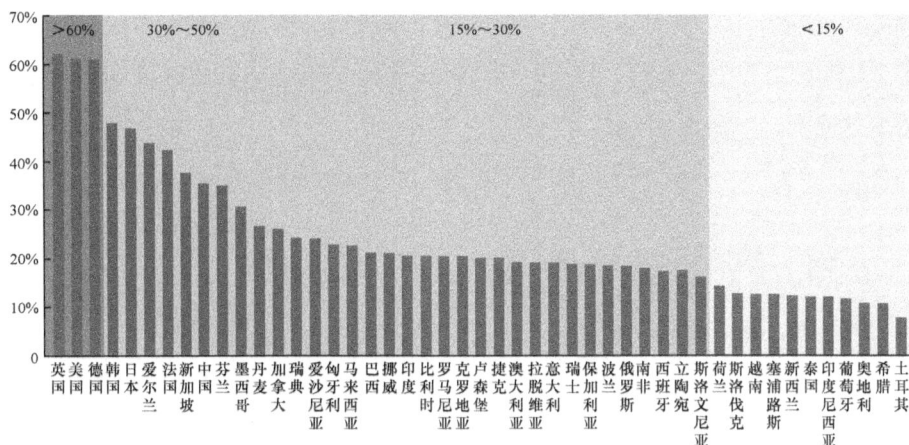

数据来源：中国信息通信研究院，世界银行

图1-2　2018年全球主要国家数字经济占GDP比重

二、数字经济增长动力强劲

2018 年，世界经济缓慢复苏，但增长基础并不稳固，增长速度趋于放缓，增长动能开始减弱，不确定不稳定的影响因素明显增多。国际货币基金组织（International Monetary Fund，IMF）、世界银行、经济合作与发展组织（Organization for Economic Co-operation and Development，OECD）纷纷下调全球经济增长预期。在此背景下，**持续高速增长的数字经济，将为缓解经济下行压力，带动全球经济复苏贡献巨大力量。**

各国数字经济保持快速增长。2018 年，在所测算的 47 个国家中：爱尔兰数字经济增长最快，增速达到 19.5%；中国位列第二位，增速为 17.5%[1]；爱沙尼亚、

1　此处的中国数字经济增速是根据2017年和2018年美元兑人民币平均汇率换算的中国数字经济规模进行测算。

捷克和马来西亚数字经济增速位列第三位至第五位，分别为 15.8%、15.8% 和 15.1%；拉脱维亚、韩国、法国、德国、南非等 21 个国家数字经济增速均超过 10%；新加坡、泰国、英国、美国、印度、日本等 19 个国家数字经济增速为 0 ~ 10%；而土耳其和巴西数字经济增速有所下降，同比分别下滑了 2.8 个和 6.7 个百分点。2018 年全球主要国家数字经济增速与 GDP 增速如图 1-3 所示。

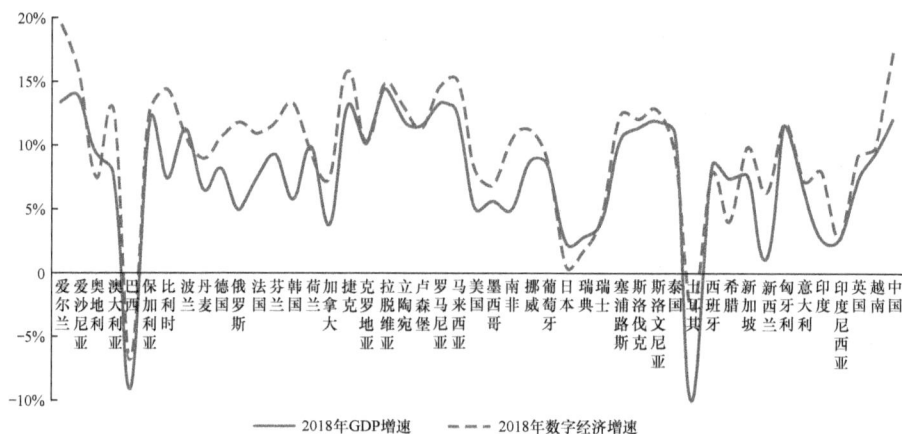

数据来源：中国信息通信研究院，世界银行

图1-3　2018年全球主要国家数字经济增速与GDP增速

各国数字经济增速高于同期 GDP 增速[1]。2018 年，所测算的 47 个国家中有 38 个国家数字经济增速显著高于 GDP 增速，占所有测算国家的 80.9%，其中：韩国和土耳其提升幅度最大，数字经济增速分别高于 GDP 增速 7.5 个和 7.2 个百分点；比利时、南非、中国、印度、澳大利亚等 8 个国家数字经济增速高于同期 GDP 增速幅度均超过 5 个百分点。而卢森堡、西班牙、泰国、日本等 9 个国家数字经济增速低于同期 GDP 增速，其中，希腊数字经济增速低于 GDP 增速约 3.2 个百分点。2018 年全球主要国家数字经济增速较 GDP 增速提升幅度如图 1-4 所示。

1　这里的GDP增速为根据GDP规模测算的名义增速。

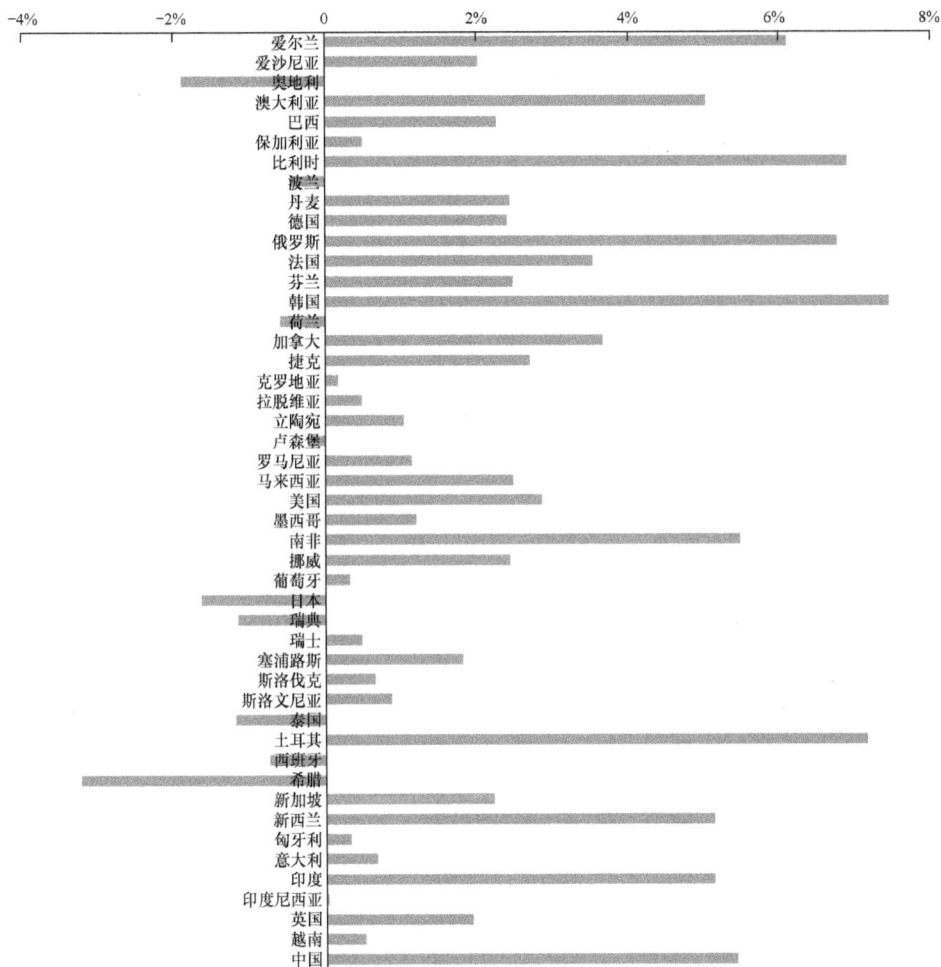

数据来源：中国信息通信研究院，世界银行

图1-4　2018年全球主要国家数字经济增速较GDP增速提升幅度

各国数字经济增长对 GDP 增长贡献较大。2018 年，所测算的 47 个国家数字经济增长对同期 GDP 增长的贡献率均为正值。韩国、美国、英国、德国、中国、法国、印度等 9 个国家数字经济增长对 GDP 增长的贡献率均超过 50%，韩国高达 100.8%，美国也达 91.8%，英国和德国分别为 76.5% 和 75.8%。加拿大、南非、意大利等 18 个国家数字经济增长对 GDP 增长的贡献率均高于 20%。除奥地利、希腊、土耳其以外，其余国家数字经济增长对 GDP 增长的贡献率为 10% ～ 20%。

数字经济在各国国民经济中的地位不断提升，成为拉动经济增长的重要引擎。2018 年全球主要国家数字经济增长对 GDP 增长的贡献如图 1-5 所示。

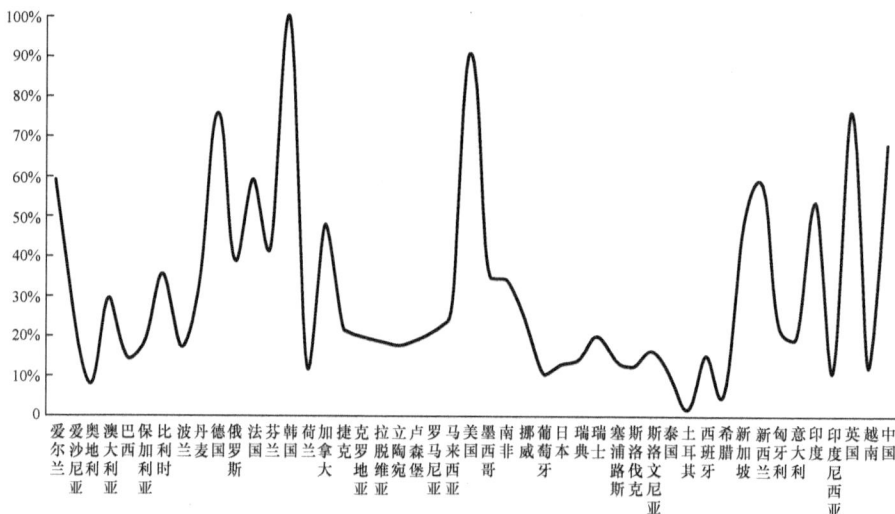

数据来源：中国信息通信研究院，世界银行

图1-5 2018年全球主要国家数字经济增长对GDP增长的贡献

三、传统产业加快数字化转型

数字产业化不同是各国数字经济产生差距的主要原因。从数字经济内部结构看，数字产业化平稳推进，是数字经济的先导产业。2018 年，美国数字产业化规模全球领先，为 1.5 万亿美元；中国、日本、德国、韩国、英国数字产业化规模均超过 2000 亿美元，排名第二至第六，分别为 9689 亿美元、3548 亿美元、2410 亿美元、2253 亿美元、2038 亿美元；法国和印度数字产业化规模也超过了 1000 亿美元，分别为 1728 亿美元和 1511 亿美元；其余国家数字产业化规模均低于 1000 亿美元。其中，塞浦路斯数字产业化规模最小，仅为 11 亿美元，是美国的 1/1385。

各国产业数字化蓬勃发展、差距较大，是数字经济发展的主引擎。2018 年，美国产业数字化规模达到10.8 万亿美元，独占鳌头；中国产业数字化规模为3.8 万亿美元，位列第二位；德国、日本、英国产业数字化规模也均超过了 1 万亿美元；法国、韩国、印度、加拿大、巴西、意大利、墨西哥、俄罗斯、澳大利亚、西班牙、爱尔兰 11 个国家产业数字化规模均超过 1000 亿美元，位列第六位至第十六位；其余国家产业数字化规模均低于 1000 亿美元。其中，塞浦路斯仅为 18 亿美元，是排名第一的美国的 1/6010。产业数字化规模的巨大差距也是造成数字经济鸿沟的重要原因。

各国产业数字化在数字经济中占据主导地位。2018 年，各国产业数字化占数字经济比重均超过 50%。德国产业数字化占数字经济比重达到 90%；英国、美国、澳大利亚、法国、日本、南非、巴西、加拿大等 12 个国家产业数字化占数字经济比重也均超过 80%；其余绝大部分国家产业数字化占数字经济比重为 60% ～ 80%，只有奥地利、印度尼西亚、斯洛伐克和土耳其 4 国产业数字化占数字经济比重为 50% ～ 60%。数字经济规模越大的国家，产业数字化占数字经济的比重越高。2018 年全球主要国家数字经济各部分占数字经济比重如图 1-6 所示。2018 年全球主要国家数字产业化规模和产业数字化规模分别如图 1-7 和图 1-8 所示。

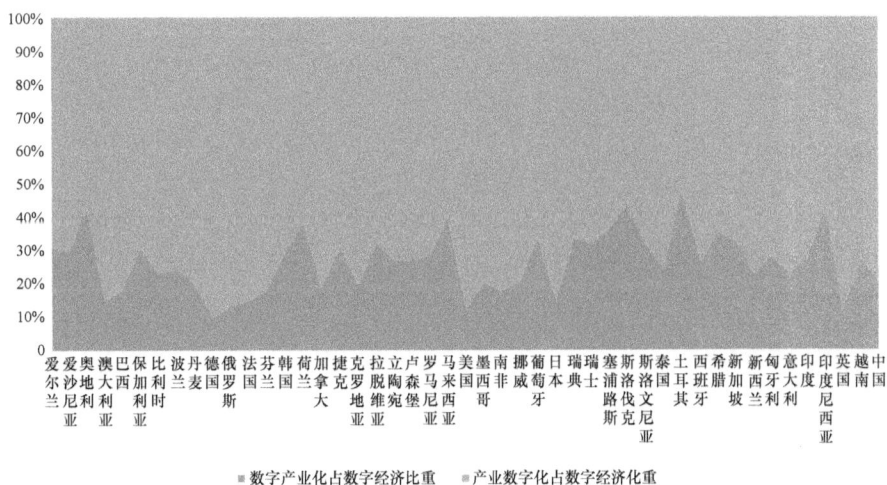

■数字产业化占数字经济比重　■产业数字化占数字经济化重

数据来源：中国信息通信研究院

图1-6　2018年全球主要国家数字经济各部分占数字经济比重

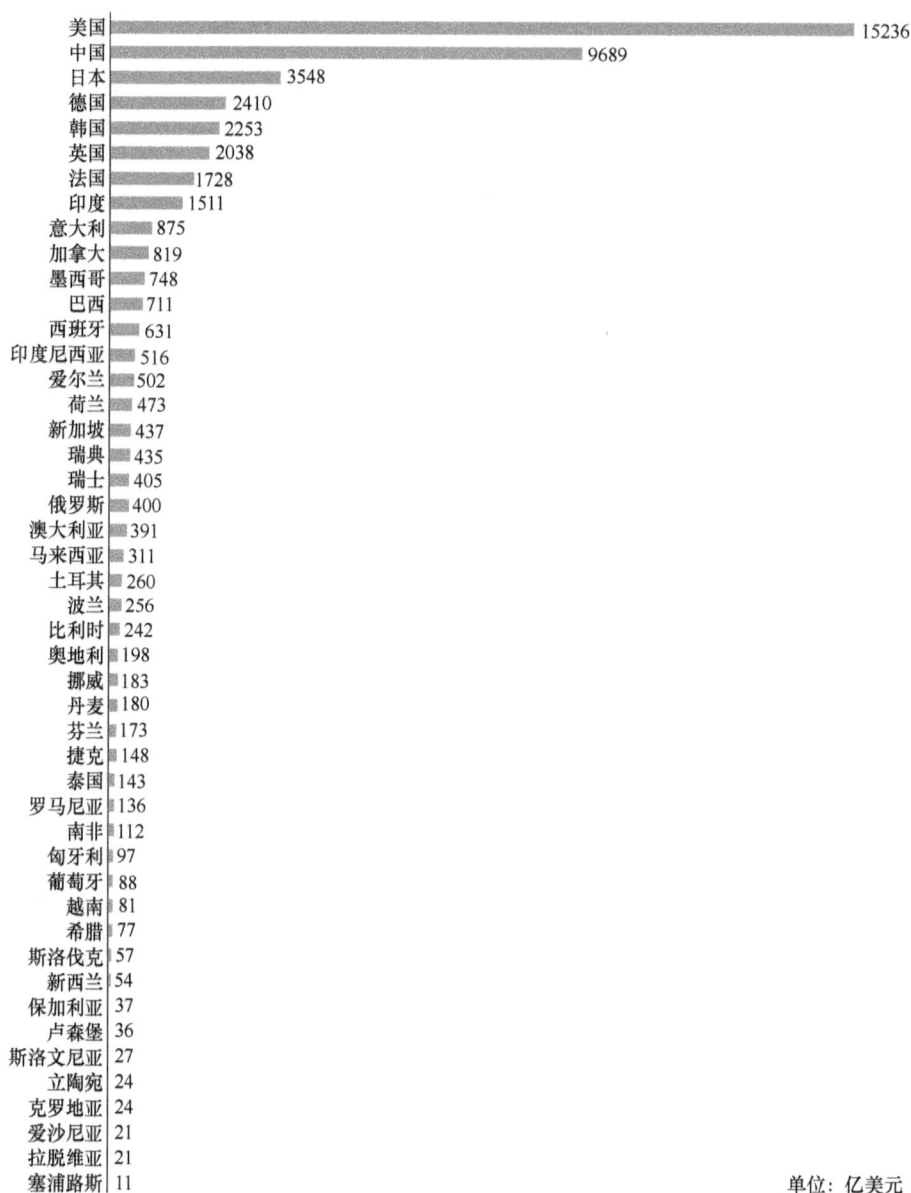

国家	数值
美国	15236
中国	9689
日本	3548
德国	2410
韩国	2253
英国	2038
法国	1728
印度	1511
意大利	875
加拿大	819
墨西哥	748
巴西	711
西班牙	631
印度尼西亚	516
爱尔兰	502
荷兰	473
新加坡	437
瑞典	435
瑞士	405
俄罗斯	400
澳大利亚	391
马来西亚	311
土耳其	260
波兰	256
比利时	242
奥地利	198
挪威	183
丹麦	180
芬兰	173
捷克	148
泰国	143
罗马尼亚	136
南非	112
匈牙利	97
葡萄牙	88
越南	81
希腊	77
斯洛伐克	57
新西兰	54
保加利亚	37
卢森堡	36
斯洛文尼亚	27
立陶宛	24
克罗地亚	24
爱沙尼亚	21
拉脱维亚	21
塞浦路斯	11

单位：亿美元

数据来源：中国信息通信研究院、OECD、各国统计局等

图1-7 2018年全球主要国家数字产业化规模

国家	数值
美国	108172
中国	37600
德国	21584
日本	19353
英国	15249
法国	9822
韩国	5382
印度	3904
加拿大	3523
巴西	3121
意大利	2954
墨西哥	2922
俄罗斯	2542
澳大利亚	2273
西班牙	1760
爱尔兰	1116
新加坡	911
瑞士	872
瑞典	861
比利时	812
波兰	789
芬兰	771
荷兰	766
丹麦	730
挪威	705
印度尼西亚	669
南非	523
马来西亚	469
泰国	437
罗马尼亚	337
捷克	325
土耳其	282
奥地利	262
匈牙利	247
越南	212
新西兰	186
葡萄牙	173
希腊	141
卢森堡	99
克罗地亚	96
保加利亚	81
斯洛伐克	73
立陶宛	65
斯洛文尼亚	58
爱沙尼亚	50
拉脱维亚	44
塞浦路斯	18

单位：亿美元

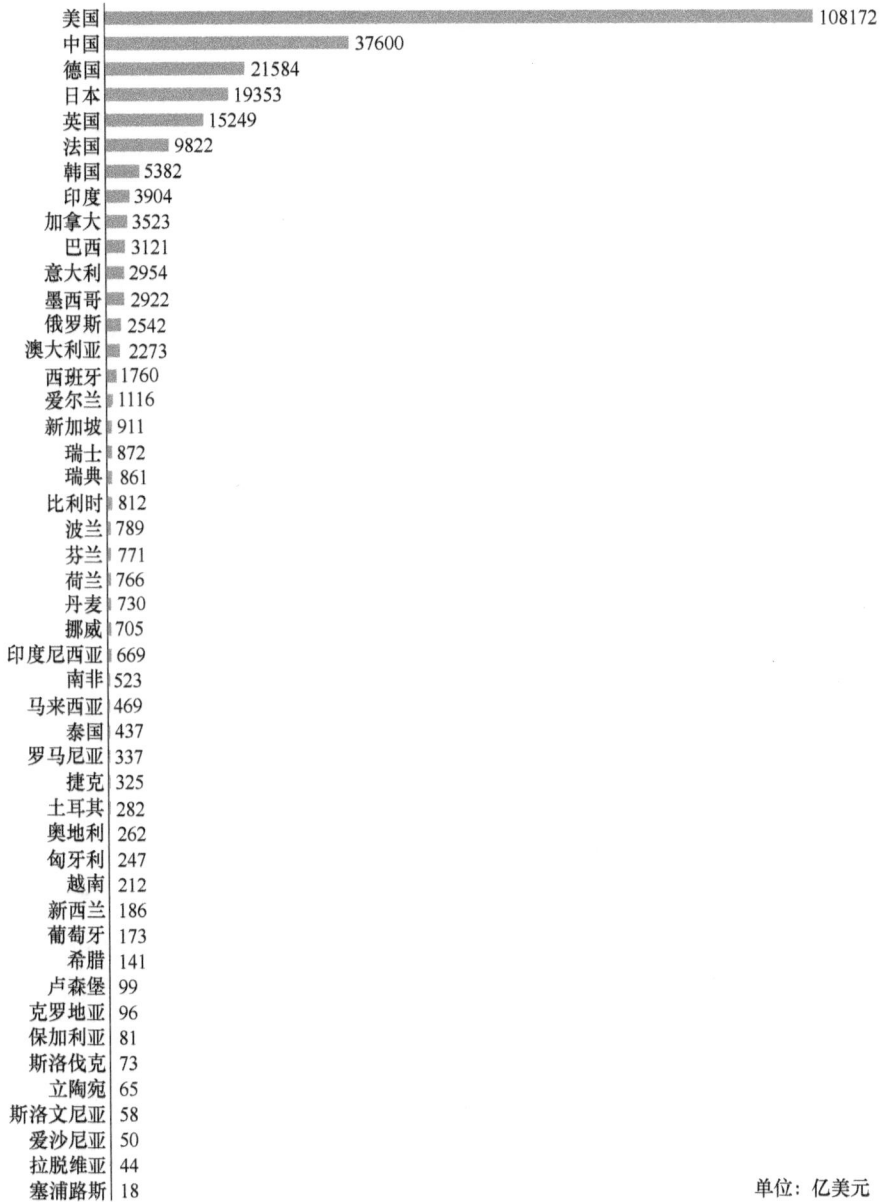

数据来源：中国信息通信研究院

图1-8　2018年全球主要国家产业数字化规模

各国产业数字化是拉动经济增长的关键核心动力。数字产业化在 GDP 中的占比基本保持稳定，且差距不大。2018 年，各国数字产业化占 GDP 比重为 2.4%～13.9%。其中，韩国、爱尔兰、新加坡 ICT 产业发达，数字产业化占 GDP 比重分别为 13.9%、13.4%、12.0%；马来西亚、瑞典、美国、英国等绝大多数国家数字产业化占 GDP 比重为 4%～10%；克罗地亚、巴西、葡萄牙、希腊、土耳其、越南、南非、泰国、澳大利亚、新西兰、俄罗斯 11 个国家数字产业化占 GDP 比重低于 4%。而各国产业数字化占 GDP 比重差异较大。2018 年，德国、英国和美国产业数字化占 GDP 比重最高，分别为 54.0%、54.0% 和 52.8%；其余大部分国家为 10%～40%；新西兰、越南、泰国、荷兰、塞浦路斯、葡萄牙、斯洛伐克、希腊、印度尼西亚、奥地利、土耳其 11 个国家产业数字化占 GDP 比重较低，均低于 10%。2018 年全球主要国家数字经济各部分占 GDP 比重如图 1-9 所示。

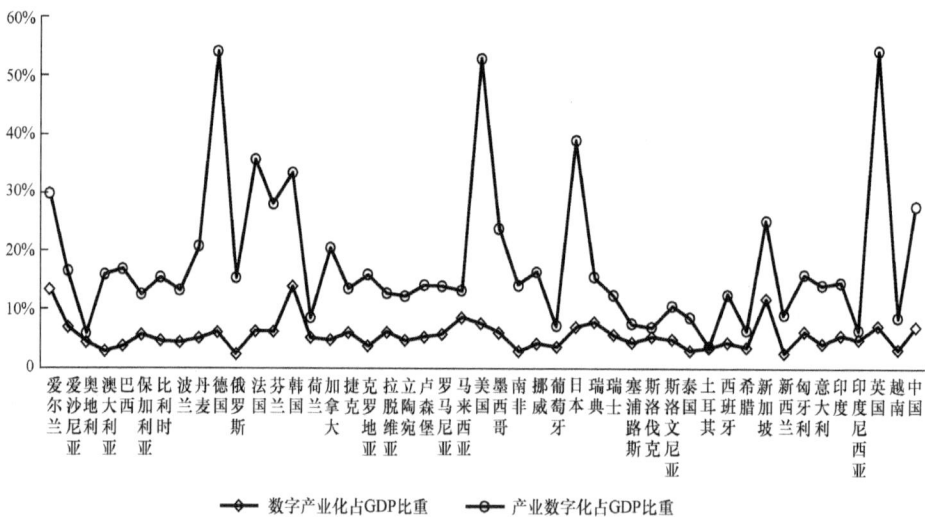

数据来源：中国信息通信研究院

图1-9　2018年全球主要国家数字经济各部分占GDP比重

四、全球数字经济发展分化

发达国家[1]数字经济发展领先于发展中国家。根据联合国最新的"人类发展指数"（*Human Development Indices and Indicators*），在所测算的 47 个国家中，挪威、瑞士、澳大利亚、爱尔兰、德国、瑞典、新加坡、荷兰、丹麦、加拿大、美国、英国、芬兰、新西兰、比利时、日本、奥地利、卢森堡、韩国、法国 20 个国家为发达国家。从规模来看，2018 年，20 个发达国家数字经济规模达到 22.5 万亿美元，而 27 个发展中国家数字经济规模仅为 7.7 万亿美元，发达国家数字经济体量是发展中国家的 2.9 倍。从占比来看，2018 年发达国家数字经济占 GDP 比重已达到半壁江山，而发展中国家数字经济占 GDP 比重低于发达国家 24.3 个百分点，仅为 25.7%。从增速来看，2018 年，发展中国家数字经济增速为 12.9%，快于发达国家 4.9 个百分点。2018 年发展中国家和发达国家数字经济发展差距如图 1-10 所示。

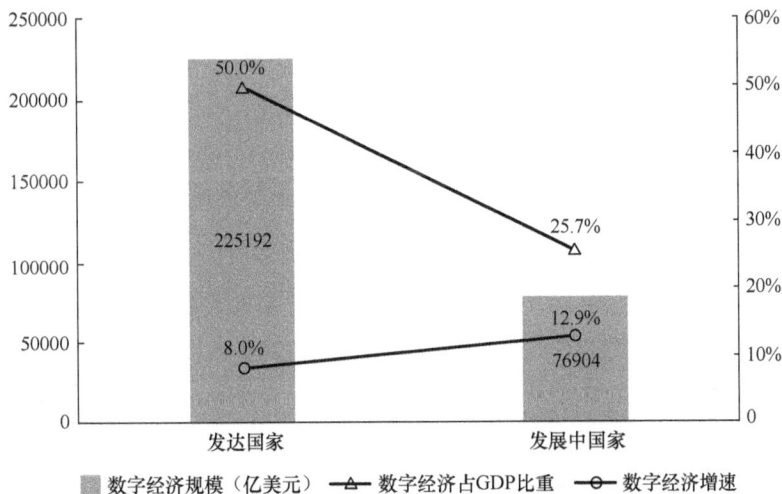

图例：▨ 数字经济规模（亿美元）　△ 数字经济占GDP比重　○ 数字经济增速

数据来源：中国信息通信研究院

图1-10　2018年发展中国家和发达国家数字经济发展差距

---

1 传统的用人均GDP判断发达国家的方法存在很多缺点：首先，人均GDP很不稳定，受汇率、物价等因素影响波动很大；其次，人均GDP也只代表了一个国家的经济水平，并不能代表其全面发展水平。为此，联合国开发计划署编制了"人类发展指数"，它能更全面地刻画一个国家经济社会的发展水平，成为界定一个国家是否属于发达国家的重要标准，"人类发展指数"不低于0.9的国家为发达国家。

　　各大洲数字经济发展差距较大。发达国家多聚集于美洲[1]、欧洲[2]、大洋洲[3]，数量众多的发展中国家多聚集于亚洲[4]、非洲[5]，由此造成各大洲数字经济的发展存在较大的差距。2018 年，发达国家聚集区的美洲、欧洲、大洋洲呈现出数字经济规模大、占比高、增速慢的特点：美洲数字经济规模和数字经济规模占 GDP 比重在五大洲中排名第一，达到 13.5 万亿美元和 53.5％；欧洲数字经济规模为 7.2 万亿美元，占 GDP 比重为 36.5％。发展中国家聚集区的亚洲和非洲，数字经济规模小、占比低，但增速较快；亚洲数字经济规模为 9.1 万亿美元，占 GDP 比重为 32.6％，但增速达到 11.1％；以南非为代表的非洲数字经济规模仅为 635 亿美元，占 GDP 比重为 17.3％，但增速较快，达到 10.5％。而位于南半球的大洋洲，数字经济发展呈现出规模小、占比低、增速快的特点，2018 年，以澳大利亚和新西兰为代表的大洋洲数字经济规模为 2904 亿美元，占 GDP 比重为 17.7％，与同为发达国家聚集区的美洲和欧洲差距较大，但增速在五大洲中位列第一，同比增长 12.1％。

五、数字经济国际合作深化

　　各个多边合作框架为共同推动数字经济发展创造良好的国际环境。近年来，金砖国家、二十集团（G20）、OECD、亚洲太平洋经济合作组织（Asia-Pacific Economic Cooperation，APEC）等采用多边合作机制的组织在推动数字经济发展中积极作为。从规模来看，2018 年，G20 的 17 个成员[6]数字经济规模最大，超

1　测算国家包含美国、加拿大、墨西哥、巴西。

2　测算国家包含德国、法国、英国、爱尔兰、奥地利、比利时、丹麦、芬兰、荷兰、卢森堡、挪威、瑞典、瑞士、意大利、爱沙尼亚、保加利亚、波兰、捷克、克罗地亚、拉脱维亚、立陶宛、罗马尼亚、葡萄牙、斯洛伐克、斯洛文尼亚、西班牙、希腊、匈牙利。

3　测算国家包括澳大利亚、新西兰。

4　测算国家包括韩国、日本、俄罗斯、印度、印度尼西亚、中国、马来西亚、泰国、越南、塞浦路斯、土耳其、新加坡。

5　测算国家包括南非。

6　测算国家包括美国、日本、德国、法国、英国、意大利、加拿大、俄罗斯、中国、澳大利亚、巴西、印度、印度尼西亚、墨西哥、南非、韩国、土耳其。

过 28.3 万亿美元；OECD 的 32 个成员国[1]数字经济规模位居第二，为 23.7 万亿美元；APEC 的 14 个成员[2]数字经济规模为 21.9 万亿美元；金砖五国[3]数字经济规模也超过了 6 万亿美元。从占比来看，以发达经济体居多的 OECD 和 G20 数字经济占 GDP 比重最高，分别达到 45.7% 和 43.5%；受美国、韩国、日本等发达国家数字经济较高占比影响，APEC 数字经济占 GDP 比重达到 44.4%；而全部为发展中国家的金砖五国数字经济占 GDP 比重则较低，仅为 29.7%。从增速来看，发展中国家占比越高的多边合作组织数字经济规模增速越快，2018 年，金砖五国数字经济规模增速最快，同比增长 14.3%；APEC 成员由于有较多的发展中国家，数字经济规模增速位居第二，达到 9.3%；而发达国家最多的 OECD 数字经济规模增速最慢，仅为 8.0%，G20 数字经济规模同比增长 9.1%。2018 年各多边合作机制数字经济发展情况如图 1-11 所示。

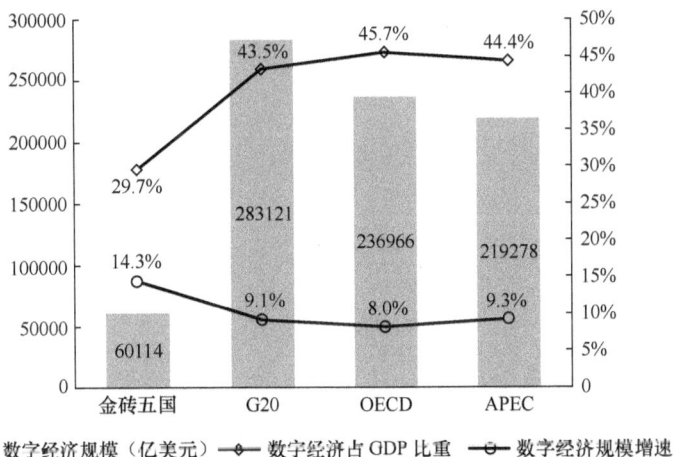

数据来源：中国信息通信研究院

图1-11 2018年各多边合作机制数字经济发展情况

---

1 测算国家包括澳大利亚、奥地利、比利时、加拿大、捷克、丹麦、爱沙尼亚、芬兰、法国、德国、希腊、匈牙利、爱尔兰、意大利、日本、韩国、拉脱维亚、卢森堡、墨西哥、荷兰、新西兰、挪威、波兰、葡萄牙、斯洛伐克、斯洛文尼亚、西班牙、瑞典、瑞士、土耳其、英国、美国。

2 测算国家包括中国、澳大利亚、加拿大、印度尼西亚、日本、韩国、马来西亚、墨西哥、新西兰、俄罗斯、新加坡、泰国、美国、越南。

3 测算国家包括中国、俄罗斯、印度、巴西、南非。

第二章

全球数字经济政策新动向

多数发达国家较早地认识到数字经济的重要性，数字经济发展战略布局起步较早。

美国是全球最早布局数字经济的国家，20世纪90年代就启动了"信息高速公路"战略，并相继发布了《浮现中的数字经济》《新兴的数字经济Ⅱ》《数字经济2000》《数字经济2002》《数字经济2003》等报告，为数字经济的发展打下了坚实的基础。

日本政府早在2001年就提出了《e-Japan战略》，随后又相继发布了《u-Japan战略》《i-Japan战略2015》《ICT成长战略》《智能日本ICT战略》等，以实现数字经济信息化、网络化、智能化各阶段发展有章可循。

英国也是很早出台数字经济政策的国家，2009年发布的《数字英国》计划，是"数字化"首次以国家顶层设计的形式出现，随后英国相继发布了《信息经济战略2013》《英国数字经济战略（2015—2018）》等，明确了英国数字经济发展的短期方向和长期目标，旨在将英国建成数字经济强国。

相比之下，发展中国家对于数字经济的布局相对滞后，多数发展中国家近几年才开始着手布局相关战略。

2015年印度推出的"数字印度"计划，主要包括普及宽带上网、建立全国数据中心和促进电子政务3个方面。

2016年，巴西颁布《国家科技创新战略（2016—2019年）》，将数字经济和数字社会明确列为国家优先发展的11个领域之一。

2017年，俄罗斯将数字经济列入《俄联邦2018—2025年主要战略发展方向目录》，编制完成《俄联邦数字经济规划》，于2018年进入实施阶段，借助数字经济提升各个发展环节的效率。

发展中国家尽管发展数字经济起步较晚，但已经积极开展数字经济规划布局，营造数字经济发展的宽松环境，抓住数字经济发展新机遇，努力实现与发达国家并驾齐驱。

一、创新驱动成为数字经济发展的优先选择

欧盟于 2013 年提出"人脑计划"和"石墨烯旗舰项目",开启了探索人工智能领域的大门。近年来,欧盟不断升级人工智能战略,先后通过了《人工智能通讯》《欧盟人工智能》《人工智能合作宣言》《人工智能协调计划》《可信人工智能的政策与投资建议》《人工智能白皮书——通往卓越和信任的欧洲路径》,通过加强欧盟各国合作交流,提升人工智能研发能力和推动人工智能的应用。

21 世纪以来,美国不断升级创新政策,先后发布了《美国创新战略》《美国创新新战略》《在数字经济中实现增长与创新》,全面提升国家创新能力。2016 年至今,美国先后出台了《联邦大数据研发战略计划》《国家人工智能研究和发展战略计划》《为人工智能的未来做好准备》《美国机器智能国家战略报告》《2018 年国防部人工智能战略摘要——利用人工智能促进安全与繁荣》,并于 2019 年启动"美国人工智能计划",从大数据、人工智能等前沿科技领域推动数字经济发展。

德国联邦政府高度重视战略规划对科技创新的引领作用,先后出台了《德国 2020 高科技战略》《高科技战略行动计划》《新高科技战略——为德国而创新》《高技术战略 2025》,不断升级高科技创新战略。

日本从 2013 年开始每年发布《科学技术创新综合战略》,提出从"智能化、系统化、全球化"的角度推动科技创新。近年来,日本科技创新战略主要围绕"超智能社会"展开,先后出台了《第五期科学技术基本计划(2016—2020)》《集成创新战略》《第 2 期战略性创新推进计划(SIP)》《综合创新战略 2019》等。

俄罗斯从 2016 年开始先后通过了《俄罗斯联邦科学技术发展战略》《俄联邦科技发展战略实施计划》《俄罗斯联邦国家科技发展计划》《关于发展俄罗斯人工智能》《俄罗斯 2030 年前国家人工智能发展战略》,重点支持数字技术创新。

中国于 2017 年颁布了《关于创新管理优化服务培育壮大经济发展新动能加快新旧动能接续转换的意见》,从提高政府服务的能力和水平、探索包容创新审慎的监管

制度、激发新生产要素流动的活力和强化支撑保障机制建设等方面深入落实发展目标。

哈萨克斯坦于 2017 年通过了"数字哈萨克斯坦"国家方案,提出打造"创新型生态体系",通过在商业、学术领域和国家之间建立稳定的横向联系,为发展技术型企业和创新型企业创造条件。

二、新型基础设施支撑各国经济社会发展

巴西、印度等发展中国家重点关注基础设施建设。2016 年,巴西通信部发布了"智慧巴西"国家宽带发展计划,深入落实网络基础设施建设项目,目标是到 2018 年光纤城市覆盖率达到 70%。2015 年,印度总理提出"数字印度"战略,该战略聚焦基础设施建设,并指出支撑数字化转型的九大支柱,具体包括高速宽带、普及移动连接、公共网络接入项目、全面信息化等。

2015 年,印度尼西亚提出"2020 年迈向数字化愿景",确立数字经济是印度尼西亚未来的发展方向,并于 2016 年制定了"电子商务路线图",把电信基础设施作为支持电子商务发展的 8 个方面之一,通过强化宽带建设来发展电信基础设施,助力数字经济发展。

美国从 2010 年开始实施超宽带计划,提出"数字国家"概念,围绕基础设施、互联网、移动互联网等方面先后出台了《数字化国家:21 世纪美国通用互联网宽带接入进展》《探索数字国家:美国家庭宽带互联网应用》《数字国家:扩大互联网使用》《探索数字国家:计算机和互联网家庭应用》《探索数字国家:美国新兴在线体验》《探索数字国家:拥抱移动互联网》,指出到 2020 年至少为 1 亿个家庭提供最低 100Mbit/s 的实际下载速率和最低 50Mbit/s 的实际上传速率。

德国 2014 年出台《数字议程(2014—2017)》,提出在 2018 年之前建成覆盖全国、下载速度在 50Mbit/s 以上的高速宽带网络的目标。在这之后,2016 年德国发布《数字化战略 2025》,提出未来十年德国经济数字化转型的十大行动步

骤，具体包括打造千兆光纤网络、推进智能互联、加强软硬件信息安全、增强研发能力等。2017 年，德国出台了《德国 5G 战略》，并发布"建设数字化"战略，致力于提升 5G 网络应用能力，夯实数字化基础设施。

英国提出到 2015 年年底使全国 2Mbit/s 宽带覆盖率达到 100%，到 2017 年年底使全国 24Mbit/s 超高速宽带覆盖率达到 95%。同时，英国在 2019 年秋季预算报告中提出《电信基础设施草案》，给予新光纤网络最长可达 5 年的地方企业税率优惠，在提交给议会的地方政府财政预算报告中，将对企业新的 5G 和 FTTH/P 宽带网络给予税费减免，减免价值高达 6000 万英镑，减免的资金可投资于网络扩张。

加拿大提出"连接每一个加拿大人"口号，保证农村地区的居民能接入高速宽带网络，充分享受价格低廉的无线服务，参与并受益于数字经济。

挪威通过强化交通运输部、通信部、供应商、邮电管理局在网络安全上的协作，提高电信网络的安全性和稳定性。

2019 年俄罗斯政府设立"数字经济"项目旨在实现俄罗斯现代化转型，在数字基础设施建设方面，提出开发新一代移动和卫星通信基础设施以及通信网络发展规划工具，构建具备国际竞争力的数据存储和基础设施建设方案。

三、深化数字经济融合应用成为战略焦点

一是德国、日本等发达国家重点实践数字化转型和智能制造。

德国政府于 2010 年提出《数字德国（2015）》，2014 年提出《数字议程（2014—2017）》，2016 年提出《数字化战略（2025）》，2018 年发布"建设数字化"战略，2019 年推出《国家工业战略 2030》，旨在推进智能互联，协助德国企业实践"工业 4.0"。

日本政府高度重视高端制造业的发展，《i-Japan 战略 2015》强调要加强对制造业信息化、大数据等领域的研究和资助，积极推动智能制造的发展。2016 年正式发布的日本智能制造参考框架"IVRA"标志着日本智能制造战略有了实质性的突破，"IVRA"

是日本智能制造独立的顶层框架，它建立了智能工厂互联互通的基本模式。2018年发布的"日本制造业白皮书"明确将互联工业作为制造业发展的战略目标，强调"通过连接人、设备、系统、技术等创造新的附加值"，强调智能制造和融合发展。

美国从2011年至今先后出台了《确保美国先进制造领导地位》《先进制造业国家战略计划》《获得先进制造本土竞争优势》《加速美国先进制造》《智能制造振兴计划》《国家制造创新网络战略计划》《先进制造业美国领导力战略》等一系列政策推动智能制造产业发展。

2015年，欧盟宣布的"单一数字市场"战略将发展智能工业作为优先行动领域之一，2016年欧盟出台了《欧洲工业数字化战略》以整合其成员的工业数字化战略，加快欧洲工业数字化进程。

二是各国加快提升政务数字化水平。

英国先后颁布实施了《英国数字化战略》《政府数字包容战略》《政府转型战略（2017—2020）》等，并更新了《数字服务标准》，制定整合的数字化路线，以民众需求为核心，致力于改善民众、企业等用户群体的在线服务体验，推动政府数字化进程。

美国于2012年发布《数字政府战略》，2014年制定《美国开放数据行动计划》，积极建设共享平台，方便民众获取高质量的数字政府信息和服务。

德国于2010年实施"云计算行动计划"，通过基于互联网的云计算服务，支持企业、机构和政府服务部门的业务快速发展，进一步强化了德国的新型电子政务体系，提升了政府电子政务服务水平。

2018年，新加坡启动了为期5年的"数字政府蓝图"计划，提出数字政府将以数字化为核心，形成为谁做（Who）、做什么（What）、怎么做（How）三层结构。同时，该计划为政府各项服务制定了具体的指标及希望到2023年实现的主要目标。

俄罗斯通过了《组织国家电子政务基础设施管理进程》，并在2019年设立的"数字经济"项目中提出数字化政府管理，包括实现政府管理和服务的数字化转型及构建"端到端"数字基础设施和平台。

中国于 2016 年出台了《关于加快推进"互联网 + 政务服务"工作的指导意见》，从优化再造政务服务、融合升级平台渠道、夯实支撑基础 3 个方面提出落实数字政务的举措，大幅提升了政务服务智慧化水平。

四、积极应对调整完善数字经济治理问题

数字经济快速发展使现有经济社会规则面临巨大的挑战，各国不断探索新的经济社会规则以满足数字经济治理的要求。

一是加强平台治理。

欧盟积极运用反垄断手段，审查经营者集中案件，频频对跨国科技巨头开出天价罚单，微软、英特尔、谷歌、高通等企业先后成为处罚对象，例如，2018 年7 月，欧盟委员会认定谷歌滥用安卓（Android）移动操作系统市场支配地位，对其开出了 43.4 亿欧元罚单。此外，2019 年欧洲议会批准了《关于提高在线平台交易的公平性和透明度规则》，要求在线平台中介和搜索引擎必须告知企业使用条件和标准条款，该法案有助于进一步缓和平台与中小企业之间不对称的竞争关系。

美国社会各界对大型科技企业势力的担忧日渐增长，国会多名议员呼吁加强对科技巨头的监管力度。2019 年 7 月，美国司法部宣布对美国多家科技巨头开展反垄断调查。

2016 年，新加坡创新构建"监管沙盒"制度，提出新兴技术的实施需要相对灵活的规则与监管实践。例如，在智能交通领域，由陆路交通管理局制定自动驾驶汽车的标准与法规，放宽自动驾驶汽车与无人机相关的法律法规，允许自动驾驶汽车在规定区域内测试和上路，打造和谐的交通法规环境。2016 年，新加坡提出"金融科技监管沙盒指引"政策，以引导新兴金融科技发展。

中国对数字经济企业采取包容审慎的监管方式，鼓励和支持数字经济发展壮

大，但针对数字经济发展的新问题加强了规范和引导。2019年6月，国家市场监督管理总局等8个部门印发了《2019网络市场监管专项行动（网剑行动）实施方案》的通知。2019年8月，《国务院办公厅关于促进平台经济规范健康发展的指导意见》印发，着力营造公平竞争的市场环境。

二是探索构建数字税体系。

欧盟是数字税的积极倡导者。2018年，欧盟委员会提出了两项独立的数字税立法提案，分别设定了中长期和短期的数字税征收方案，但由于成员国之间的发展水平不同，形成统一的欧盟数字税体系尚待时日。除此之外，2019年7月，美国贸易代表办公室宣布对法国数字服务税法案进行"301调查"，以确定该法案是否具有歧视性，是否会对美国商业构成负担。冰岛、南非、阿尔巴尼亚、韩国、日本、新西兰、澳大利亚等许多国家也开始尝试独立地制定数字税政策，主要是针对搜索引擎、社交媒体、在线视频、即时通信等数字服务的收入征税。

专栏

主要国家数字税政策

2011年11月，冰岛对电子服务供应商实行了增值税规则，适用于除电子图书以外的所有与电子服务有关的销售业务，标准增值税税率为22.5%。

2014年7月，南非开始对教育、游戏、网上拍卖、电子书等电子服务征收14%的增值税。

2015年1月，阿尔巴尼亚推出了数字业务增值税规则，凡是向阿尔巴尼亚消费者提供数字产品和服务的公司，必须登记缴纳增值税。

2015年7月，韩国修订了《增值税法案》，要求向韩国客户提供电子服务（例如，游戏、音频文件、视频文件、电子文件或软件等）的外国服务提供者进行登记并缴纳增值税。

2015年10月，日本开始向数字企业征收税率为8%的增值税，年度起征点为1000万日元。

2016年10月，新西兰开始向12个月内销售达到6万新西兰元的数字销售商征收税率为15%的消费税。

2017年1月，澳大利亚政府将商品和服务税（Goods and Services Tax，GST）的适用范围从7月1日起扩大到进口的数字产品和其他服务的跨境供应，包括流媒体或下载电影、音乐、应用程序、游戏、电子书等数字产品，以及建筑或法律等服务。

2017年4月，塞尔维亚要求向消费者提供电子服务的非居民供应商登记增值税，增值税税率为20%。

2018年10月，英国政府宣布从2020年起对全球年收入超过5亿英镑的大型、可盈利科技公司征收其在英国收入的2%的新数字服务税。

2019年1月，西班牙政府内阁会议通过征收数字服务税计划，着手对全球年收入超过7.5亿欧元和在西班牙年收入超过300万欧元的公司征收3%的新数字服务税。

2019年4月，奥地利财政部长在内阁周例会上公布了一揽子数字征税计划。

2019年7月，法国参议院通过数字税法案，针对为法国消费者提供特定数字服务所产生的年收入总额征收3%的数字服务税，适用于全球每年服务收入超过7.5亿欧元和在法国国内收入超过2500万欧元的公司。

2019年12月，土耳其通过了7.5%的数字服务税制度，该制度将针对网络广告、数字内容销售以及与在线活动（包括平台）相关的中介服务的收入征税，税收将适用于全球收入在7.5亿欧元以上的公司。

从2020年开始，意大利将对全球营收超过7.5亿欧元且在意大利数字服务营收超过550万欧元的大型科技公司的部分营收征收3%的数字税。

五、提升国民数字技能抢抓数字人才机遇

日本政府自 2009 年出台《i-Japan 战略 2015》起，加大了对教育机构信息教育和数字技术设施的投入，加快远程教育发展，提高学生的学习欲望、专业能力以及利用信息的能力，除此之外，还致力于培养拥有较高数字能力的专业人才，为日本数字经济发展做好人才储备。日本在《ICT 成长战略》《智能日本 ICT 战略》《集成创新战略》和《综合创新战略》中提出要通过开展制造业企业员工的数字化技能培训以及技能提升工程，探索通过研修将大学教授和学生纳入工作平台的人才培养机制等举措加强数字化人才培育。根据 2019 年制定的《AI 战略》，到 2025 年前，日本每年将培养约 50 万大学生及高等专科院校学生，使之能够掌握初级 AI 能力，并将其中的 25 万人培养成为能够使用 AI 完成自身专业领域课题的人才。

美国于 2016 年发布了《国家人工智能研究和发展战略计划》，并于 2019 年签署了《维护美国人工智能领导地位》行政命令，提出为预防人工智能研发人才供不应求问题，应重点研究并探索人工智能劳动市场的供需结构，以此预测未来的劳动力需求，掌握人工智能研发的潜在劳动力通道，总结发现教育途径和再培训机会。与此同时，世界各国也在致力于培育数字经济就业机遇。

印度政府通过加大软件业科技人才队伍建设的支持力度、设立一系列科技奖励基金、筹建 50 个先进科技领域研究及培训中心、鼓励科研人员"弹性就业"等举措积极培养软件业科技人才。

俄罗斯在 2019 年设立的"数字经济"项目中提出计划在 2019—2024 年投入 1431 亿卢布，为数字经济发展培养高素质人才，其中包括：为数字经济发展提供合格的人力资源；积极培养数学、计算机科学和数字经济相关科学技术领域的大中学生；帮助公民提升数字素养。

孟加拉国提出"数字孟加拉 2021"，在其"第 7 个五年计划（2016—2020）"

中，教育与科研、促进就业成为与 ICT 相关的 10 项战略中的两个重要目标，旨在通过普及 ICT 和提高全国教育水平，确保计算机在所有教育层面以及公众服务中的普及，促进科技创新、知识产权的发展，并提出培养和储备信息化人才，满足本地及海外的就业需求。

中国于 2018 年发布了《关于发展数字经济稳定并扩大就业的指导意见》，通过加快培育数字经济新兴就业机会、持续提升劳动者数字技能、大力推进就业创业服务数字化转型等举措推动数字经济稳定与扩大就业规模。

第三章

主要经济体数字经济政策概述

当今世界，科技革命和产业变革日新月异，数字经济蓬勃发展，深刻改变着人类的生产生活方式，对各国经济社会发展、全球治理体系、人类文明进程影响深远。数字经济作为驱动全球经济发展的新动能，各国对其的重视日渐提升，纷纷结合本国实际情况，加快数字经济战略部署。美国推进人工智能研发与应用，加快智能制造产业发展，强化网络空间安全战略，保障数字经济国际主导地位。欧盟通过促进数据保护与开放共享，推进人工智能的发展与治理，着力构建公平开放的数字经济环境，保障数字经济规范发展。英国政府强化数字经济顶层设计与立法保障，深入推进政府数字化转型，提高政府数字服务效能。德国积极践行"工业4.0"，大力推进人工智能的发展与应用，提升德国的数字经济竞争力。日本大力推动人工智能等新一代信息通信技术发展，强化数字技术在其他产业中的应用，促进实体经济转型升级，打造"超智能社会"。俄罗斯从顶层设计、数字技术发展和完善相关法律法规等方面推动数字经济发展。印度在传统软件业的基础上，加快信息基础设施的覆盖应用，重点发展物联网与人工智能等新兴技术，加强个人与公共数据保护。中国高度重视数字经济的发展，在创新、协调、绿色、开放、共享的新发展理念指引下，积极推进数字产业化、产业数字化，引导数字经济和实体经济深度融合，推动经济高质量发展。

国际组织也纷纷开展数字经济交流合作，研究探讨利用数字经济带动经济增长、提高全要素生产率、拓展就业岗位、缩小贫富差距等议题，不断提升各国人民生活福祉。G20已经连续4年将"数字经济"作为峰会的主要议题，在2016年G20杭州峰会上，多国领导人共同签署了《二十国集团数字经济发展与合作倡议》；2017年，G20杜塞尔多夫数字经济部长会议发布了《G20数字经济部长宣言》；2018年，G20阿根廷数字经济部长会议通过了《G20数字经济部长宣言》及相关附件；2019年6月，G20大阪峰会领导人数字经济特别会议发布了《大阪数字经济宣言》。自2017年开始，金砖国家也将促进数字经济共荣与发展作为重要议题开展研究。2019年8月，在第五届金砖国家通信部长会议上，中国时任工业和信息化部副部长陈肇雄指出，要抢抓第四次工业革命机遇，深化金砖国家数字经济领域交流合作，加快经济社会数字化转型。金砖国家未来将继续通过加强数字经济领域的交流与合作，共同应对数字鸿沟、网络与信息安全、法律法规建设等方面的挑战，提升金砖国家的整体竞争力。各国数字经济战略路线如图 3-1 所示。

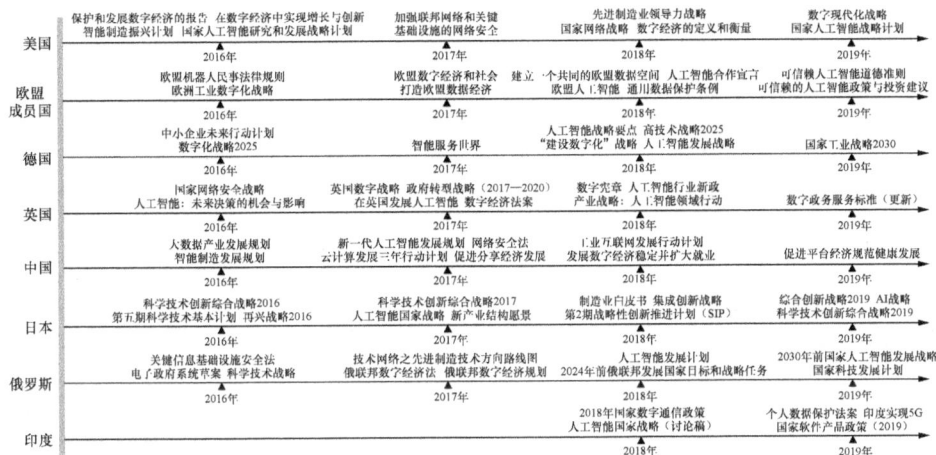

图3-1　各国数字经济战略路线

美国
- 2016年：保护和发展数字经济的报告　在数字经济中实现增长与创新　智能制造振兴计划　国家人工智能研究和发展战略计划
- 2018年：加强联邦网络和关键基础设施的网络安全
- 2018年：先进制造业领导力战略　国家网络战略　数字经济的定义和衡量
- 2019年：数字现代化战略　国家人工智能战略计划

欧盟成员国
- 2016年：欧盟机器人民事法律规则　欧洲工业数字化战略
- 2017年：欧盟数字社会和　打造欧盟数据经济
- 建立一个共同的欧洲数据空间　人工智能合作宣言　欧盟人工智能　通用数据保护条例
- 2019年：可信人工智能道德准则　可信赖的人工智能政策与投资建议

德国
- 2016年：中小企业未来行动计划　数字化战略2025
- 2017年：智能服务世界
- 人工智能战略要点　高技术战略2025　"建设数字化"战略　人工智能发展战略
- 2019年：国家工业战略2030

英国
- 2016年：国家网络安全战略　人工智能：未来决策的机会与影响
- 2017年：英国数字战略　政府转型战略（2017—2020）　在英国发展人工智能　数字经济法案
- 数字宪章　人工智能行业新政　产业战略：人工智能领域行动
- 2019年：数字政务服务标准（更新）

中国
- 2016年：大数据产业发展规划　智能制造发展规划
- 2017年：新一代人工智能发展规划　网络安全法　云计算发展三年行动计划　促进分享经济发展
- 工业互联网发展行动计划　发展数字经济稳定并扩大就业
- 2019年：促进平台经济规范健康发展

日本
- 2016年：科学技术创新综合战略2016　第五期科学技术基本计划　再兴战略2016
- 2017年：科学技术创新综合战略2017　人工智能国家战略　新产业结构愿景
- 制造业白皮书　集成创新战略　第2期战略性创新推进计划（SIP）
- 2019年：综合创新战略2019　AI战略　科学技术创新综合战略2019

俄罗斯
- 2016年：关键信息基础设施安全法　电子政务系统苹果　科学技术战略
- 2017年：技术网络之先进制造技术方向路线图　俄联邦数字经济规划
- 人工智能发展计划　2024年前俄联邦发展国家日标和战略任务
- 2019年：2030年前国家人工智能发展战略　国家科技发展计划

印度
- 2018年：2018年国家数字通信政策　人工智能国家战略（讨论稿）
- 2019年：个人数据保护法案　印度实现5G　国家软件产品政策（2019）

数据来源：中国信息通信研究院

一、美国数字经济政策

美国把发展数字经济作为实现繁荣和保持竞争力的关键，陆续出台了《数字经济议程》《美国创新新战略》《国家人工智能研究和发展战略计划》《智能制造振兴计划》《国家网络战略》《数字贸易与美国的贸易政策》《数字政府战略》等政策，注重普及数字经济理念，全面提升国家的创新能力，推进人工智能研发与应用，加快智能制造产业发展，强化网络空间安全战略，促进数字贸易自由发展，推进数字政府治理进程，保障数字经济的国际主导地位。美国数字经济政策的主要负责方和推动者是美国商务部。美国商务部成立于 1903 年 2 月，主要职责包括美国经济数据的统计和公布、进出口商品的管制、国外直接投资和外国人旅游事务的管理、进行各种经济调查以及社会调查、专利管理等。美国商务部部长是总统的高级经济顾问，定期为政府推行的商务政策提供分析报告。其中，与数字经济及大数据相关的部门包括经济和统计管理局（Economics and Statistics Administration, ESA）、经济分析局（Bureau of Economic Analysis, BEA）、国家电信和信息管理局（National Telecommunications and Information Administration, NTIA）等。

注重数字经济理念普及。1993 年 9 月，美国联邦政府公布的"国家信息基础设施行动计划"（即"信息高速公路"）开始落地，为数字经济的腾飞奠定了基础。此计划的最终目标是使所有人都能通过"信息高速公路"联机通信，实现远程工作、远程教育、远程医疗及数字通信、电子商务等，由此将个人、企业、机构和政府密切连接起来并提供各种服务。1998 年，美国商务部发布了《浮现中的数字经济》报告，开始把发展数字经济作为驱动新发展的手段。该报告不再着眼于"货币"这个工业时代核心资源对经济的决定作用，转而关注"信息"这一核心资源对经济的决定作用。1999 年，美国商务部发布了《浮现中的数字经济（二）》报告，深入探索互联网和电子商务对经济的潜在影响。2000 年，美国商务部发布的《数字经济 2000》报告肯定了数字经济的稳定可靠性。2002—2003年，美国经济和统计管理局分别发布了《数字经济 2002》报告和《数字经济 2003》报告，对早期数字经济理念的普及起到了非常大的推动作用。2010 年，美国商务部提出"数字国家"概念。在接下来的 5 年时间内，国家电信和信息管理局联合经济和统计管理局连续发布了《数字化国家：21 世纪美国通用互联网宽带接入进展》《探索数字国家：美国家庭宽带互联网应用》《数字国家：扩大互联网使用》《探索数字国家：计算机和互联网家庭应用》《探索数字国家：美国新兴在线体验》《探索数字国家：拥抱移动互联网》6 份关于"数字国家"的报告，主要围绕基础设施、互联网、移动互联网等方面进行统计和分析。2015年 11 月，美国商务部发布了《数字经济议程》，把发展数字经济作为实现繁荣和保持竞争力的关键。该议程主要聚焦 4 个方面：自由开放的互联网、互联网信任和安全、互联网接入和技能、创新和新兴技术。在《数字经济议程》的发布会上，数字经济咨询委员会成立，旨在"为数字时代的经济增长和机遇提出建议"。随着数字技术与经济社会的深度融合，数字经济的内涵也日益丰富，其规模衡量也成为世界关注的重点。2018 年 3 月，美国商务部经济分析局发布了工作文件——《数字经济的定义和衡量》，对新时代人们认识和衡量数字经济起到了重要的促进作用。

全面提升国家创新能力。 早在 20 世纪 90 年代，美国联邦政府相继制定了《制造业拓展伙伴计划》《国家技术转移和提升法案》等创新政策法案，率先构建国家创新系统和创新网络。这一系列创新政策法案注重创新的短期效益，促进科技直接为经济发展服务。21 世纪以来，美国立足高质量就业和可持续增长，不断升级创新政策，进入全面提升国家创新能力阶段。2004 年，美国竞争力委员会发布了《创新美国》报告，提出 80 余条强化创新的政策建议，标志着美国创新政策向提升国家创新能力转变。2009 年，美国发布了《美国创新战略：推动可持续增长和高质量就业》报告，强调注重国家创新基础架构建设、激励创新创业以及推动国家重点项目取得突破。2011 年，美国发布了《美国创新战略：确保我们的经济增长与繁荣》，在 2009 年的创新战略的基础上强调与民生相关的清洁能源、医疗卫生、先进制造技术等领域的优先突破。2015 年，美国发布了《美国创新新战略》，强调政府在创新中的重要作用，对构建创新新战略进行了描述，并继续将高质量就业和可持续增长作为战略发展的重点。2016 年 6 月，美国商务部发布了《在数字经济中实现增长与创新》，将数字经济与创新相结合。

推进人工智能研发与应用。 美国人工智能的发展是从机器人技术的研发入手的。2009 年，美国国家科学基金会发布了《美国机器人路线图》，直接促使奥巴马政府在 2011 年正式启动 "国家机器人计划"，用以 "建立美国在下一代机器人技术及应用方面的领先地位"。为落实该倡议，2012 年美国国家科学基金会、国家卫生研究院、国家航空航天局和农业部共同投入 5000 万美元征集机器人研究项目。2013 年 3 月，美国发布了《机器人技术路线图：从互联网到机器人》，强调了机器人技术在美国制造业和卫生保健领域的重要作用，同时也描绘了机器人技术在创造新市场、新就业岗位和改善人们生活方面的潜力。2016 年，美国将人工智能上升到国家战略层面，先后发布了《国家人工智能研究和发展战略计划》《为人工智能的未来做好准备》。2018年3月，美国发布了《美国机器智能国家战略报告》，提出六大国家机器智能策略，旨在通过对产品研究与开发的长期资金支持，促进机器智能技术安全发展，并通过加强创新基地建设以巩固美国的领先地位。同年，美国国防部拟制了《国防部人工智能战略》，借此推动人工智能技术和关键应用能力的发展，加快人工智能部署。2018年6月，美国国防部成立了"联合人工智能中心（JAIC）"，旨在让国防部各个人工智能项目形成合力，加速人工智能能力的使用，扩大人工智能工具的影响。2018年7月，美国新安全中心（CNAS）发布《人工智能与国际安全》报告，分析了人工智能在网络安全、信息安全、经济和金融、国家防御、情报、国土安全等方面的应用，研究人工智能变革对全球安全的不利影响。2019年2月，美国时任总统特朗普签署了行政命令，启动"美国人工智能计划"，集中联邦政府资源发展人工智能。同年6月，美国发布了最新的《国家人工智能研究和发展战略计划》，重新评估了联邦政府人工智能研发投资的优先次序。2019年8月，美国国家标准与技术研究院就政府如何制定人工智能技术和道德标准提出指导意见，发布了《美国人工智能的领导：联邦参与制定技术标准和相关工具的计划》。2020年1月，美国发布了《人工智能应用监管指南备忘录（草案）》，提出了10项人工智能监管原则，意在为联邦政府对人工智能发展应用采取监管和非监管措施提供指引。

加快智能制造产业发展。金融危机后，美国开始反思过度依赖金融和房地产等虚拟经济带来的弊端，出台了一系列政策支持"制造业回归"。奥巴马执政期间提出并实施了"制造美国"（Manufacturing USA）计划。2011年，美国发布《确保美国先进制造领导地位》报告，强调推进先进制造战略的重要性。2012年，美国制定《先进制造业国家战略计划》，从投资、劳动力和创新等方面提出五大目标及具体实施措施。2013年1月，美国发布了《国家制造业创新网络：一个初步设计》，提出投资10亿美元组建美国制造业创新网络（National Network of Manufacturing Innovation，NNMI），集中力量推动数字化制造、新能源以及新材料应用等先进制造业的创新发展，打造一批具有先进制造能力的创新集群。此后，美国相继发布了 AMP1.0 战略"获得先进制造本土竞争优势"和 AMP2.0 战略"加速美国先进制造"，逐步完善智能制造整体框架。2014 年 12 月，美国国会通过了《振兴美国制造业和创新法案 2014》，成立先进制造国家计划办公室（AMNPO）。2016 年，美国发布了《智能制造振兴计划》，依托新一代信息技术、新材料、新能源等创新技术，加快发展技术密集型的先进制造业。同年，美国发布《国家制造创新网络战略计划》，该计划围绕制造业领域展开，旨在创造一个具有竞争力的、有效的和可持续发展的从科研到制造的体系以提升美国制造的竞争力。特朗普自 2017 年 1 月上任以来，坚持让中高端制造业企业和海外资金回流的目标。2018 年 10 月，美国发布了《美国先进制造业领导力战略》，指出通过创新推出新制造方法和新产品是美国经济实力的引擎和国家安全的支柱，旨在开发和转化新的制造技术，教育、培育和集聚制造业劳动力，同时扩展国内制造供应链的能力。迄今为止，美国已经建立了 14 个国家制造创新研究所，其中，国防部（DOD）8 个、能源部（DOE）5 个、商务部（DOC）1 个，投入到国家制造创新研究所的资金超过 30 亿美元。

强化网络空间安全战略。美国将网络空间安全由"政策""计划"提升为国家战略。1998 年 5 月，克林顿政府发布了《克林顿政府对关键基础设施保护的政策》，成为直至现在美国政府建设网络空间安全的指导性文件。2000 年 1 月，美国发布了《信息系统保护国家计划》（V1.0），提出网络空间安全发展规划。布什政府在"9·11 恐怖袭击事件"后意识到信息安全的严峻性，发布了第 13231 号行政令——《信息时代的关键基础设施保护》，宣布成立"总统关键基础设施保护委员会"，由该委员会代表政府全面负责国家的网络空间安全工作。该委员会于 2003 年 2 月正式发布《保护网络空间安全的国家战略》，作为将来一段时间美国联邦政府和社会各行业关键基础设施网络空间保护政策的执行计划和行动指南。此后，美国网络空间安全战略得到进一步完善。2006 年 4 月，美国信息安全研究委员会发布了《联邦网络空间安全及信息保障研究与发展战略计划》，制定了全面、协调并面向新一代技术的研发框架，确定了 14 个技术优先研究领域和 13 个重要投入领域。2009 年 2 月，奥巴马政府发布了《网络空间政策评估——保障可信和强健的信息和通信基础设施》报告，将网络空间安全威胁定位为"举国面临的最严重的国家经济和国家安全挑战之一"，并宣布"数字基础设施将被视为国家战略资产，保护这一基础设施将成为国家安全的优先事项"，全面规划了保卫网络空间的战略措施。2013 年 2 月，美国时任总统奥巴马发布了第 13636 号行政命令——《增强关键基础设施网络安全》，明确指出该政策的作用为提升国家关键基础设施并维护环境安全与恢复能力。2014 年 2 月，美国国家标准与技术研究所提出了《美国增强关键基础设施网络安全框架》（V1.0），强调利用业务驱动指导网络安全行动，并按网络安全风险程度分为 4 个等级管理风险进程。2016 年年底，美国国家网络安全委员会向白宫递交了《关于保护和发展数字经济的报告》，分析和研判了当时的美国网络安全形势。2017 年 5 月，美国时任总统特朗普签署了《加强联邦网络和关键基础设施的网络安全》行政令，要求采取措施增强联邦政府及关键基础设施的网络安全。在此行政令的基础上，2018 年 9 月，美国白宫发布了第一个阐述全面的网络战略——《美国国家网络战略》，在"促进美国的繁荣"支柱下，提出要培育充满活力和弹性的数字经济，经济安全与国家安全密切相关，而新一代信息技术已经成为经济发展的根基。美国联邦政府将推动建立保障经济安全的标准，增强美国市场和创新的活力。2019 年 7 月，美国国防部发布了《数字现代化战略》，旨在快速推动国防部数字环境的现代化，应对大国竞争。同年 12 月，美国国家科学技术委员会发布了最新的《联邦网络空间安全研究和发展战略计划》，以指导美国网络安全研发投入的总体方向。

促进数字贸易自由发展。 2013 年 7 月，美国国际贸易委员会（USITC）在《美国与全球经济中的数字贸易Ⅰ》中正式定义"数字贸易"，即通过互联网传输产品和服务的国内商务和国际贸易活动。2014 年 8 月发表的《美国与全球经济中的数字贸易Ⅱ》详细阐述了数字贸易提高了美国产出和消费者福利等情况。美国商务部在 2014 年和 2018 年分别发布了《数字经济与跨境贸易：数字化交付服务的价值》和《北美数字贸易》报告，并在 2016 年启动"数字专员"项目，该项目旨在向美国企业提供支持和援助，为美国企业能顺利参与全球数字经济发展提供了保障，以打开全球数字经济的市场。此外，美国商务部从 2016 年起陆续向欧盟、中国、巴西、日本、印度等 12 个组织和国家派驻数字贸易参赞。2016 年 7 月，美国贸易代表办公室（USTR）成立数字贸易工作组（DTWG），以快速识别数字贸易壁垒，制定相应的政策规则。2016—2018 年连续 3 年发布《外国贸易壁垒评估报告》，指出世界各国的数字贸易障碍。美国国际贸易委员会（USITC）2017 年 8 月发布了《全球数字贸易：市场机会和关键的国外贸易限制举措》调查报告，提出将在 2018 年和 2019 年调查美国企业向海外企业（B2B 市场）和国外消费者（B2C 市场）提供数字贸易时的壁垒。国会研究服务局在 2017 年、2018 年连续发布了《数字贸易与美国贸易政策》研究报告，全面分析美国数字贸易面临的各类问题。

推进数字政府治理进程。克林顿政府充分重视国家信息基础设施行动。1993 年，美国国家绩效评估委员会正式成立。同年 9 月，电子政务（Electronic Government）一词首次出现在政府文件——《创造一个效率更高、成本更低的政府：从繁文缛节到结果导向》中。1996 年，美国联邦政府推行"重塑政府运动"（Reinventing Government Movement），积极推行政务电子化，应用网络技术以及通信技术来推行政府的公共服务职能，优化政府机构，提高政府的行政绩效。小布什政府提出"以公民为中心"的电子政务战略。2001 年，美国白宫管理与预算办公室宣布成立"电子政务特别工作小组"，并于 2002 年公布了《电子政务战略——简化面向公民的服务》，提出以公民为中心、以结果为导向、以市场为基础的三大原则，旨在提高政府的工作绩效、便于公民与政府互动、改善政府对公民的回应能力，实现了网站从仅仅浏览信息到可以办事服务的转变，从"以信息技术为中心"转变为"以公民为中心"。奥巴马政府推行开放的数字政府计划。2009 年 1 月，奥巴马签署了《透明与开放政府备忘录》，明确了政府公开工作中透明、共享和协作的三大原则。2019 年 12 月，美国联邦政府实施了《开放政府指令》，对各级政府部门下达了具体的开放命令。2012 年 5 月，美国白宫发布了《数字政府战略》，要求政府机构"建立一个21世纪的平台，更好地服务美国人民"，并提出以信息为中心、建设共享平台，以客户为中心、建设安全隐私平台。2013年5月，美国时任总统奥巴马签署了执行令——《把开放和可机读作为政府信息新的默认状态》，把"默认开放"作为开放数据工作的核心原则。2014年5月，美国联邦政府发布了《美国开放数据行动计划》，该计划概述了美国联邦政府在推动开放数据的工作中应承担的义务、所做的大量工作，目标是使民众可以方便查询到政府开放的数据，并"随时随地利用任何设备获取高质量的数字政府信息和服务"。特朗普政府重视利用先进的数字技术更好地提供公共服务和智能化决策。2017年5月，美国时任总统特朗普签署了行政命令，成立美国科技委员会，旨在让政府数字化服务更加智能化，总目标包括"协调愿景、战略和方向"，在联邦政府使用信息技术方面向总统提供与政治决策有关的建议。

专栏

美国联邦政府数字政府建设

美国联邦政府数字政府建设的重点是跨层级信息共享和业务协同。美国联邦政府以大门户链接和绩效评估为主要手段，重点促进联邦政府、州政府和地方政府之间的协同。全美以"大门户"的形式链接共计10000多个各级政府网站，构成整体政府网。美国联邦政府通过年度绩效评估推动全体政府数字化转型，引入数字分析项目和客户管理理念，通过衡量政府业绩和公众满意度来提高政府的服务质量；同时，每周对4000多个网站和400个行政部门进行绩效评估，并且向全社会公开评估结果，绩效评估有效地推动了政府数字服务的开发和交付。

区块链平台为美国联邦政府数字政府提供了一种全新的高容量解决方案。美国在电子投票方面开发了一个基于区块链技术的在线投票平台，该平台采用椭圆曲线加密技术，保证了投票结果的准确性和可靠性。美国在民政方面用Borderless开发了一个平台，确保公众在智能合同的基础上获得法律和经济服务。e-Auction 3.0平台是一个公共采购与拍卖平台。该平台应用区块链技术，呈现了公共采购条件、过程和结果的全流程。

运用人工智能（AI）、物联网（IoT）等新兴技术，提升政府治理能力。美国总务管理局智能建筑计划的基本方案之一就是在政府建筑中安装支持物联网的智能建筑应用程序。该项目于2012年实施，迄今已在近100座政府建筑中安装了传感器。美国国家航空航天局正在使用卫星技术来分析从物联网设备中收集的数据。此外，美国联邦政府让"数字政府服务"与"智慧城市"建立关联，并考虑城市的特点，包括通过线上医疗服务推广，实施线上教育，发展移动通信服务，提高和加快能源的使用率，特别注重使用绿色环保清洁能源来推动社区的医疗保健。美国联邦政府通过加大对人工智能、物联网建设的投资力度，为公众提供跨时间、跨区域、跨平台的高质量服务。目前，物联网在美国的公共交通、公共安全、数据实时采集与管理等方面发挥着基础性作用。

发展移动数字政府，利用云计算提升数字政府服务效能。2017年以来，特朗普政府开始推行移动政府建设（Mobile Government），由公民服务和创新技术办公室（Office of Citizen Services and Innovative Technologies，OCSIT）负责，致力于为政府机构提供建议、培训和服务工具，也为公民提供更多高效率、有价值的服务。美国国务院、农业部、人口普查局、国税局以及更多的部门和机构都提供iOS和Android版本的智能手机应用程序。美国国务院的特色应用程序被称为智慧旅客（Smart Traveler）。该程序允许用户查看签证要求、当地相关的法律、大使馆和医院地址以及各国的旅行注意事项。移动门户的设计使公民能够轻松地找到广泛的、有特点的信息，以及具体的、个性化的服务。

二、欧盟数字经济政策

欧盟相继出台了《数字化单一市场战略》《通用数据保护条例》《欧盟人工智

能》《人工智能合作宣言》《人工智能协调计划》等政策，通过积极建立数字单一市场，促进数据保护与开放共享，推进人工智能的发展与治理，重视智能制造产业发展与应用，着力构建公平开放的数字经济环境，保障数字经济的规范发展。欧盟委员会高度重视推动民众适应数字时代发展。《2019—2024 年政治指导方针》中明确提出了六大战略，"重塑欧洲的数字未来"是重要的战略领域之一。从组织结构上看，欧盟委员会设有 28 个委员，其中，一名欧盟委员会主席领导整个委员会，其他委员根据其职责领域被称为欧盟事务专员。委员每周在欧盟总部布鲁塞尔召开委员会。除此之外，还有委员常驻欧洲直接信息中心（EDIC）、欧洲文献中心（EDC）、欧洲团队等专家机构。

积极建立数字单一市场。 早在 1993 年，欧盟委员会的"成长、竞争力与就业白皮书"中就提出加快信息社会的网络基础建设。随后，欧盟委员会在 1994 年 6 月提出信息社会行动计划"欧洲迈向信息社会之路"，该项计划主要的目标在于加速电信服务产业的自由化，以及整合欧盟有关信息社会方面的相关政策。为适应新时期电信科技的快速发展，2000 年 3 月，欧盟委员会发布了《里斯本战略》，提出要在 2010 年前成为"以知识为基础的、世界上最有活力和竞争力的经济体"，推动信息社会向前发展。2005 年 5 月，欧盟委员会正式批准了欧盟《数字经济五年发展规划（2005—2010 年）》，这是欧盟落实《里斯本战略》的重大举措，提出将重点落实三大战略：一是消除内部市场障碍，创建一个统一的欧洲信息空间；二是加大信息通信技术领域的科研投入；三是在欧盟开展数字扫盲，不断提升公共服务和民众生活质量。2009 年，欧盟相继出台了《数字红利战略》和《未来物联网发展战略》。为释放"数字红利"频段、刺激无线业务发展，《数字红利战略》要求欧盟成员国自 2012 年起全部实现从模拟电视向数字电视的转换。《未来物联网发展战略》提出实施 ICT 研发计划，启动 90 多个研发项目，让欧盟的物联网实现质的突破。欧盟委员会于 2010 年 6 月通过"欧洲 2020 战略"，提出构建数字化统一市场，并将此作为该战略七大计划之一——"欧洲数字化议程"的重要组成部分。为了打破成员国间的数字市场壁垒，2015 年，欧盟委员会启动了《数字化单一市场战略》，通过采取一系列措施消除法律和监管障碍，增进成员国间的合作与交流，将 28 个成员国市场打造成为一个统一的数字市场，共同推动欧盟数字经济的发展。2017 年 6 月，欧盟统计局发布了《欧盟数字经济和社会》报告，该报告有助于理解欧盟在数字时代面临的挑战，包括数字社会和企业概况、电子商务、网络安全和云服务、什么是单一数字市场等。2019 年 4 月，欧盟公布了一项新的 92 亿欧元资助计划——"数字欧洲计划"，以确保欧洲能应对各种数字挑战具备所需的技能和基础设施。2020 年 2 月，欧盟委员会公布了"塑造欧洲数字未来"数字化战略，涵盖了数据利用、人工智能、平台治理等领域的发展和立法框架，欧盟希望通过技术研发投入，建立规范统一的数字市场，从而获得领先优势。根据相关计划，欧盟的数字化战略主要立足于 3 个方面：一是积极发展以人为本的技术；二是发展公平且具有竞争力的数字经济；三是通过数字化塑造开放、民主和可持续的社会。

重视数据保护与开放共享。早在 1995 年 10 月，欧洲议会就通过了"资料保护指令"，围绕"知会用户、目的明确、用户同意、信息安全、明确收集方、用户查验、追责渠道"7 个关键词，提出企业对个人数据的处理须遵守透明、目的合理、数据完整准确等标准。为进一步提升数据保护力度，2016 年，欧盟委员会通过了《通用数据保护条例》，进而取代之前各成员国根据《资料保护指令》的相关立法。《通用数据保护条例》从个人数据处理的基本原则、数据主体的权利、数据控制者和处理者的义务、个人数据跨境转移等方面，建立了完备的个人数据保护制度，成为全球个人数据保护立法的典范。2017 年 1 月，欧盟委员会提出了《隐私与电子通信条例》，该条例作为《通用数据保护条例》的特别法，以规范电子通信服务并保护与用户终端设备相关的信息。此外，欧盟委员会还发布了《打造欧盟数据经济》，旨在为非个人的机器生成数据的归属、交换和贸易制定规则，很大程度上促进了数据资源共享。2018 年 4 月，欧盟委员会发布了《建立一个共同的欧盟数据空间》，围绕公共部门数据开放共享、科研数据保存和获取、私营部门数据分享等事项提出了建立欧盟共同数据空间的多项举措。同年 5 月，《通用数据保护条例》正式实施，成为欧盟内部唯一且统一的数据保护条例，也成为全球个人数据保护立法的典范。同年 10 月，欧盟委员会发布了《非个人数据在欧盟境内自由流动框架条例》，旨在确保非个人数据在欧盟范围内的自由流通，消除数据保护主义，为大数据、云计算和人工智能等技术的发展铺平道路，推动数字经济发展，增强欧盟在全球数字市场的竞争力。鉴于数据在全球竞争和数字社会发展中的价值日益凸显，2020 年 2 月，欧盟委员会发布了《欧洲数据战略》，致力于构建"单一数据市场"，并提出欧盟单一数据市场的四大预期目标和五大应用场景，旨在将自身打造成为全球数据赋能社会的典范和领导者。

推进人工智能发展与治理。 欧盟于 2013 年相继提出"人脑计划"和"石墨烯旗舰项目"，开启了欧盟探索人工智能领域的大门。"人脑计划"旨在通过计算机技术模拟大脑，建立一套全新的生产、处理、整合、模拟数据的信息通信技术平台，该计划将脑科学研究数据与产业相结合，可直接为人工智能发展提供最有力的支持。由于石墨烯开发的芯片比普通芯片运行更快、能耗更低，所以"石墨烯旗舰项目"旨在为人工智能的发展提供硬件支撑。为了在机器人产业取得领先地位，2014 年，欧盟委员会发布了《2014—2020 欧洲机器人技术战略》报告以及《地平线 2020 战略——机器人多年发展战略图》，旨在促进机器人行业发展和供应链建设，并将先进机器人技术的应用范围拓展到海陆空、农业、健康、救援等诸多领域，以扩大机器人技术对社会和经济的有利影响。同年 6 月，欧盟启动了"欧盟机器人研发计划"（SPARC），目标是在工厂、空中、陆地、水下、农业、健康、救援服务以及其他领域中应用机器人。欧盟从 2015 年起开始积极探索人工智能伦理与治理举措。2015 年 1 月，欧盟议会法律事务委员会（JURI）成立工作小组，专门研究与机器人和人工智能发展相关的法律问题。2016 年 5 月，JURI 发布了《就机器人民事法律规则向欧盟委员会提出立法建议的报告草案》，呼吁欧盟委员会评估人工智能的影响。同年 10 月，JURI 发布了研究成果《欧盟机器人民事法律规则》，积极关注人工智能的法律、伦理、责任问题，建议欧盟成立监管机器人人工智能的专门机构，制定人工智能伦理准则，赋予自主机器人法律地位，明确人工智能知识产权等。2017 年 5 月，欧洲经济与社会委员会（EESC）发布了一份关于人工智能的意见，指出人工智能给伦理、安全、隐私等11个领域带来的机遇和挑战，提议制定人工智能伦理规范，建立人工智能监控和认证的标准系统。2018年3月，欧洲科学与新技术伦理组织发布了《关于人工智能、机器人及"自主"系统的声明》，认为人工智能、机器人技术和自主技术的进步已经引发了一系列复杂的、亟待解决的道德问题，呼吁为上述技术系统的设计、生产、使用和治理制定共同的、国际公认的道德和法律框架。同时，欧盟委员会内设智库欧洲政治战略中心（EPSC）发布题为《人工智能时代：确立以人为本的欧洲战略》的研究报告，该报告主要介绍了全球人工智能研发投入和发展情况、欧洲的人工智能发展情况及与其他国家的对比、欧洲树立人工智能品牌的战略、人工智能在发展过程中遇到的劳动者被替代的问题和人工智能偏见的问题及应对策略等。2018年4月，欧盟委员会发布了《欧盟人工智能》，标志着欧盟人工智能战略正式提出，明确了欧盟的目标是要做"可信赖的人工智能领域"的全球领导者。2018年6月，欧盟委员会成立承担咨询机构角色的人工智能高级小组（AI HLG），负责起草《人工智能伦理指南》《预见人工智能挑战和机遇》等，并指导欧洲机器学习投资的进程。同年7月，欧盟各成员国签署《人工智能合作宣言》，标志着欧洲人工智能进入合作发展的新阶段，旨在加强欧盟各成员国在人工智能领域的技术研发、道德规范制定以及投资规划方面的合作，形成协同合作效应。同年12月，欧盟发布了《人工智能协调计划》，汇集了欧盟、国家和区域层面的一系列相辅相成的行动，以确保欧洲作为一个整体参与全球竞争。同时，欧盟委员会宣布计划在2020年年底前从公共部门和私营部门投入至少200亿欧元，用于发展人工智能。2019年4月，欧盟发布了《可信赖人工智能道德准则》，列出实现"可信赖人工智能"的7个关键条件，为实现可信赖的人工智能设定了一个伦理框架。同年7月，欧盟发布了《可信赖人工智能的政策与投资建议》，向欧盟及其成员国提出33条相关建议，旨在确保可信赖人工智能的可持续性、增长性、竞争性以及包容性。2020年2月，欧盟委员会发布了"人工智能白皮书"，讨论了通过加强投资和监管，促进人工智能发展和处理相关技术应用带来的风险，并提出建立"可信赖的人工智能框架"。

重视智能制造产业发展与应用。 为了提高欧洲制造业的整体竞争力，1995年，欧盟启动了"智能制造系统"计划以及为期十年的项目研究。截至2005年年底，欧盟共有482家企业和组织参与其中，并且主持了其中37个项目，占项目总数的54%。2010年，欧盟牵头启动了一个名为"IMS2020"路线图的项目，该项目提出了"智能制造系统2020"愿景以及5个关键领域主题（KAT）。欧盟委员会于2007年1月开启欧盟科技第七个"框架计划（2007—2013）"（FP7），资助了多个智能制造相关项目，提出利用智能制造实现制造模式的新革命。其中，最主要的当属"未来工厂"计划和火花计划。欧盟委员会于2010年6月通过"欧洲2020战略"，提出要实现智能化的经济增长，重点发展信息、节能、新能源和以智能为代表的先进制造，并制定与智能制造领域直接相关的"全球化时代的工业政策"计划。此后，2012年和2014年，欧盟委员会又分别出台了《未来经济复苏与增长建设一个更强的欧洲工业》和《为了欧洲的工业复兴》两个政策文件，对2010年的工业政策进行进一步的调整。2013年欧盟委员会公布了《"地平线2020"框架下"未来工厂"公私合作项目的跨年度路线图》，提出公有方（Public）在"地平线2020"计划执行期间，每年拨给"未来工厂"计划的资金预算为5亿欧元，而民营部门（Private）将配套提供等量的资金。2015年3月，欧洲公布了"单一数字市场"战略的优先行动领域，并将发展智能工业作为其中之一。该战略在"打造欧洲数字经济和数字社会"这个关键领域中，提出了智能工厂、标准、大数据、云计算和数字化技能5个优先行动领域。2016年，欧盟发布了"欧洲工业数字化战略"，该战略是整合各成员国的工业数字化战略，加快了欧洲工业数字化进程。重点从以下几个方面推动欧洲工业数字化：组织欧盟有关国家和地区就工业数字化战略展开对话，协调各方工业数字化战略步伐，形成欧盟层面的工业数字化战略；推动各方建立工业数字化公私伙伴关系，鼓励各方利用欧盟投资计划和欧洲的结构投资基金提供的机遇；投资5亿欧元建设泛欧数字化创新中心网络，为企业提供数字创新咨询服务等。

专栏

欧盟智能制造项目建设——"未来工厂"计划

欧盟"未来工厂"计划是欧盟在智能制造领域投资最大的一个独立计划，汇集了英国、德国、法国、意大利、西班牙、瑞典等国的上千家知名工业企业、研究机构和协会。该计划的众多项目也参与了"智能制造系统"计划的国际合作，因此对于世界范围内智能制造的发展有着不小的影响力。

"未来工厂"计划是一个欧盟范围内的公私合作计划，旨在支持先进生产技术的研究、开发与创新，以帮助实现2010年提出的"欧洲2020战略"目标。2009年，"未来工厂"计划启动；2010年，"未来工厂"计划获得欧盟科技第七个"框架计划"（FP7）的项目支持；2013年，欧盟科技第八个"框架计划"（FP8）即"地平线2020"计划继续为其提供资金支持，目前的资金投入为11.5亿欧元。截至2014年6月底，"未来工厂"计划已经启动了151个项目，项目特别注重技术的验证，部分项目还通过"IMS2020"路线图项目进行国际合作，超过1000家企业和组织参与其中。

欧洲未来工厂研究协会（EFFRA）伴随"未来工厂"计划成立，旨在推动公私资源的联合，促进市场化导向的研究与创新项目的开展。EFFRA由工业界、学术界和协会成员组成，包括COMAU、KUKA系统、山德维克·可乐满、Delcam、ESI集团、西门子、SAP、弗劳恩霍夫研究所、英国焊接研究所（TWI）、欧洲焊接、连接与切削联合会、未来制造技术平台等。EFFRA的研究重点领域有4个：可持续制造，包括人员友好型工厂、环境友好型工厂；高生产率制造，包括自适应生产设备、高精度制造、零缺陷制造；基于ICT的智能制造，包括智能工厂、数字工厂和虚拟工厂；制造中的材料，包括材料利用率、面向高性能新材料的制造工艺。

从EFFRA发布的"未来工厂2020"路线图中可以清晰地看到，"未来工厂"计划本质就是以制造智能化为目标的研发计划，因此，智能制造在该计划中占据了核心位置。该计划也与欧盟"IMS2020"路线图相呼应，关注制造、产品与服务的可持续、高能效、柔性和低成本，但是更强调智能制造相关技术在其中的作用。

重点领域从工艺到供应链逐层递进。为打造"未来工厂"，该计划关注了6个重点领域，这些重点领域是逐层递进的，把工人与用户同时纳入进来：先进制造工艺，着眼面向智能制造的创新工艺，同时也是工艺智能化的结果；自适应和智能制造系统，着眼智能化的制造单元和生产线，以智能机器人和机床为代表；数字化、虚拟化和资源高效利用的工厂，着眼工厂的智能化运行，从设计到维修的全生命周期管理；与移动的企业合作，着眼互联网中的智能企业，将智能向供应链扩展；以人为本的制造，着眼智能制造中的劳动力，建立人在生产和工厂中的全新定位；聚焦用户的制造，着眼智能制造中的用户，将制造转变为基于产品的服务。

硬件和软件密集型的关键技术和使能条件。为实现这些领域的目标，欧盟企业需要一系列关键技术和使能条件：先进制造工艺；先进制造系统的机电一体化；信息与通信技术；制造策略；建模、仿真和预测方法与工具；高知工人。其中，先进制造系统的机电一体化、信息与通信技术是典型智能制造技术的关键技术，前者涉及测量传感、控制执行、人—机交互等硬件密集型技术，后者涉及建模仿真、分析决策、网络等软件密集型技术。

2016，"未来工厂"计划已经设立了151个项目，并有来自欧洲的超过1000个组织参与，包括欧洲顶尖制造业企业和研究所，并且将FP7在2014—2020年的延续计划——"地平线2020"计划继续实施开展。该计划旨在帮助欧盟的制造业企业，尤其是中小企业，通过发展必要的可在跨领域间广泛应用的关键技术来应对全球竞争者的挑战，从而帮助欧洲制造业以最少的污染、最佳的资源利用方式满足不断增加的全球消费者对于更环保、更定制化和更高质量产品的需求。

三、英国数字经济政策

英国政府注重数字经济顶层设计与立法保障，增强网络安全与治理能力，不断升级人工智能战略，坚持"数字政府即平台"理念推进政府数字化转型，提高政府数字服务效能，先后发布了《数字经济战略（2015—2018）》《国家网络安全战略》《政府转型战略（2017—2020）》《英国数字战略》《产业战略：人工智能领域行动》《数字宪章》等。英国负责数字经济建设的主要机构为英国数字、文化、媒体与体育部（Department for Digital, Culture, Media and Sport, DCMS）以及英国通信管理局（Office of Communications, Ofcom）。DCMS 是英国政府部门，负责全国的媒体（例如，广播、互联网）政策和英格兰的文化体育政策，还负责旅游休闲和创意产业（有些与英国商务部合作）以及建设数字经济。Ofcom 是英国电信监管机构，主要监管英国的广播、电信和邮政行业，Ofcom 成立于 2003 年通信法案通过之后，现在英国的大部分广播电视事务由 Ofcom 管理。

注重顶层设计与立法保障。为应对国际金融危机，防范经济受到重大冲击，2008 年 10 月，英国启动了"数字英国"战略项目。2009 年 6 月，英国商业、创新和技能部（Department for Business, Innovation and Skills, BIS）与 DCMS 联合发布了"数字英国"计划，这是数字化首次以国家顶层设计的形式出现。该计划从国家战略的高度，为英国社会、经济、文化等方面的数字化进程确立了明确的目标，旨在将英国打造为世界数字之国。"数字英国"计划在"后金融危机"时代被寄予厚望，英国政府希望此计划在未来英国经济的长期稳定发展中发挥重要的作用。2009 年 8 月，英国政府发布了《数字英国实施计划》，希望通过改善基础设施、推广全民数字应用以及提供更好的数字保护来促进经济的长期稳定发展。至此，英国拉开了发展数字经济战略的序幕。2010 年 4 月，英国议会通过了《数字经济法案》。该法案共 48 条、11 个主题，主要内容包括通信办公室的职能、关于网络著作权侵权的规则、侵犯著作权和表演者权的处罚规则、域名注册规则等。2013 年，英国政府发布了《信息经济战略 2013》，其与"数字英国"计划紧密相连，着重于数字化对经济发展带来的变化，将数字经济单独作为一个概念进行了细致解读。该战略通过分析当时英国数字经济的发展情况及未来将要面对的机遇挑战，进一步提出了繁荣信息经济，增强国家竞争力的愿景，并从技术创新、集群发展、市场产业链、公众需求、人才教育以及其他专项建设等多个方面入手，制定了发展目标及行动纲要，明确了英国信息经济的短期发展方向。2015年2月，英国政府出台了《数字经济战略（2015—2018）》，旨在通过数字化创新来驱动社会经济发展，通过信息通信技术创新、融合、扩散来提升生产效率和交易效率，并为把英国建设成为数字化强国确立了方向。2017年3月，在脱欧未决之际，英国推动数字战略再升级，发布了《英国数字战略》，该战略对打造世界领先的数字经济和全面推进数字化转型进行了周密部署，并提出了多项数字化转型战略，包括连接战略、数字技能与包容性战略、数字经济战略、数字转型战略、网络空间战略、数字政府战略和数据经济战略。同年4月，替代2010年旧法案全新的《数字经济法案》生效，该法案规定了发展数字经济中如何构建法律框架并明确监管机构职能等问题，弥补了相关领域的法律空白，有利于减少数字经济发展的不确定性。《数字经济法案》是继《英国数字战略》之后的又一重要文件，是英国打造世界领先的数字化经济和全面推进数字化转型的重要部署。2018年1月，DCMS发布了《数字宪章》，制定了网络空间的规范和准则，旨在以促进创新的监管制度应对新技术带来的机遇和挑战，建立了数字经济生态系统，为高科技企业的成长创造良好的条件。2018年11月，DCMS建立了数字技能合作（Digital Skills Partnership，DSP）体系，将各地公私部门、企业、慈善机构汇集在一起，在全英国范围内提供更协调的、连贯的数字技能培训服务，以提高英国个人和组织的整体数字技能水平。

增强网络安全与治理能力。英国政府一直致力于实现网络治理有法可依。1996年，由英国政府部门牵头，联合网络业界和行业组织共同推出了作为网络规范的《R3安全网络协议》，其中R3是指分级（Rating）、报告（Reporting）和责任（Responsibility），该协议详细地规定了网络内容的分类标准。2003年12月，英国更新了《通信数据保护指导原则》，将法规适用范围从电话、传真扩展到电子邮件和其他信息服务形式。随后，网络安全成为英国的国家战略。2009 年，英国出台了首个《国家网络安全战略》，成立了网络安全办公室和网络安全运行中心，分别负责政府各个部门的网络安全计划和协调政府与民间机构的计算机系统安全保护工作。在该战略中，英国政府定义了网络空间的概念与内涵，阐述了国家实施网络安全战略的必要性和指导原则，分析了英国面临的网络安全威胁与挑战，描述了英国网络安全的愿景目标，并提出应当采取的行动方案和措施。随着网络安全威胁的发展变化及其对国家安全威胁的不断增长，英国政府于 2010 年 10 月发布了《国家安全战略：不确定时代的强大英国》和《战略防御与安全评估：保护不确定时代的英国安全》两个文件，将网络攻击与恐怖主义、紧急民事（重大事故和自然灾害）、军事危机等并列为英国国家安全面临的一级威胁，后者决定在未来 4 年实施 "国家网络安全计划"（National Cyber Security Programme, NCSP），支持《国家网络安全战略》的实施。2011 年，英国启动了为期 5 年的《国家网络安全战略：在数字世界中保护和促进英国的发展》计划，强化英国面对网络安全威胁的恢复能力，同时建立以政府通信总部为中心的监测网络。较 2009 年的首个《国家网络安全战略》，2011 年第 2 版不再局限于维护网络安全本身，而是试图通过构建安全和充满活力的网络空间，促进英国的经济繁荣、国家安全和社会稳定。2015 年 11 月，英国政府发布了《国家安全战略和 2015 年战略防御与安全评估》，确认网络安全威胁仍是英国经济和国家安全的一级威胁，并且这种威胁的规模和复杂性正在增加。因此，英国政府推出了强硬和创新的措施解决网络安全威胁。2016 年，英国政府启动了新一轮的 5 年国家网络安全战略，投入 19 亿英镑用于提升网络防御技术的水平，加强网络空间建设，明确了 2021 年网络安全的愿景目标以及未来 5 年的行动方案等事项。为应对网络系统的架构缺陷，2017 年，英国开始实施 "主动网络防御（ACD）计划"，并将提升主动防御能力列为一项重要工作。"主动网络防御" 是利用技术手段防范和规避常见漏洞，以避免大量的一般性网络攻击。同年，英国颁布了新版《数字经济法案》，在通信服务、移动电话合同、电子书借阅、抵制网络色情等方面采取了保护措施，积极建设数字化基础设施，保护公民的网络安全。2018 年，英国政府发布了《数字宪章》，规定了线上人群应了解适用规则、尊重并妥善使用个人数据、采取措施保护人们，特别是儿童的线上安全、线下权利在线上应受到同等保护等原则，旨在使英国成为全球最安全的网络国家和设立数字企业的最佳之地。同年，英国还推出了各类指导手册229 个，例如，适用于公益和慈善机构的《网络安全：小型慈善机构指南》等。

不断升级人工智能战略。英国是欧洲推动人工智能发展最积极的国家之一，也一直是研究人工智能的学术重镇。早在 2013 年，英国政府就把人工智能及机器人技术列为国家重点发展的八大技术之一。2014 年 7 月，创新英国（Innovate UK）项目支持成立"特殊利益团体"，并发布了机器人技术及自治化系统的 2020 年国家发展战略，规定其发展目标，希望英国在 2025 年获得全球机器人市场10% 的份额。2016 年 10 月，英国下议院的科学和技术委员会发布了《机器人技术和人工智能》报告，阐述了人工智能的创新发展带来的潜在伦理道德与监管挑战，侧重阐述了英国将会如何规范机器人技术与人工智能系统的发展，以及如何应对其带来的伦理道德、法律及社会问题。2016 年 11 月，英国政府科学办公室发布了《人工智能：未来决策的机会与影响》报告，阐述了人工智能对个人隐私、就业的影响，并指出人工智能在政府层面大规模使用的潜在可能性，就如何利用英国的独特人工智能优势，增强英国国力提出了建议。2017 年 1 月，英国政府提出了"现代工业战略"，增加 47 亿英镑的研发资金用在人工智能、智能能源技术、机器人技术、5G 无线通信等领域。2017 年 3 月，英国政府公布的数字战略中包括了对人工智能的评价以决定政府和企业将如何进一步为其发展提供支持。2017 年 10 月，英国政府发布了《在英国发展人工智能》报告，分析了当前人工智能的应用、市场和政策，从数据获取、人才培养、研究转化和行业发展 4 个方面提出了促进英国 AI 产业发展的重要行动建议。该报告被纳入英国政府 2017 年"政府行业策略指导白皮书"中，成为英国发展人工智能的重要指引。2017 年 11 月，英国政府发布了《产业战略：打造适合未来的英国》，旨在通过产业发展挑战基金，与产业界合作开展世界级研究，实现人工智能与先进分析技术的创新性使用，将英国建设成为全球人工智能与数据驱动型创新的中心。2018 年 1 月，英国政府宣布投入超过 13 亿美元，力争在人工智能领域处于领先地位。随后，英国陆续出台了《产业战略：人工智能领域行动》《人工智能行业新政》《英国人工智能发展的计划、能力与志向》一系列配套政策措施。《产业战略：人工智能领域行动》强调要支持人工智能创新以提升生产力，支持各个行业通过 AI 和数据分析技术提高生产力。《人工智能行业新政》报告涉及推动政府和公司研发，科学、技术、工程、数学（STEM）教育投资，提升数字基础设施，增加人工智能人才，领导全球数字道德交流等方面的内容，旨在推动英国成为全球人工智能领导者。《英国人工智能发展的计划、能力与志向》认为英国在发展人工智能方面有能力成为世界领导者，并呼吁英国政府制定国家人工智能战略。2018 年 11 月，英国政府宣布拨款 5000 万英镑，用来更深入地开发人工智能在医疗细分领域的应用，以便提升癌症等多种疾病的早期诊断水平和病患护理效率。

深入推进政府数字化转型。 早在 1994 年，英国政府就意识到把技术、数据、网络等新技术运用到政府行政管理中能够提高政府的工作效率，提升服务质量。1996 年 11 月，英国政府发布了"直通政府"计划，提出政府应采用电子方式提供公共服务，并遵循七大原则：服务可选择；信息内容可信与安全；服务便利可达、高效；资源共享；减少重复建设；信息公开；信息安全。1998 年 2 月，英国议会科学技术办公室发布了《电子政府：信息技术与公民》报告，提出政府要积极利用 ICT 技术以改善政府内部管理和提供公共服务。1999 年 3 月，英国政府内阁办公室发布了"政府现代化白皮书"，再次将发展信息时代的公共服务提上议程，提出了 62 项承诺，包括在线提供所有面向民众的政府公共服务，提供"7×24 小时"在线服务。2000 年 9 月，英国政府内阁办公室发布了《21 世纪电子政府服务》战略，明确提出要从以下三大领域变革：一是确保基于民众的使用需求来提供电子政府服务；二是以电子方式向私营机构和其他机构提供政府服务；三是制定新的激励措施、工具和制度以实现变革。2012 年 11 月，英国颁布了《政府数字化战略》，并于 2013 年 12 月升级和完善该战略，其核心是使政府"默认数字化"，即把数字化作为政府提供公共服务的优先方式，也是默认选择，旨在为选择使用数字化渠道的民众提供条件，为无法使用数字化渠道的民众创造条件。该战略制定了详细的实施路线图和主要考核指标，包括构建统一的数字化技术平台、提供应用接口、开放政府数据、帮助第三方机构创新业务服务方式等，为用户提供更好的信息和服务内容。"默认数字化"不仅为民众提供了便捷快速的网络服务，还帮助不上网的民众获取公共服务。2014年实施的《政府数字包容战略》提出了10个行动计划，以减少民众的上网障碍。《政府数字包容战略》认为，数字包容就是减少数字排斥，是为了确保民众有能力使用互联网来做一些有益于他们日常工作的事情，无论是个人还是中小企业都能享受到数字红利。2015年，英国启动了"数字政府即平台"计划，这一系列举措取得了显著成效，助推英国政府获得了"2016年联合国电子政务调查评估"第一名，成为全球表现最卓越的数字政府。为继续在全球数字政府领域保持领先地位，2017年，英国政府出台了《政府转型战略（2017—2020）》，旨在加快推进政府数字服务，强化"数字政府即平台"的理念，促进跨政府部门建设共享平台，提高政府数字服务的效能，明确政府以民众需求为核心，不断解决公共服务提供中存在的问题。2019年6月，英国政府再度升级更新了数字政务服务标准，新的数字政务服务标准的适用对象更加广泛，对跨组织边界、跨渠道的服务融合提出了更高的要求。

专栏

英国数字政府建设

联合国经济和社会事务部公布的《2018联合国电子政务调查报告》显示，英国电子政务参与指数和在线服务指数排名第四。2012—2016年英国政府各个部门先后投入了4.36亿英镑，开展了转向单一平台、数据开放、打造数字化示范服务、启动"数字政府即平台"计划等大量工作，取得了显著成效。

政府数字服务普及率稳步提高。早在2012年，英国调查部对英国成年人抽样访谈调查时发现，英国民众对政府在线服务尚未完全接纳，仅有46%的受访者在线使用过政府服务，8%的受访者在线访问过政府信息，如果将那些没有条件使用互联网的民众纳入调查，比例可能更低。经过多年的发展，英国民众对政府数字服务的认知和使用习惯都取得了长足的进步。

在线服务能力稳步提升。2012年，英国尚有超过300个事务性服务没有可用的在线服务渠道，或者虽有在线服务渠道，但许多民众仍然选择线下渠道办理事务。据统计，每年有超过2.5亿笔交易仍在通过邮政、电话、面对面等线下渠道进行，带来了大量的政府服务成本。近年来，英国政府数字服务部门依照默认数字服务标准，端对端地帮助各个部门重新设计了25项重要且使用频率较高的公共服务在线服务渠道。截至2015年3月，已有20个示范服务投入使用。英国电子政务从简单的信息公开，提供基本互动（例如，填写电子表格等），到具备完整的在线办理能力（例如，申请和处理纳税申报、社会福利、护照办理等），发展成对公共领域在线办理与公共服务供给更深度的转型与改革。

开放数据生态系统初成。2010年，英国开放数据平台正式上线。目前，英国开放数据平台已经发布了42150个开放数据集，涵盖环境、社会、健康、教育、商业和经济、司法等领域。此外，该平台还向用户提供了412个App，开放数据格式也充分考虑到不同用户的需求，具有HTML、CSV、WMS、WCS、XLS、WFS 6种数据开放格式。英国政府还依据数字默认服务标准提供高质量的应用程序接口（Application Programming Interface，API），在部门中进行集成服务，并将这些提供给第三方组织，通过这种方式将政府的数据顺畅地传递到企业和非营利组织。例如，英国税务及海关总署（Her Majesty's Revenue and Customs，HMRC）的API，使会计师和软件提供商能够整合申请缴税、公司账号等详细信息，企业只需要提供一次信息，相较以前节省了大量的时间和交易成本。政府开放数据不仅便于民众了解政府政

> 务、监督政府工作，也希望能推动英国企业的创新发展。为此，英国政府于
> 2012年12月出资1000万英镑支持建立了世界上首个开放数据研究所（The
> Open Data Institute，ODI），这也是第一个帮助企业改革、研发并探索开放
> 数据机会的机构。从2012年至今，ODI已帮助超过12个团队创造了百万英镑
> 的营收，在发展数字服务、建设智慧城市等方面扮演着重要角色。

四、德国数字经济政策

德国积极践行"工业4.0"，不断升级高科技创新战略，积极推动中小企业数字化转型，促进人工智能的发展与应用，提升数字经济竞争力，相继推出了《数字议程（2014—2017）》《新高科技战略—德国创新》《智能服务世界》《联邦政府人工智能战略要点》《德国人工智能发展战略》《国家工业战略2030》等战略。德国主导数字经济发展的机构为联邦交通和数字化基础设施部（BMVI）以及德国信息技术、电信和新媒体协会（BITKOM）。联邦交通和数字化基础设施部是德国的内阁级部门，2013年由联邦交通、建筑及都市事务部正式变更为现名。BITKOM是德国信息技术、电信和新媒体行业的代言人。BITKOM中有超过1100家公司，拥有850名直接会员，其中包括几乎所有德国的全球型公司以及600家中型公司。BITKOM会员每年产生1350亿欧元的销售额，每年出口价值500亿欧元的高科技产品。因此，BITKOM代表了90%的德国ICT市场。

深化数字化转型与智能制造。为了弥补数字鸿沟，德国联邦经济和技术部于2010年11月发表了《德国ICT战略：数字德国2015》，将其作为指导德国信息通信技术发展的纲领性文件，该战略提出通过数字化获得新的经济增长和就业机会，具体内容包括发展电子能源和智能电网、研发电动汽车、建设智能交通系统、在工业领域推广云计算技术等。2013年4月，德国联邦政府提出实施"工业4.0"战略。通过大力发展智能制造，构建信息物理系统，进一步提高德国制造业的竞争力，在新一轮工业革命中占领先机。此后，德国联邦政府围绕"工业4.0"战略

推出了一系列政策措施。2014 年 8 月，德国联邦政府出台了《数字议程（2014—2017）》，倡导数字化创新驱动经济社会发展，为德国建设成为未来的数字强国部署战略方向。这是继"工业 4.0"战略之后，德国确保未来发展与竞争力的又一重要举措，做出了通过 ICT 的创新具体落实"工业 4.0"战略的规划。同年 11 月，德国联邦政府发布了《新高科技战略—德国创新》确定了未来六大研究与创新首要发展领域，数字经济与社会就是其中之一，而数字经济与社会八大核心领域包括工业 4.0、智能服务、智能数据项目、云计算、数据联网、数字科学、数据建设和数字化生活环境。2015 年 3 月，德国国家工程院发布了《智能服务世界》，聚焦"工业 4.0"制造的智能服务全价值链，展望智能服务世界的概况，阐述智能服务平台的层级架构，实现智能服务世界应关注的重点，发展智能服务所需的外部环境，并提出了发展智能服务的相关建议。2016 年 3 月，德国经济部发布了《数字化战略 2025》，旨在推进智能互联，协助德国企业实践"工业 4.0"。这是继《数字议程（2014—2017）》之后，德国联邦政府首次就数字化发展做出系统安排。随后，德国发布了"德国数字化平台绿皮书"，阐述了德国以及欧洲经济对数字化经济的依赖，同时提出要进一步推动传统经济发展成为数字化生产和平台经济，成为成长、创新、生产和就业的驱动力。2018 年 11 月，德国联邦政府发布了"建设数字化"战略，提出建设数字化能力、数字化基础设施、数字化转型创新、数字化转型社会和现代国家五大行动领域。2019 年 11 月，德国联邦政府发布了《国家工业战略 2030》，提出人工智能、数字化等创新技术与传统行业融合是推动经济发展的利器，未来要努力确保或重夺所有相关领域在国内、欧洲乃至全球的经济技术实力、竞争力和工业领先地位。

积极推动中小企业数字化转型。德国中小企业的数量占企业总数的 99.3%，每年为德国国民经济贡献超过三分之一的营业额，德国在世界经济占据重要地位离不开中小企业的贡献，数字化对企业尤其是中小企业的发展尤为重要。2007 年，德国联邦政府提出了"中小企业创新计划"，由联邦教育及研究部负责实施，资助对象是对德国未来发展至关重要的前沿技术领域进行研究的中小企业，支持其开展高水平的专业研究计划，尤其是高风险项目，实现中小企业创新计划与联邦政府高科技战略的对接。由德国联邦经济与技术部负责，2008 年 7 月开始实施中小企业创新集中计划（Zentrates Innovationsprogramm Mittelstand，ZIM），该计划侧重于支持中小企业与研究机构合作，主要资助以技术为导向的研究和创新项目。2010 年 11 月，德国联邦政府推出了《数字德国（2015）》，提出重点支持中小企业开发和利用信息通信技术，推动交通、能源、卫生、教育、环境、管理等领域的网络化发展。为此，德国联邦政府还专门设立了"信息通信技术与中小企业平台"，加强中小企业与政府的对话和沟通，使资助措施进一步符合中小企业的要求。2014 年 8 月，德国联邦政府出台了《数字议程（2014—2017）》，倡导数字化创新驱动经济社会发展，其中提出为中小企业建立最佳的实践展示中心，为中小企业的数字化发展提供技术支持。2016 年，德国经济与能源部联合德国经济界、金融界发布了《中小企业未来行动计划》，该计划指出，为适应数字化经济的要求，着眼于保持和提升经济竞争力，德国将实施一系列新的政策和扶持措施，其中包括为德国中小企业的发展创造更好的融资环境。德国联邦政府在 2016 年 3 月发布的《数字化战略（2025）》中进一步指出，促进中小企业数字化转型已是德国经济数字化转型的十大行动步骤之一，该行动重点在于支持中小企业使用信息通信技术以及电子商务的推广与应用，促进中小企业商业流程数字化转型。为推动中小企业数字化转型，德国在扶持计划"中小企业 4.0——数字化生产流程和工作流程"的框架下逐步在德国所有地区建立大量技能中心，成立 4 个"中小企业 4.0 局"，以深化对数字化通信、云计算、流程管理和贸易的研究，并提供支持服务。通过"数字化（go-digital）"项目，德国将在 IT 安全、网络营销和数字化经营流程3 个模块为中小企业提供用于外部咨询服务的资金；通过"创新（go-Inno）"项目，德国将建立针对创新管理的扶持机制，并利用该机制为少于 100 名员工的企业提供 50% 的咨询费用，以提高其创新管理的专业化。

不断升级高科技创新战略。德国联邦政府高度重视战略规划对科技创新的引领作用。为保障战略规划的有效实施，20 世纪 80 年代以来，德国联邦政府先后出台了一系列法规以不断强化战略规划的宏观引领作用。1982 年，德国联邦政府制定了促进创建高技术企业的计划，把建立更多高技术企业作为国家的一项战略措施。1996 年 7 月，德国内阁通过了《德国科研重组指导方针》，明确德国科研改革的方向。2004 年，德国联邦政府与各州政府签订了《研究与创新协议》，规定大型研究协会（马普学会、亥姆霍兹联合会、弗劳恩霍夫协会、莱布尼兹科学联合会）的研究经费每年保持至少 3% 的增幅。2006 年，德国联邦教研部制定了《科技人员定期聘任合同法》，规定将公立科研机构研究人员的定期聘任合同最长期限放宽至 12 年或 15 年，以留住青年科技人才。同年，德国联邦政府出台了德国第一个全国性的高科技战略—《德国高科技战略（2006—2009 年）》，德国联邦政府为此投入了 100 亿欧元，在信息通信、能源、生物、环保、健康医药和纳米等 17 个重点行业促进企业开展研发工作。德国联邦政府重点革新科研政策，涵盖健康、通信及交通和前沿科技三大领域，并首次提出产业集群战略，以确保德国未来在世界上的竞争力和技术领先地位。2010 年 7 月，德国联邦政府发布了《高科技战略 2020：思想、创新、增长》，涵盖联邦政府各个部门的研究和创新促进措施，并提出到 2015 年将教育和研发经费总和提高到国内生产总值的 10% 的量化目标，其中研发经费要达到国内生产总值的 3%。2012 年，德国联邦政府推出了《高科技战略行动计划》，提出 2012—2015 年计划投资约 84 亿欧元，以推动开展《高科技战略 2020：思想、创新、增长》框架下的 10 项未来研究项目。2014 年 8 月，德国联邦教育与研究部更新高科技战略，发布了《新高科技战略—为德国而创新》。该战略由关乎价值创造和生活质量的优先"未来课题"、网络化和成果转化、增强经济界的创新活力、构建创新友好的框架条件、提供透明度与公众参与 5 个相互紧密关联的核心要素组成。新高科技战略的"未来课题"包括数字化经济与社会、可持续经济与能源、创新的劳动世界、健康生活、智能交通和公民安全。与前面的战略规划相比，新高科技战略对"领导市场"的表述更加精练、准确。为了更好地实现高科技战略，在德国联邦政府的倡议下，德国成立了由经济界、科学界以及社会团体代表组成的"高科技论坛"，负责在高科技战略的实施、创新政策的发展、新研究计划的制定以及前景规划方面为政府提出具体的建议。近年来，德国联邦政府不断升级高技术战略，于2018年发布了《高技术战略2025》。该战略以"为人研究和创新"为主题，明确了德国未来7年研究和创新政策的跨部门目标和举措，旨在进一步推动德国科学技术的发展，为德国未来高技术的发展提供重要的指导。

推动人工智能发展和应用。 德国联邦政府把人工智能视为德国经济未来的重要增长点。早在1985年，德国联邦政府就提出了要向高级的、带感觉的智能机器人领域进军的计划。随后，智能机器人开始进入德国的各个产业。除了应用于汽车、电子等技术密集型产业外，工业智能机器人还广泛应用于传统产业。2013年，德国推行了以"智能工厂"为重心的"工业4.0"战略，工业智能机器人推动生产制造向灵活化和个性化方向转型。依此计划，通过智能人—机交互传感器，人们可借助物联网对下一代工业智能机器人进行远程管理。这种工业智能机器人还将具备生产间隙的"网络唤醒模式"，以解决使用中的高能耗问题，促进制造业的绿色升级。2015年，德国经济部启动了"智慧数据"项目，资助了13个项目，其中便涵盖了人工智能主题。2016年10月，由德国联邦政府设立的"德国研究与创新专家委员会"推出了年度研究报告，建议政府制定机器人战略。2017年11月，德国联邦经济事务和能源部发布了创新报告《智能服务世界》，明确支持人工智能在交通、家居、生产、跨行业领域方面的应用。2018年7月，德国联邦政府发布了《联邦政府人工智能战略要点》，确立德国联邦政府发展人工智能的目标和在研究、成果转化、人才培养、数据使用、法律保障、确立标准、国内外合作等优先行动领域的措施，旨在通过实施该纲要性文件将德国人工智能的研发和应用提升到全球领先水平。2018年9月，德国联邦政府推出了《高技术战略2025》，在"加强德国未来高技术能力"的主题中，提出推动人工智能应用，利用国家人工智能战略系统强化德国在该领域的能力。同年11月，德国联邦政府公布了《德国人工智能发展战略》，旨在将人工智能的重要性提升到国家高度，为人工智能的发展和应用提出整体政策框架，并计划在2025年前投入30亿欧元实施该战略。该战略确定三大目标：一是确立德国和欧洲在人工智能科技和应用上的领先区位优势，借此保证德国的竞争力；二是确保人工智能科技和应用的重大责任性和公益福祉导向性；三是要在广泛社会对话和积极政治设计的框架内，让人工智能在伦理、法制、文化和制度上融入人类的社会生活。经过半年的筹划，2019 年德国联邦政府公布出资 5 亿欧元用于人工智能领域的研究与应用，这笔资金主要用于人工智能领域的研究、成果转化、社会对话、评估以及数据应用等。

加强推进电子政府建设。 德国电子政务建设起步较晚，为了降低行政成本，改变政府原有的各类办公弊端，德国联邦政府及各州政府统一观念，着手启动发展电子政务。基于政府管理观念的转变，1999 年，德国联邦政府提出了"德国 21 世纪的信息社会"行动计划，随后德国联邦政府管理部门先后设立了 18 个试点项目，用以探索具备实效性的电子政务解决方案。2000 年 9 月，德国联邦政府发布了"联邦在线 2005 电子政务工程规划"，这一规划的目标是使德国联邦政府的所有政务通过互联网平台实现服务，从而使德国各类企业、学校、机构和公民能够更加快捷、高效、低成本地享受德国联邦政府提供的各种政务服务。为了配合这一规划，德国联邦政府还为各州下辖的各级地方政府的公共服务拟订了详细的实施计划。2006 年，德国联邦政府根据欧盟《i2010 电子政务行动计划》将电子政务 2.0（E-Government 2.0）列入面向未来的政府管理战略项目，由德国联邦内政部负责总体协调，联邦各部委参与。E-Government 2.0 项目所设立的政务服务、政府部门间协作办公、公民电子身份认证以及公民、企业及机关电子沟通四大部分形成了德国先行电子政务的主体架构。在此基础上，德国联邦各部委及其下属机构都按照四大部分的要求建立并完善了相关网站，不断地改进各州政府和各级地方政府的网站。2010 年，德国联邦政府正式启动了"云计算行动计划"（Aktionsprogramm Cloud Computing），该计划面向社会公民、机构和企业推广云计算，通过基于互联网的云计算服务，支持企业、机构和政府服务部门业务的发展。这一计划的实施开拓了德国市场的空间和潜力，建立了安全、可信的法律框架，统一了德国云计算的服务标准，进一步强化了德国的新型电子政务体系，提升了德国联邦政府的电子政务服务水平。

▨▨▨▨▨▨▨▨▨▨▨▨▨▨▨▨▨▨▨▨▨▨▨▨▨▨▨▨▨▨

德国促进中小企业创新计划

中小企业创新计划（以下简称"KMU-innovative计划"）于2007年提出，由德国联邦教育与研究部负责实施，资助对象是研究德国未来发展至关重要的前沿技术领域的中小企业，实现中小企业创新计划与德国联邦政府高科技战略的对接。

在德国，中小企业在很多行业（例如生物工程、医疗技术）都是技术进步的先驱者，KMU-innovative计划主要面向那些有研发能力的中小企业，使其能够在促进资金的帮助下降低风险，完成高水平的专业计划。KMU-innovative计划还设立了为申请企业提供咨询服务的专门机构，审批程序很简单，申请仅需要6个步骤，审批时间不超过6个月。考虑到许多提出申请的研究型小企业尚处于初创阶段，KMU-innovative计划特别简化了企业偿付能力的审查，适当降低了对自有资本比例的要求，给予前沿技术研究领域的小企业实现创新想法的机会。具体资助领域情况如下所述。

生物技术。生物技术是关乎未来发展的重要领域，医疗、健康等其他重点领域也以生物技术为基础。目前，德国大约有700家致力于研究生物技术的企业，其中570家专注于这一领域，这些企业几乎都是雇员少于250人的中小企业，其经营状况完全或很大程度上取决于现代生物技术的发展进程。生物技术领域的创新进程漫长、昂贵且风险很高，因此生物技术企业在很大程度上依赖风险投资和公共资助。根据行业内企业公布的数据，2013年该领域的企业共获得了5000亿欧元的公共资助和1370亿欧元的风险投资。

医疗技术。医疗技术是德国极具创新和增长能力的领域。除少数大企业外，约1200家中小企业组成了该领域的支柱。KMU-innovative计划框架下的医疗技术支持重点关注研究成果的商业转化以及高风险的科研项目。

德国的医疗技术领域约有11.7万名从业人员，年销售额可达230亿欧元。

生产工艺。德国是世界领先的生产制造强国，在德国，2/3的经济成果是由生产和与生产相关的服务创造的。在未来竞争力方面，研究、发展和培训扮演着关键角色。德国联邦教育与研究部提出的促进措施的目标在于提高中小企业，尤其是研发"新星"和高科技中小企业的创新能力，在"未来生产研究"计划框架下吸引更多的中小企业参与。

资源和能源效率。资源和能源的需求以及气候变化将在未来几年给经济、政治和社会造成巨大的压力，环保技术将成为一项关键因素，其发展的推动者往往是中小企业。在这一领域，德国联邦教育与研究部开展了诸如"可持续发展研究""未来生产研究""工业和社会原材料创新"等促进项目。

公民安全。德国联邦教育与研究部自2007年开始关注公民安全，目标在于保护社会公民免受诸如自然灾害、恐怖袭击、有组织犯罪等威胁。公共安全是一项非常重要的课题，关乎生活质量和经济繁荣，KMU-innovative计划提出的相关措施鼓励了中小企业从事公民安全研究，共同为未来社会的发展寻求创新解决方案。

在KMU-innovative计划中，德国联邦教育与研究部的资助可以达到项目总经费的50%，总额不超过10亿欧元/年。根据德国联邦教育与研究部网站发布的数据，截至2015年参与的企业有一半左右为首次提出申请，已批准7.5亿欧元资助款项，用于1100多个单独或联合项目，为中小企业提供的资助约占德国联邦教育与研究部所有中小企业资助的25%，得到了许多积极的反响。

五、日本数字经济政策

日本不断升级科技创新战略，大力推动人工智能等新一代信息通信技术的发展，强化数字技术在其他产业中的应用，陆续出台了《第五期科学技术基本计划》

《人工智能技术战略》《集成创新战略》《综合创新战略》等战略，促进实体经济的转型升级，助力打造"超智能社会"。日本经济产业省（Ministry of Economy, Trade and Industry, METI）是负责国家数字经济建设的主要机构。日本经济产业省成立于 1949 年 5 月，隶属于日本中央省厅，前身是通商产业省。METI 的职责是负责提高民间经济的活力，使对外经济关系顺利发展，确保经济与产业得到发展，使矿物资源及能源的供应稳定而且保持效率。日本经济产业省的下属机构有大臣官房、经济业政策局、通商政策局、贸易经济协作局、产业技术环境局、制造产业局、商务信息政策局、经济产业研修所、资源能源厅、原子能安全保安院、小企业厅、专利局、经济产业局等。此外，2000 年，日本为促进数字信息产业的发展，成立了"IT 战略总部"。2013 年，日本将"IT 战略总部"升级为内阁的"高度信息通信网络社会推进战略本部"，统筹相关部门的工作，并将数字信息产业应用于区域振兴、资源（主要体现利用卫星通信的海洋宽带）、智慧农业等领域。

不断升级科技创新战略。 从 2013 年开始，日本政府每年都会制定《科学技术创新综合战略》，提出从"智能化、系统化、全球化"的角度推动科技创新。2014 年，日本政府成立了日本综合科技创新会议，该部门是日本政府主导全国科技创新的主要参谋机构，承担着制定基本科技政策、统筹分配国家科技创新资源以及评估重大科技项目等职能。《科学技术创新综合战略 2014》提出要重点聚焦信息通信（例如，信息安全、大数据分析、机器人和控制系统技术等）、纳米（用于开发元件、传感器及具备新功能的先进材料）和环保三大跨领域技术。《科学技术创新综合战略 2015》重点阐述了科研资金改革、借助物联网和大数据库培育新产业等内容。近年来，日本政府不断升级创新政策，科学技术创新进入新阶段。日本于 2016 年通过了《第五期科学技术基本计划》，该计划首次提出"超智能社会"的概念，同时指出信息通信技术的发展让日本进入了社会经济结构日益变化的"重大改革时代"，并表示国内外问题越来越复杂，促进科技创新的必要性正在增加。随后，日本科技创新战略围绕"超智能社会"展开。2017 年 6 月，日本内阁会议出台的《科学技术创新综合战略 2017》在日本《第五期科学技术基本计划》

的基础上，重点论述了 2017—2018 年日本应重点推进的举措，包括实现"超智能社会"的必要举措，今后应对经济社会问题的策略，加强资金改革，构建面向创造创新人才、知识、资金良好循环的创新机制和加强科学技术创新的推进功能等重点项目。日本政府于 2018 年 6 月先后出台了《综合创新战略 2018》《集成创新战略》。《综合创新战略 2018》将关注的焦点放在大学改革、加强政府对创新的支持、人工智能、农业发展和环境能源五大领域。《集成创新战略》系统地总结了《第五期科学技术基本计划》的经验与不足，聚焦当前日本所面临的紧迫课题，提出了包括创新基础建设、科技创新创造、创新社会应用、创新国际合作的开展以及需要重点加强的主要领域在内的诸多举措。2018 年 7 月，日本发布了《第 2 期战略性创新推进计划（SIP）》，该计划旨在通过推动科技从基础研究到实际应用的转化、解决国民生活的重要问题以及提升日本经济水平和工业综合能力，促进科技的研究和开发，实现技术创新，建设"超智能社会"。2019 年 6 月，日本内阁会议发布了最新的《综合创新战略 2019》，该战略重点分析了 2018 年日本国内外形势的变化，提出了需要加强和亟待解决的问题，加快落实一系列的必要举措，实现"超智能社会"的建设。同时，在整合战略目标和措施上，日本内阁会议稳步扭转创新政策的策划—实施—检查—改进（Plan-Do-Check-Action）良性循环，掌握《第五期科学技术基本计划》的进度及成果转化的情况，并给出具体的改进方向。

加强数字信息产业建设与应用。日本数字信息产业的发展历史较为久远，最早可以追溯至 1956 年《机械工业振兴临时措施法》制定的一系列振兴数字信息产业政策。此后，日本在数字信息产业方面的政策不断推陈出新，持续推动传统产业的转型升级，创造新业态与新价值，为数字经济的发展打下了良好的基础。1960 年，日本科学技术会议提出了《10 年目标的振兴——科学技术的综合性政策》，这是日本第一次制定比较系统的国家信息政策，也是日本信息政策体系开创的标志之一。1969 年，日本科学技术会议提出了《关于科学技术信息流通的基本政策》。至此，日本信息政策初步集中完成了信息产业规划和全国信息流通体系的构建，并提出了"从国家的角度合理整顿和强化信息流通及信息服务的体制"。20 世纪 70 年代初期到 80 年代中期是日本信息制造产业的快速发展阶段。在此期间，日本政府于 1978 年制定并颁布了《特定机械信息产业振兴临时措施法》来进一步加强以半导体为核心的信息产业的发展。进入 21 世纪，日本致力于统筹数字信息产业对本国整体经济的影响力。2000 年，日本为促进数字信息产业的发展，特别成立了"IT 战略总部"。2001 年，日本政府颁布了《e-Japan 战略》，集中力量投入宽带基础设施建设。2003 年，日本政府颁布了《e-Japan 战略 II》，目标是将数字信息技术应用于经济社会其他产业的发展中，主要应用领域为食品、医疗、中小企业金融、行政和就业等。2004 年，日本政府出台了《u-Japan 战略》，重点建设泛在网络社会，从网络、终端、平台和应用 4 个层面构建数字信息技术与经济社会的联系。自 2006 年起，日本数字信息产业的发展开始向社会各领域渗透。2006 年，日本政府出台了《IT 新改革战略》，深化 IT 产业结构改革，提出日本信息化建设下一步的基本理念、目标和政策等。2009 年，日本政府制定了《i-Japan 战略 2015》，提出面向数字经济新时代的战略政策，实现数字信息产业在经济社会的普惠性。2011 年，日本政府颁布了"推进 ICT 维新愿景 2.0 版"，提出打造强大的日本数字信息经济。2012 年，日本政府提出了《日本复兴战略》，明确将通过数字信息产业振兴日本经济。2013 年，日本将 IT 战略总部升级为内阁的"高度信息通信网络社会推进战略本部"，统筹相关各部门工作，并将数字信息产业应用于区域振兴、资源（主要体现在利用卫星通信的海洋宽带）、智慧农业等领域。2016 年 1 月，日本内阁会议通过了《第五期科学技术基本计划》，核心是提出建设全球领先的"超智能社会"，旨在最大限度地利用信息通信技术，将网络空间与现实空间融合，使每个人最大限度地享受高质量的服务和便捷生活。

以制造业为核心打造"超智能社会"。 日本政府高度重视高端制造业的发展，2009 年，日本政府制定了《i-Japan 战略 2015》，强调要加强对制造业信息化、大数据等领域的研究和资助，积极推动信息通信、智能制造的发展。2016 年 1 月，日本内阁会议通过了《第五期科学技术基本计划》，提出以制造业为核心，灵活利用信息通信技术，基于互联网或物联网，打造世界领先的"超智能社会"。"超智能社会"被定义为"能够细分掌握社会的种种需求，将必要的物品和服务在必要时以必要的程度提供给有需要的人，让所有人都能享受到优质的服务，超越年龄、性别、地区和语言的差异，快乐舒适生活的社会"。自"超智能社会"提出后，日本政府相继出台了各项政策。同年5月出台了《科学技术创新综合战略2016》，这是根据《第五期科学技术基本计划》制定的首个综合战略，包括实现"超智能社会"；加强年轻研究人员的培养，促进以女性人才活跃为首的人才力量；整体推进大学改革和研究经费改革；创新构建人才、知识、资金的良性循环系统；加强推进功能5项重点项目。2016年12月，日本工业价值链参考框架（Industrial Value Chain Reference Architecture，IVRA）正式发布，标志着日本智能制造策略有了实质性突破，建立了日本制造优势的智能工厂互联互通的基本模式。2017年3月，日本政府提出了要发展被称为"互连产业"（Connected Industries）的数字经济。2017年5月，日本产业结构审议会发布了《新产业结构愿景》，对4个战略领域进行了目标和任务部署。在"移动"领域，开展自动驾驶、高精度立体地图、队列行走和无人机研发；在"生产、使用"领域，建设最优智能供应链，实现制造与生产现场的高度化与效率化；在"生命健康"领域，实现长寿、生存质量高和终身护理；在"生活"领域，主要推动共享经济和金融科技的发展。《新产业结构愿景》的目标是运用第四次工业革命的先进技术，实现"社会5.0"和"日本工业4.0"。2017年6月，日本政府发布了《科学技术创新综合战略2017》，其中实现世界领先的"超智能社会"是重中之重。2017年10月，日本政府发布了指引性文件《"互连产业"：东京举措2017》，主要聚焦自动驾驶与出行服务、制造与机器人、生物科技与材料、重型工厂与基础设施安保、智能生活五大领域，并在2018年将其上升为国家战略，明确"互连产业"是日本未来产业发展的新方向，要使其成为继"日本制造""产业机器人""改造式创新"之后日本国际竞争优势的又一新标志。2018年3月，日本工业价值链促进会发布了《日本互联工业价值链的战略实施框架》，提出了新一代工业价值链参考架构（IVRA-Next），成为日本发展高端制造业的新抓手。2018年6月，日本政府发布了"日本制造业白皮书"，明确将互联工业作为制造业发展的战略目标，强调"通过连接人、设备、系统、技术等创造新的附加值"，强调智能制造和融合发展。2019 年 6 月，日本内阁会议发布了《科学技术创新综合战略 2019》，重点分析了过去一年日本国内外形势的变化，提出需要加强和亟待解决的问题，加快落实一系列的必要举措，实现"超智能社会"的建设。

重视人工智能技术创新。2015 年 1 月，日本政府发布了《新机器人战略》，主要介绍了国际社会发展机器人产业的背景和日本"机器人革命"的目标、核心战略以及日本机器人的未来发展规划。2016 年，日本通过新版《日本再兴战略 2016》，将 2017 年确定为"日本人工智能元年"，主要通过大力发展人工智能，保持并扩大其在汽车、机器人等领域的技术优势，逐步解决人口老龄化、劳动力短缺、医疗及养老等社会问题，扎实推进"超智能社会 5.0"建设。随后日本政府正式设立了"人工智能综合研究中心"作为国家层面的综合管理机构，同时，该中心在东京设立研究基地，扶持理化学研究所、丰田汽车、NEC 等 20 多家研究机构及企业研发应用于制造、医疗等领域的人工智能技术。2017 年 3 月，日本政府发布了《人工智能技术战略》，明确了人工智能发展的技术重点，并推动人工智能技术向强人工智能和超级人工智能的方向延伸，并且进一步规划部署了人工智能的技术研发，提出具体的战略路线图。该路线图包括 3 个阶段：一是在各领域发展数据驱动人工智能技术应用（2020 年完成一二阶段过渡）；二是在多领域开发人工智能技术的公共事业（2025—2030 年完成二三阶段过渡）；三是连通各领域建立人工智能生态系统。2017 年 6 月，日本政府在临时内阁会议上通过了"未来投资战略"，其中经济增长新战略明确指出，未来的目标是实现人工智能（AI）、机器人等先进技术最大化，并运用到"超智能社会 5.0"中，确定以人才投资作为支柱，重点推动物联网建设和人工智能的应用。要把物联网、人工智能等第四次工业革命的技术革新应用到所有产业和社会生活中，以解决当前的社会问题，将政策资源集中投向健康、移动、供应链、基础设施和先进的金融服务 5 个领域。2018 年 5 月，日本经济产业省公布了《新产业构造蓝图》，将视角由技术研发转向应用与产业化，提出利用人工智能及物联网等技术，普及自动驾驶汽车及建立新医疗系统。

2018 年 6 月，日本政府召开了人工智能技术战略会议，制定了推动人工智能普及的实施计划。随后日本政府发布了《集成创新战略》，将人工智能、网络空间和物理空间相关技术以及自动驾驶技术作为重点发展领域。同月，日本政府还出台了《综合创新战略》，旨在解决日本科学技术创新能力相对较低的问题，提出要将科学技术与创新成果应用于社会所需，将关注的焦点放在大学改革、加强政府对创新的支持、人工智能、农业发展、环境能源五大领域，同时强调要完善社会基础设施所必需的数据协作基础。2018 年 7 月，日本政府发布了《第 2 期战略性创新推进计划（SIP）》，着重推进大数据和人工智能技术在自动驾驶、生物技术、医疗、物流方面的应用。此外，在 2019 年 6 月制定的《AI 战略》中提出，到 2025 年前，日本要实现每年使 50 万左右的大学生及高等专科院校的学生能够掌握初级 AI 能力的目标，并将其中的 25 万人培养成为能够使用 AI 解决自身专业领域课题的人才。

专 栏

日本"超智能社会"建设

日本政府于2016年1月颁布了《第五期科学技术基本计划》，首次提出建立高度融合的网络空间和物理空间，以人工智能技术为基础，以提供个性化产品和服务为核心的"超智能社会"概念。"超智能社会"着眼于按所需之量将物品和服务提供给所需之人，能够超越年龄、地区、性别、语言和职业等差异，满足人与社会的各种个性化需求，使每个人都能享受到高质量服务，因此为所有人提供个性化服务是"超智能社会"的核心所在。在重点领域，日本政府施行一系列具体的措施。

健康、医疗服务。"超智能社会"要利用大数据、人工智能等技术，基于实现个性化健康和诊疗管理，建立新型健康、医疗、护理系统，延长人的寿命，实现世界先进的"终身就业"社会。具体措施如下：整合覆盖患者所有体检、就诊信息和物联网设备使用信息的"全国保健医疗信息网络"，医患双方均可在获得授权许可后自由浏览；建设"保健医疗数据平台"，将健康、医疗、护理等大数据与个人信息结合起来加以分析，方便医学研究者、保险从业者等群体进行科学研究时使用。

自动驾驶与无人交通运输工具。为了解决老龄化给日本社会带来的劳动力人口不足的问题，减少交通事故的发生率，维持地区公共交通网正常运行，日本政府于2017年5月发布了《官民智能交通系统构想路线图2017》，从官方角度确定了推进无人驾驶相关核心技术的国家发展战略。根据该路线图，日本将整合研究机构，改进相关制度和基础设施环境建设，制定开发计划，简化行政审批手续，鼓励发展无人交通工具和自动驾驶辅助装置。到2020年，日本国内生产的车辆将全部安装自动制动装置，20%的车辆将配备安全驾驶辅助系统，2030年基本普及安全驾驶辅助系统。

智能供应链。日本政府认为，日本已进入人口"零增长"甚至"负增长"社会，如何解决供需之间的矛盾、提高产品附加值，关键在于由为消费者提供"物品"向提供"服务"、满足"需求"转变。因此，日本提出了"互连产业"（Connected Industries）这一新概念，即利用物联网等设备和日本卓越的"技术力量"、高"现场力"，实现人与机械的系统性协作和生产者与消费者之间的互联互通，这样不仅能够产生和创造新价值或者附加值，还可以解决社会问题。同时，日本还利用世界新科技革命与产业变革带来的技术革新，通过分析商品从接受订单到设计、生产、物流、销售、消费乃至保养的全生命周期的数据，创新性地为消费者量身打造商品和服务。

基础设施与海上运输信息化。为提升日本产品的国际竞争力，促进经济健康发展，日本政府提出了建设以高规格干线公路和各级新干线铁路为中心的高速交通网络。基础设施防灾减灾和灾害应对措施中也将大量引入机器人，水下机器人率先在桥梁和隧道等工程建设中实施作业，相关评价标准也正在制定。针对造船业，日本把信息通信技术引入船舶从开发、制造到运营、维护的全生命周期中，推广旨在提升日本航海业竞争力的"智能航运"（i-Shipping）战略。

金融科技。进入21世纪，金融科技开始重塑世界经济形态和经济格局。由于监管严格，加之受本土文化影响，风险规避意识较强和重视安全与隐私的日本，在金融科技领域的发展显得相对滞后。日本政府认为，崛起于2015年的区块链技术在金融科技领域具备"改变游戏规则"的能力，推广以区块链为代表的高新技术在金融科技领域的应用，可大幅提高工作效率，为日本金融业保持在世界上的竞争力提供有力支撑。据此，日本金融厅、日本银行将和金融科技企业及相关机构合作，推行电子债券交易，修改《分期付款销售法》，开放应用程序编程接口，推广电子票据，简化金融手续，减免交易费用，普及金融电子数据交换的标准化，修改法律以支持私人部门的扩大投资，构建健康有序的金融生态系统等。

综上所述，"超智能社会"是日本试图应用物联网、大数据、人工智能、机器人等创新技术，在提高生产率的同时解决人口老龄化、资源匮乏等社会问题，是将日本变为舒适化社会的一次重要尝试。"超智能社会"极力主张实现分布式资源，特别是高效利用数据，因此，官民互动、联合创新是必不可少的。日本政府通过牵头整合官、产、学合作，推进共同研究，以期打破省厅之间的壁垒，顺利推进"超智能社会"的建设。

六、俄罗斯数字经济政策

俄罗斯期望通过实施数字经济改善人口危机以及经济严重依赖石油和天然气出口的问题，出台了《俄联邦数字经济规划》《俄联邦数字经济法》《俄罗斯联邦国家科技发展计划》《俄罗斯 2030 年前国家人工智能发展战略》等一系列政策法规，从顶层设计、数字技术发展和完善相关法律法规等方面推动数字经济发展。俄罗斯联邦数字发展、通信与大众传媒部是负责俄罗斯数字经济建设的主要机构。2018 年 5 月 15 日，根据俄罗斯联邦第 215 号总统令，俄罗斯联邦通信与大众传媒部正式更名为俄罗斯联邦数字发展、通信与大众传媒部，主要职能是通过网络为国家、州、区提供基本的社会服务，保证 IT 行业高速发展，保质保量完成邮政服务，普及通信服务、网络和大众传媒。俄罗斯联邦数字发展、通信与大众传媒部负责制定、调整及实施以下领域内的国家政策、法律法规，例如，IT、电信（包括无线电频率分配和使用）和邮政、大众传媒（包括电子媒体、电视广播等）、新闻印刷出版行业及个人数据处理。

注重数字经济顶层设计。普京总统在 2016 年 12 月的《国情咨文》中宣布，有必要构建通过信息技术来提高全行业效率的数字经济。2017 年 5 月，俄罗斯联邦政府颁布了《2017—2030 年俄联邦信息社会发展战略》，提出要为信息和通信技术的使用创造便利条件，加强俄罗斯信息化社会发展，并指出数字经济对俄罗斯 GDP 增速产生的实质性影响。2017 年 6 月，普京总统表示，"发展数字经济，这是俄罗斯经济领域第一要务"。同年 7 月，普京总统签署了战略发展和优先项目，将数字经济列入《俄联邦 2018—2025 年主要战略发展方向目录》。同月，俄罗斯联邦政府批准了《俄联邦数字经济规划》，在 5 个数字经济发展基本方向框架内确定了 2024 年前的目标和任务，基本方向包括规范性管理、人才和教育、培育研发能力和技术储备、信息基础设施、信息安全。2018 年 3 月，普京总统发表了《国情咨文》，旨在阐述俄罗斯科技等领域的国家战略，再次将发展数字经济作为一项重要的政治任务。同月，时任总理梅德韦杰夫签署了命令，从政府储备基金中拨款约 30 亿卢布（约 5200 万美元），主要用于数字经济框架下的信息基础设施建设，加强科研能力、技术储备和信息安全等。同年 5 月，普京总统签署了《2024 年前俄罗斯联邦发展国家目标和战略任务》总统令，规划了俄罗斯 6 年的发展蓝图，提出人口、健康、教育、科学、数字经济和文化等 12 个优先发展领域，将

"加速俄联邦技术发展，提高技术创新机构数量，使其占全国科研机构总数50%"确立为九大国家发展目标之一。普京总统在2019年2月的《国情咨文》中指出政府需要致力于促进数字经济发展，加强科技领域投资等。

重点支持数字技术创新。俄罗斯联邦政府为彻底摆脱科学和创新发展停滞不前的状态，于2006年2月公布了《2015年前俄罗斯联邦科学和创新发展战略》，该文件是俄罗斯联邦政府首次对本国的科学和创新发展战略进行的十年规划，也是针对俄罗斯科学和创新发展的一份纲领性文件。从该文件中可以探寻俄罗斯联邦政府在未来10年内对本国科学和创新发展的系统设计思想和愿景。同月，俄罗斯科学创新政策部际委员会还审查了《俄罗斯联邦科学、工艺和技术优先发展方向》和《俄罗斯联邦关键技术清单》，这些文件确定了6个优先发展领域：生命系统、纳米和材料产业、信息通信系统、自然资源的合理利用和运输、航空和空间系统、能源和节能。这些文件还确定了信息的处理、存储、转译和保护技术，软件制作技术，电子元器件技术，纳米技术和纳米材料，构建智能导航和控制系统技术等34项关键技术。2007年1月，俄罗斯联邦政府发布了联邦专项计划《国家技术基础（2007—2011）》，该计划的目标是通过研制和实施环保、节能、安全的工业技术来生产具有竞争力的高科技产品，为国家产业技术的发展提供保障。2016年12月，普京总统批准了《俄罗斯联邦科学技术发展战略》，强调要用10～15年，通过实施向数字生产技术转换、提高人力资源使用效率、发展生态和清洁技术等措施实现科技进步，提高国产产品和服务的创新水平。2017年2月，俄罗斯联邦政府发布了《技术网络之先进制造技术方向路线图》，强调重点支持"先进制造技术"发展。根据《俄罗斯联邦科学技术发展战略》，2017年6月，俄罗斯联邦政府发布了《俄罗斯联邦科技发展战略实施计划》，在五大领域重点部署落实2017—2019年科技发展规划：一是建立现代管理制度，提升研发领域吸引投资的能力；二是整合科技、创新和产业政策规划；三是开发新型数字平台，建设现代科技网络体系；四是发掘人才智力资源；五是加强与国际科技评估预测体系的协作交流，及时掌握全球知识和技术活动。2018年3月，俄罗斯国防部、联邦教育和科学部制定了"俄罗斯人工智能发展计划",大力推动人工智能理论研发和提高实践应用水平。2019 年 3 月,俄罗斯联邦政府通过了《俄罗斯联邦国家科技发展计划》,提出发展国家智能产业,实现国家科学研究的长期发展和基础保障、提高其竞争力等 5 个子计划。2019 年 10 月,普京总统签署了《关于发展俄罗斯人工智能》命令,批准了《俄罗斯 2030 年前国家人工智能发展战略》,提出俄罗斯发展人工智能的基本原则、总体目标、主要任务、工作重点及实施机制,旨在加快推进俄罗斯人工智能的发展与应用,谋求在人工智能领域的世界领先地位。

完善数字经济相关法律法规。2016 年 7 月,俄罗斯联邦政府颁布了《俄罗斯联邦关键信息基础设施安全法》,确立了对关键信息基础设施的安全评估和国家监控制度;该法把预防计算机攻击作为优先方向,明确国家计算机事故协调中心作为全权机构,依法保障"发现、预防和消除对俄罗斯联邦信息资源实施计算机攻击的国家体系"的运行;界定了俄罗斯总统、俄罗斯联邦政府以及联邦权力执行机构在保障关键信息基础设施安全中的权力;确定了关键信息基础设施分级标准以及关键信息基础设施注册登记制度。同年 12 月,普京总统签署了《俄罗斯联邦信息安全学说》,为俄罗斯国家安全创建可靠的信息环境和信息基础设施。2017 年 7 月,俄罗斯联邦政府颁布了《俄罗斯联邦数字经济规划》,整合了政府原有和最新的数字经济发展方案,力争在数字经济监管标准、人才培养、科研能力建设、信息安全和信息基础设施建设等方面实现长足发展。为规范"加密货币"等数字金融资产的发展,2018 年 1 月,俄罗斯财政部发布了《数字资产联邦监管法》草案,旨在调节数字金融资产在创建、发行、储存和流通过程中所产生的关系,以及按智能合约行使权利和履行义务时所产生的关系。该法中,数字金融资产被定义为"利用密码学技术创建并以电子形式存在的资产",包括"加密货币"和"代币"。2018 年 3 月,普京总统发表了《国情咨文》,再次强调要加快数字经济相关立法建设,保障人工智能、无人驾驶和大数据等产业发展。2019 年 3 月,通过新的《数字权利法》,俄罗斯联邦政府确定了数字权利的行使和转让方式,并为包括数字交易在内的数字权利制定了规则。

推动人工智能研发与应用。2017 年 7 月，俄罗斯联邦政府制定了《俄罗斯联邦数字经济规划》，将数字经济列入国家发展战略，鼓励人工智能、机器人、量子计算等技术研发。同年 9 月，总统普京表示，"人工智能代表着未来，在人工智能领域占领制高点的国家将能掌控世界"。2017 年年底，俄罗斯联邦政府计划到 2020 年投入约 4.19 亿美元开展人工智能技术研发。2018 年 3 月，俄罗斯国防部联合俄罗斯联邦教育与科学部、俄罗斯科学院，邀请国内外人工智能研究者和用户对全球人工智能的发展进行研判，制定"俄罗斯人工智能发展计划"，大力推动俄罗斯人工智能理论研发和提高实践应用水平。这份计划涵盖了未来俄罗斯人工智能研究的组织执行机构、教育培训、理论跟踪以及实用探索等多个领域，其中包括：建议俄罗斯科学院牵头成立"国家人工智能中心"，在人工智能和信息技术行业协助建立科技储备力量，建设人工智能基础设施，并开展相关理论的研究和新项目的启动工作；该计划还建议俄罗斯联邦教育与科学部牵头成立与该领域相关的国家级训练与教育机构，培养人工智能技术人才等。普京总统在 2018 年 3 月发表的《国情咨文》中提出，要大力发展人工智能等先进技术，将基础设施建设与无人驾驶、海上和空中导航系统相结合；利用人工智能组织物流；到 2024 年向公民开放"数字世界的所有可能性"；提供在线教育、远程医疗、商务，以及数字空间广阔的人工智能的现代化服务，在最短的时间内完成人工智能的立法。俄罗斯联邦政府高度重视人工智能在国家安防和军事方面的应用，2018 年俄罗斯联邦政府陆续发布了《未来俄军用机器人应用构想》《人工智能在军事领域的发展现状及应用前景》《2018—2025 年国家武器发展纲要》《2025 年先进军用机器人技术装备研发专项综合计划》等发展规划。在强化组织规划和完善军事科研指挥体系的基础上，《未来俄军用机器人应用构想》制定了发展路线，明确了军用机器人的研发重点包括无人机、陆上机器人系统和以无人潜航器为代表的水下机器人。俄罗斯外交与国防政策委员会发布的《人工智能在军事领域的发展现状及应用前景》表明，人工智能已经被俄罗斯视为国家间战略竞争的重要领域。该报告指出，未来中短期内，国家间在人工智能等战略前沿技术领域的竞争将引发军事领域的革命，直接影响国家的战略走向，并将对武装力量的建设和使用带来革命性的改变。在俄罗斯联邦《2018—2025 年国家武器发展纲要》中，研发智能化武器装备被列为重点内容，主要包括通信、侦察、指挥控制、电子战、网络战、无人机、机器人和单兵防护等建设方向，无人作战系统被视为智能化武器装备的发展重点。为加速人工智能的研究进程，为用户提供更多的信息和计算资源，以及改进该领域的培养体系，普京总统在 2019 年 10 月批准了《俄罗斯 2030 年前国家人工智能发展战略》，该战略旨在促进俄罗斯在人工智能领域的快速发展，包括在人工智能领域进行科学研究，为用户提高信息和计算资源的可用性，完善人工智能领域的人才培养体系等。该战略反映了俄罗斯在全球人工智能领域获得领先地位的决心，将进一步增强俄罗斯在人工智能领域的技术独立性和竞争力。

促进政府数字化转型。面对加强中央对地方的管控，改变政府形象，转变政府职能，服务于民、取信于民，以及创造良好的经济社会环境的重任，1999 年时任俄罗斯联邦政府总理的普京授权发布了《关于组建俄罗斯信息中心的政府令》。借助 2000 年信息社会世界峰会的推动，俄罗斯开始加强政务网络和信息通信网络建设、促进办公自动化与信息公开化。2001—2002 年俄罗斯相继发布了《2010 年前俄罗斯信息化发展联邦目标纲要》《电子俄罗斯联邦目标纲要》，前者有 24 项专项计划，后者有 3 项措施直指电子政府建设。为保障有效的部际信息协同，建立统一的公共管理垂直信息系统，提高公民和组织获取公共服务的水平和政府公职人员的信息通信技术能力，2006 年俄罗斯联邦政府重新修订了《电子俄罗斯纲要》，将实施重点放在电子政府建设方面。俄罗斯联邦政府希望将政府信息化预算支出的效果提高 10%，部际信息交换劳动消耗降低 25%，降低社会与政府互动的行政负担，提高公共服务的效率和质量，增强公民对政府的信任度。2008 年俄罗斯联邦政府批准了《2010 年前俄罗斯联邦电子政府建设构想》，作为俄罗斯官方发布的首个电子政府战略性文件，该文件是在信息通信技术更广泛应用于国家权力机构及社会各领域的背景下提出的，并吸取了多年电子政府建设的经验和教训。根据该文件，俄罗斯联邦政府将电子政府建设的目标设定为公开政府信息和提供国家服务，具体包括发展政府机构网站，建立统一的互联网门户；建设获取国家机构活动信息和国家电子服务的公共基础设施；建立支持公民与国家机构间互动的统一的信息咨询系统、联邦互联网公共服务门户、联邦电话服务中心、部际信息交换网络、全俄罗斯国家信息中心等。2014 年 10 月，俄罗斯数字发展、通信与大众传媒部拟定了一份关于国家电子政务系统发展的草案——《组织国家电子政务基础设施管理进程》，提出了俄罗斯建设电子政务基础设施的主要方向。

专栏

俄罗斯数字经济发展成效

近年来，俄罗斯数字经济有了一定的发展，无论是在信息化基础条件、智慧城市建设，还是在数字技术的市场化应用方面，都与世界整体趋势同步。

信息化基础条件不断完善。在衡量信息技术发展水平的网络就绪指数（Networked Readiness Index，NRI）排名中，俄罗斯在2012—2016年里快速上升了15个名次，位居全球第41。俄罗斯宽带覆盖率约为75%，第四代移动通信（4G）覆盖率为70%，2016年，俄罗斯互联网平均速度为12.2Mbit/s，与法国、意大利持平，高于金砖国家的平均水平。截至2017年3月，俄罗斯有8700万人每天使用网络，占总人口的71%，互联网用户数量在欧洲排名第一，在世界排名第六。当前，俄罗斯在网络安全领域也已走在世界前列，2017年国际电信联盟（International Telecommunication Union，ITU）发布的《全球网络安全指数》（Global Cybersecurity Index，GCI）显示，193个国家中，俄罗斯排名第十。俄罗斯十分注重信息技术的自主开发，继独立研发"厄尔布鲁士"微处理器之后，已配套研发了国产操作系统和130种国产应用软件。此外，俄罗斯还拥有一支比较优秀的从事信息技术开发应用的人才队伍，特别是在软件开发方面，其整体能力居于世界领先水平。

智慧城市建设与电子政务取得长足进步。 智慧城市建设水平是数字经济发展程度的重要体现。从国际比较来看，瑞典IT公司Easypark对世界500个城市的智慧城市建设水平进行了排名，莫斯科排在第77位，在具体指标上，它在城市基础设施的数字技术利用水平已经进入世界领先行列，超越了多伦多、东京、巴塞罗那、悉尼等。从国内比较来看，俄罗斯国家技术与信息研究所的评估结果显示，除莫斯科和圣彼得堡之外，智慧城市建设较有成效的还有喀山和叶卡捷琳堡。值得关注的是，电子政务已经成为俄罗斯智慧城市建设的一大亮点，在2016年联合国经济和社会事务部的电子政务发展指数（E-Government Development Index，EGDI）排名中，俄罗斯在193个国家中排名第三十五。2016年俄罗斯有51.3%的公民利用电子政务系统获取国家和市政服务（莫斯科达65%）。此外，为进一步推动电子政务发展，俄罗斯建立了联邦国家信息系统，用于保障国家和市政电子服务系统交互的基础设施识别和认证统一系统。

数字技术市场化应用加速推进。 在智慧交通领域，网约车已经成为俄罗斯民众出行的选择之一，共享汽车正处于试行阶段。无人驾驶技术即将开展市场应用，2016年，Yandex与KAMAZ协议开发无人驾驶车辆，生产用于智能城市基础设施的无人驾驶小巴。在云计算服务领域，市场规模正以每年30%～40%的速度增长，其主要服务提供商为IBM、微软和甲骨文公司。在移动支付领域，MTS Bank、Samsung Pay和Apple Pay分别推出各自的服务，使用普及率正在稳步提升。在视觉技术商业化应用领域，Camera IQ、Mallenom Systems等公司正在为食品、采矿、冶金、医药等行业提供服务，例如，钻石分拣、热轧金属制品切割、药剂质量控制等。在商品零售领域，客户关系管理系统、地理信息系统和RFID标签得到广泛应用。此外，在社交、搜索、电商等领域，除Google、Facebook、eBay、Aliexpress（阿里速卖通）等国际企业外，俄罗斯也涌现出一批比较知名的本土公司。

七、印度数字经济政策

印度在传统软件业的基础上，加快信息基础设施的覆盖应用，加速发展物联网与人工智能等新兴技术，加强个人与公共数据保护，加快电子政务发展步伐，相继推出了"数字印度"计划、《人工智能国家战略》（讨论稿）等政策推动数字经济发展。印度电信管理局（Telecom Regulatory Authority of India，TRAI）是负责印度电信业务监管的独立机构，该机构于 1997 年 2 月 20 日成立，主要职责是规范电信服务。印度电信管理局的使命是创造和培育电信增长方式条件，在新兴的全球信息社会中发挥主导作用。

加快基础设施覆盖与应用。2004 年 4 月，印度电信管理局向通信主管部门建议：允许互联网服务提供商（Internet Service Provider，ISP）使用任何介质（包括光纤、无线和铜线）来建设自己的"最后一千米"。该建议旨在鼓励 ISP 以数字用户专线（Digital Subscriber Line，DSL）的方式提供更快的互联网接入服务。2004 年 6 月，印度信息技术与通信部推出了新的关于信息和通信技术发展的"十点计划"，该计划基本延续了过去的发展思路，并结合发展实际，制定了近期目标。"十点计划"的主要内容包括：2006 年之前，将互联网技术过渡到 IPv6 标准；促进信息和通信技术的研发；在两年时间内，将电话普及率从 7% 提高到 14%；开发低价的个人计算机和电信终端；促进域名的扩展；建立全国性互联网交换系统，把所有的互联网服务提供商连接起来，从而提高互联网通信路由的效率，降低成本和改善服务质量等。2004 年 10 月，印度信息技术与通信部发布了《国家宽带计划》，提出推动宽带基础设施建设，以促进网络普及率的提高，尽快追赶上其他亚洲国家。文件指出，印度将使用更多的光纤技术取代铜线来提高宽带接入；提供高速的网络设备，并将进一步推动卫星和无线技术设施建设。2010 年 12 月，印度发布了《关于推进国家宽带计划的建议》，印度的新宽带计划旨在通过大力发展国家宽带网络，尤其是普及农村宽带，进一步提升国家经济。印度强调推进宽带在城乡的快速覆盖对促进国家经济的可持续发展是至关重要的。印度于 2011 年推出了国家光纤网络计划（National Optic Fibre Network，NOFN），通过普遍服务基金对其提供资助，该计划为 25 万个农村地区提供宽带接入。2015 年 7 月，印度总理莫迪提出了"数字印度"战略，聚焦于人人受益的基础设施建设、基于需求的政府治理和服务、公民的数字赋权三大关键领域，并指出支撑数字化转型的九大支柱，具体包括高速宽带、普及移动连接、公共网络接入项目、电子政务、电子化服务、全面信息化、发展电子制造业、IT 就业岗位和早期示范项目。2019 年 2 月，印度电信管理局规划了 5G 网络的潜在应用场景，并在频谱需求、基站部署、回程需求、监管制度等方面做出了明确的规定，详细指导 5G 技术的发展。

巩固软件业优势，发展人工智能等新兴技术。 早在 1984 年，甘地政府就将软件业确立为可以享受各项优惠政策的产业。此后，印度各届政府一直将税收政策作为鼓励软件业发展的重要手段。1986 年，甘地政府颁布了《计算机软件出口、开发和培训政策》，把发展计算机软件作为经济发展战略的重点，规定为生产全部用于出口的产品而需要进口的设备可免除关税，降低了软件业发展的成本。20 世纪 90 年代初，拉奥政府提出了"把发展高新技术，尤其是计算机软件的出口贯穿于经济改革的始终"。1992 年，拉奥政府建立了软件进出口特区，对特区内的企业免除关税，对特区外的企业实行进口零关税和出口利润完全免税的双重免税政策。自此开始，印度全面改革财税制度，规定软件产品全部用于出口的企业免除所得税。印度政府通过实施鼓励软件出口的税收优惠措施，引导企业开拓更广阔的国外市场，不仅避开了国内市场需求不足的劣势，同时也为软件企业提供了与国际接轨的机会，带动了软件出口结构的提升。此外，印度政府还注重培养软件业科技人才，主要体现在以下 4 个方面。一是加大对软件业科技人才队伍建设的支持力度。2011 年，由中央政府拨款 15 亿卢比用于开展科研和培训工作，并给进入研究及培训中心工作的科学家和教师较高的薪酬。二是设立一系列科技奖励基金。2011 年，印度政府设立了面向杰出贡献科学家的学术奖金、针对工程科研人员的学术奖金等，以及吸引世界各地的印度裔、印度籍科学家和工程技术人员来印度从事科研工作。三是筹建 50 个先进科技领域的研究及培训中心。四是鼓励科研人员"弹性就业"。近年来，印度把发展人工智能作为国家战略。2017年8月，印度商务部成立了人工智能工作组，研究使用人工智能加速经济转型的可能性。2018年6月，印度发布了《人工智能国家战略》（讨论稿），将人工智能作为国家发展的重要战略产业，并明确了人工智能技术的五大重点应用领域，具体包括医疗、农业、教育、智慧城市和基础设施、交通运输。该战略以"AI卓越研究中心"与"国际AI转型中心"两级综合战略为基础，加快人工智能在整个产业链中的应用，最终实现把印度打造为人工智能发展模本的宏伟蓝图。2019年2月，印度电子和信息技术部发布了《2019年国家软件产品政策》，制定了软件业界、学术界和政府协同工作的框架，成立了国家软件产品任务团队，以实现该国信息技术、信息技术服务部门的转变，并提出促进印度软件产业在知识产权的推动下可持续发展。

加强个人与公共数据保护。2000年，印度颁布了《信息技术法案》；2008年，印度又对该法案进行了修订，并颁布了《信息技术法案（修正案）》，并于2009年10月实施；印度又在2011年颁布了《2011信息技术法规》。这些法规的出台，不但对防范利用信息技术犯罪、利用网络传播色情内容等进行了规定，而且对关于数据与个人隐私的信息技术监管也进行了相关的规定。2013年7月，印度信息技术与通信部发布了《印度国家网络安全政策》，该政策涉及有关保护信息安全的相关规定，例如，规定了在处理、存储、传输信息的过程中，应保护信息安全，以捍卫包括未成年人在内的网络用户的隐私权，减少由于网络犯罪或数据窃取所造成的损失。同时，印度信息技术与通信部设置了开放窗口，民众可以就互联网数据保护和个人隐私保护的相关问题进行反馈，并对政府出台的网络法规提出各种意见。2018年7月，印度政府发布了印度首部全面的个人数据保护法《2018年个人数据保护法案（草案）》，以保护民众的个人隐私和数据安全。2018年9月，印度政府联合内阁批准了"国家数字通信政策"，要求建立全面的数字通信数据保护制度，以保护个人的隐私权、自治权和选择权。经过一年多的筹备，印度内阁于2019年12月推出了最新的《个人数据保护法案》，该法案要求互联网公司必须将在印度收集的关键个人数据存储在印度境内，经过脱敏后才可转至国外处理，且只能用于法律许可的目的；所有组织在收集个人数据时，需征得数据持有人的明确同意；社交媒体公司需要建立相关机制识别出自愿的用户，即平台需提供选项，让用户选择是否愿意进行身份验证；所有处理商业数据的公司均需到政府部门注册为数据受信公司等。

加快电子政务发展步伐。印度政府把电子媒介运用于政府治理的历史可以追溯到 20 世纪 70 年代，当时印度政府在国防、经济监管、选举、民意调查、纳税管理等领域开发了应用软件。直到 20 世纪 90 年代，电子政务才引起了印度政府的注意。1999 年，印度政府在合并电子部、全国信息中心、电子和软件出口委员会的基础上组建了印度信息技术部。随后，印度信息技术部建立了电子政务中心作为全国电子政务计划实施的领导机关。印度政府认为电子政务必须依赖相关配套的法律、法规作保障才能正常运行。2000 年 6 月 9 日生效的《信息技术法案》是印度政府规范电子政务的全国性法律。《信息技术法案》的目的是对"政府信息的电子交换、传输和存储以及政府文件的电子归档"等问题给予法律上的认可。该法案规定了专门负责电子政务建设的管理者，赋予其制定和电子政务有关规则和条例的权力，并设置了计算机网络上诉法庭，负责审理与该法相关的纠纷，同时设计了专门的审理程序规则。《信息技术法案》的主要内容包括：第一，特别规定电子文档（包括政府归档的文件和其他商业文件）具有法律约束力；第二，规定官方文件可通过数字签名证明其真实性，并为数字签名提供多种保护性措施；第三，允许民众通过电子方式向政府提出建议；第四，规定某些电子记录的隐私问题，特别强调掌握电子记录、账簿、登记材料、信函、信息、文件的信息持有人负有保护电子信息的义务；第五，设置专门的一章称为"网络安全"，以强化电子政务安全的法律规范。2007 年，旨在推进电子政务建设的印度任务联盟成立，为印度全国电子政务计划的实施提供了机构保证。此外，印度政府还在内阁大臣下面成立了一个顶级委员会，为电子政务的建设提供战略导向和管理的远景规划。

专栏

印度人工智能战略

2018年6月，印度出台了《人工智能国家战略》（讨论稿），该战略的研究重点是印度如何利用人工智能这一变革性技术来促进经济增长和提升社会包容性，寻求一个适用于发展中国家的AI战略部署。该战略指出，印度政府对人工智能的整体战略部署是至关重要的，并明确了人工智能技术的五大重点应用领域，具体包括医疗、农业、教育、智慧城市和基础设施以及交通运输领域。

医疗。印度的医疗行业虽然具有明显的经济增长潜力，同时也是最具挑战性的行业之一，对于印度的大部分人而言，医疗质量、医疗资源的可获得性以及可负担性成为突出问题。具体表现在：一是缺少合格的医疗专业人员和服务；二是城乡之间存在极大的医疗资源差异；三是印度已成为世界上医疗费用最高的国家之一。以AI为核心的技术进步和企业创新为印度大部分人口提供了合适的医疗保健和贡献了可行性方案。人工智能、机器人和医疗物联网（Internet of Medical Things，IoMT）将成为解决医疗问题的关键。使用人工智能系统可以解决医疗专业人员和医疗设施供给不足的问题，并有助于医疗普惠化。

农业。农业是印度经济的基础，占国内生产总值的16%，印度的农业和相关行业劳动力占全国劳动力的49%。印度的农业面临以下难题：一是生产效率低下且能源利用率低；二是农民和非农之间的收入差距增大。人工智能技术将显著提升农业生产力。2014年，印度初创公司使用机器人和机器学习技术解决农业问题的兴趣开始呈现增长趋势。这些初创公司已经筹集超5亿美元资金用于人工智能和机器人技术在农业方面的应用。2016年，印度约有50家初创公司筹集了3.13亿美元用于农业科技研发，例如，使用图像识别软件监测农作物并预测产量，利用大数据和AI提供提升农作物产量的解决方案，使用无人机技术实时监测农作物并提供精确的土壤分析，使用机器学习技术分析农场图像并预测经济价值和未来收益等。

教育。对于新兴国家，人口的教育和文化水平在经济发展的过程中发挥着重要作用。在印度，目前有超半数的人口年龄在25岁以下，庞大的青年人口数量更加凸显了教育的重要性。但印度面临着教育质量落后、人均受教育程度低等突出问题。一些基于人工智能技术的教育产品正在其他国家得到应用，也将适用于印度。例如，用于定制化学习的自适应学习工具将辅助教师判定不同学生的学习水平，并根据其学习水平为其定制教学内容；智能交互式辅导系统可以根据学生对知识的熟练程度以实时交流的方式推荐不同的辅导资料等。

智慧城市和基础设施。印度当前正处于城市化的高峰期。2011年，印度居住在城市区域人口的占比为31%，卫星图像表明，当前该比例已达到45%，预计2050年将达到60%。尽管城市化被视为国家经济发展的重要方面，但缺少顶层设计的城市化会带来诸如拥挤、污染、高犯罪率、贫困等问题，并给基础设施和行政管理带来巨大的负担。印度政府积极利用信息技术，已在99个城市启动了智慧城市工程，以解决城市空间规划不佳、公共资源使用率低下、居民服务质量不高以及城市犯罪案件频发等城市问题。随着这些智慧城市工程的实施，印度政府已采集并积累了大量数据，而人工智能技术可以基于这些海量数据实现具有可预测性的城市运行，将智慧城市升级为"智能城市"。应用人工智能技术增强城市智能性主要体现在以下6个方面：一是使用人工智能来监测并控制道路照明、公园维护等公共设施系统，提升城市宜居性，在节省成本的同时提高安全性；二是应用AI技术节约家庭用水；三是基于民众行为数据使用AI技术预测民众服务需求；四是使用AI技术预测人群行为以及人群对突发事件的可能反应，避免发生人群踩踏等意外事件；五是智能安全系统用于监视民众的行动，提前预测潜在的犯罪事件，确保民众安全；六是基于AI技术所拥有的漏洞检测能力对网络攻击采取补救措施。

交通运输。在印度，大部分客运和货运都是通过公路和铁路运输的。2007—2008年，公路和铁路的运输量占印度全国货运总量的87%。与海运和空运相比，公路和铁路运输带来的污染更严重，并且印度的交通运输还面临着道路拥堵、交通事故逐年增长、公共交通基础设施落后、自动驾驶成本偏高等问题。为促进交通的可持续发展，印度政府推出了"交通运输智能化战略"，旨在通过AI技术解决现有的城市流动问题。AI技术应用于交通运输领域的主要表现为：一是无人驾驶卡车运输，AI技术可以智能地安排人为驾驶和车辆自主驾驶的行程，提高安全性和运输效率；二是智能交通系统，通过使用包含传感器、闭路电视摄像机、车牌号识别摄像机、速度检测摄像机、违章检测系统的智能交通管理系统，予以交通实时动态决策、信号灯定时优化等；三是优化出行路线，通过访问网络层的实时交通数据，AI技术可以预测公共交通工具出行和私家车出行的总行程时间、出行路线；四是智能铁路，印度铁道部决定基于列车实时运行数据，利用AI技术进行列车运行状态的远程监控；五是社区停车，停车位紧张是印度城市的一个突出问题，停车导引系统可以帮助司机快速地找到附近的空车位。

第四章

我国数字经济政策体系

党的十八大以来，中国政府高度重视发展数字经济，推动数字经济逐渐上升为国家战略。《国务院关于积极推进"互联网＋"行动的指导意见》《关于发展数字经济稳定并扩大就业的指导意见》等政策措施从国家战略层面对数字经济的发展进行了全局性部署。工业和信息化部、农业农村部、科学技术部、交通运输部等各部委也纷纷加快数字经济相关政策的出台。

我国数字经济政策数量迅速增长，层级不断下沉。2016 年，国务院、国家发展和改革委员会共出台 23 个数字经济相关政策，2017 年累计出台 30 个数字经济相关政策，2018 年和 2019 年累计出台 37 个和 48 个数字经济相关政策。相比之下，各部委出台政策的数量稳步增加。2016 年累计出台 32 个相关政策，2019 年累计出台 102 个相关政策。各地政策出台数量增加迅速：2016 年，各地累计出台 169 个相关政策；2017 年增至 270 个相关政策；2018 年大幅增加到 465 个相关政策；2019 年累计出台 605 个相关政策。我国各层级数字经济政策累积数量如图 4-1 所示。

单位：个

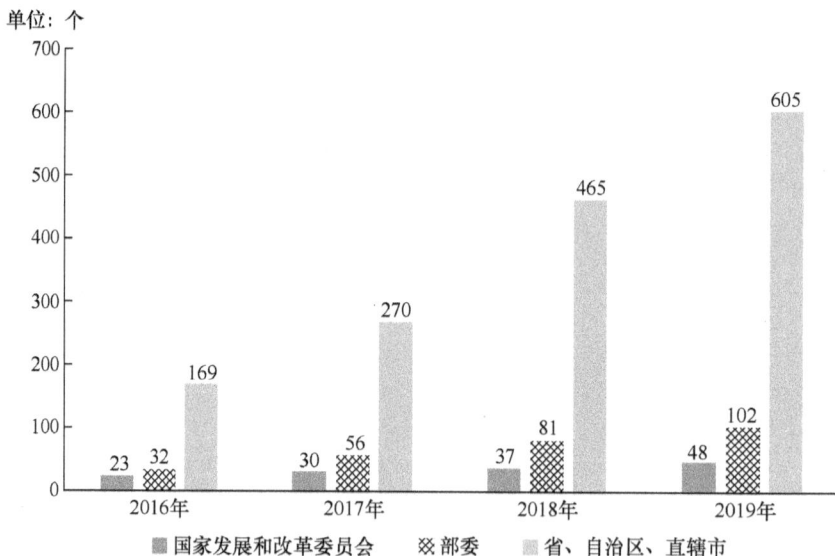

数据来源：中国信息通信研究院

图4-1　我国各层级数字经济政策累积数量

产业数字化是数字经济的主要力量，其他三类政策平稳发展。产业数字化作为数字经济的突破口率先发力，2016 年，产业数字化政策累计出台 190 个，其他三类政策数量均较少。2017 年，产业数字化政策增加至 251 个，顶层设计和数字化治理政策均为 35 个，数字产业化政策达到 95 个。2018 年，所有政策数量均有明显增加：产业数字化政策的增幅明显，增加至 368 个；顶层设计、数字产业化和数字化治理政策的数量分别达到 80 个、165 个和 77 个。2019 年，产业数字化政策的增幅略微放缓，增加至 430 个；顶层设计、数字产业化和数字化治理政策稳步增加，分别为 123 个、241 个和 117 个。我国各类型数字经济政策累积数量如图 4-2 所示。

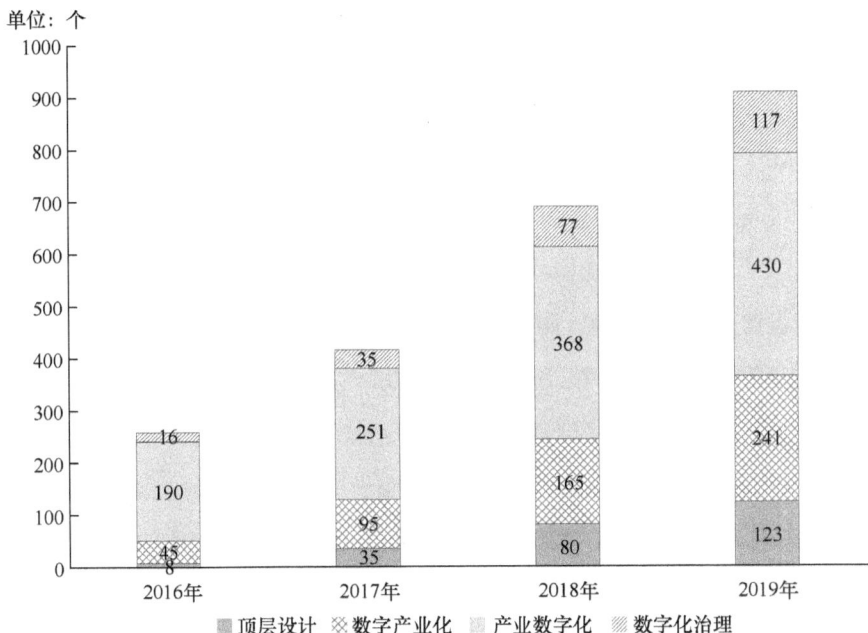

数据来源：中国信息通信研究院

图4-2　我国各类型数字经济政策累积数量

从数字化转型为主向均衡发展转变。 从占比来看，产业数字化是数字经济政策的焦点：2016 年，产业数字化政策占比 73%，数字产业化政策占比 17%，其他两类政策占比均在 10% 以下；2017 年，顶层设计、数字产业化、数字化治理政策占比均扩大；2018 年，产业数字化政策占比下降至 53%，其他三类政策占比进一步提高；2019 年，产业数字化政策占比 47%，顶层设计、数字产业化和数字化治理政策占比增至 14%、26% 和 13%，呈现出更加均衡的态势。我国各类型的数字经济政策累积数量比例如图 4-3 所示。

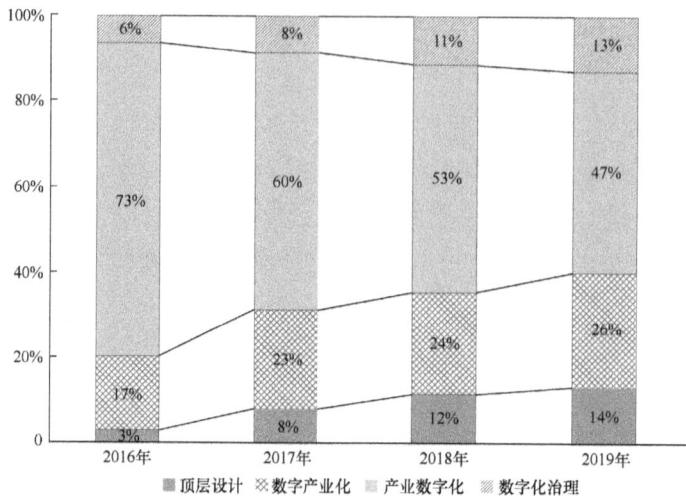

数据来源：中国信息通信研究院

图4-3 我国各类型的数字经济政策累积数量比例

政策覆盖范围不断拓宽。 数字经济的概念最初起源于20世纪60年代、70年代快速崛起的信息产业，对于数字经济的理解更多集中于计算机、软件等信息产业部门。近年来，随着数字技术作为一种通用技术，以重要生产要素的方式，广泛应用于经济社会的各行各业，促进全要素生产率的提升，开辟经济增长新空间，塑造经济新形态，对于数字经济的理解范畴已经远远超出了信息产业部门的范围，成为与工业经济、农业经济并列的经济社会形态。随着对数字经济的认识不断深入，数字经济政策的范围也在不断扩展，出现由技术领域到产业融合领域再到经济社会形态的发展趋势。在1998—2007年信息产业部时期，政策主要集中于信息产业内部，政策的行业属性明显。2008年，工业和信息化部的成立开启了我国工业化和信息化融合的新阶段，政府对工业化与信息化关系的认识不断深入，2009年发布的《关于推进消费品工业两化融合的指导意见》充分体现了数字经济政策开始向产业融合方向发展的趋势。2015年，《国务院关于积极推进"互联网+"行动的指导意见》印发，数字经济政策由行业内部向更广的经济领域扩展。2017年，十九大报告提出了"推动互联网、大数据、人工智能和实体经济深度融合"，数字经济政策覆盖经济社会的各个领域。

　　数字化转型政策多领域渗透。 随着信息通信技术与各领域渗透融合不断深入，新业态新模式快速涌现，多领域纷纷开启数字化转型进程。为了应对数字经济快速发展趋势，政府加速制定数字化转型政策，例如，国务院在工业领域出台了《关于深化"互联网＋先进制造业"发展工业互联网的指导意见》，对推动互联网、大数据、人工智能和实体经济深度融合，对先进制造业进行规范和指导；在交通领域出台了《数字交通发展规划纲要》，以"数据链"为主线，构建数字化的采集体系、网络化的传输体系和智能化的应用体系，加快交通运输信息化向数字化、网络化和智能化方向发展；在金融领域出台了《互联网金融风险专项整治工作实施方案》等，加大互联网金融风险的整治力度，防控金融风险；在商务领域先后发布了《网络交易价格举报管辖规定（试行）》《网络商品和服务集中促销活动管理暂行规定》《工商总局关于加强网络市场监管的意见》等规章和行政性文件，规范网络价格和交易服务行为。

一、数字产业化政策

（一）数据政策不断深化

　　近年来，我国逐渐认识到发展大数据的重要性，加快推进大数据与实体经济融合发展。2014 年，大数据被首次写入《政府工作报告》。从这一年起，大数据逐渐成为各级政府关注的热点，政府数据开放共享、数据流通与交易、利用大数据保障和改善民生等概念逐渐深入人心。2015 年 8 月，国务院印发了《促进大数据发展行动纲要》（以下简称"《行动纲要》"），成为我国发展大数据产业的战略性指导文件。《行动纲要》作为我国推进大数据发展的战略性、指导性文件，充分体现了国家层面对大数据发展的顶层设计和统筹布局，为我国大数据应用、产业和技术的发展提供了行动指南。2016 年，《中华人民共和国国民经济和社会发展第十三个五年规划纲要》（以下简称"《'十三五'规划纲要》"）正式发布。《"十三五"规划纲要》的第二十七章题目为"实施国家大数据战略"，这也是"国家大数据战略"首次被公开提出。《"十三五"规划纲要》对"国家大数据战略"的阐释，成为各级政府在制定大数据发展规划和配套措施时的重要指导，对我国大数据的发展具有深远意义。2016年年底，工业和信息化部发布了《大数据产业发展规划（2016—2020年）》。《大数据产业发展规划（2016—2020年）》以大数据产业发展中的关键问题作为出发点和落脚点，明确了"十三五"时期大数据产业发展的指导思想、发展目标、重点任务、重点工程及保障措施等，成为大数据产业发展的行动纲领。农业林业、环境保护、国土资源、水利、交通运输、医疗健康、能源等主管部门纷纷出台了各自行业的大数据相关发展规划，逐渐完善大数据政策的布局。

大数据融合开放。各省市重视公共大数据开放，致力于推进大数据开放发展，提升大数据使用效率和优化数据开放质量。2016年2月，浙江省发布了《浙江省促进大数据发展实施计划》，提出"深化公共数据统一开放平台建设。建立公共数据资源开放目录，制定数据开放标准，实施分年度数据开放计划，落实数据开放和维护责任"，实现"公共数据统一开放平台省市县三级全覆盖"。2016年8月，北京市发布了《北京市大数据和云计算发展行动计划（2016—2020年）》，提出"推动公共大数据融合开放""健全融合开放体系""培育融合开放环境"，并"建立北京市大数据管理中心，建设市级大数据管理平台和公共数据开放平台""加强政务数据的一体化采集，完善公共数据与社会数据的融合共享机制。建立公共数据资源开放共享清单，按照依法保障信息安全、逐步分级开放的原则，推动形成以开放为常态、不开放为例外的公共数据开放共享机制"。2017年3月，山西省发布了《山西省大数据发展规划（2017—2020年）》，提出"互联互通，开放共享。顺应信息基础设施集约化建设运维趋势，统筹推进全省大数据基础设施和公共服务平台建设，避免重复建设和投资。全面破除数据壁垒，构建政府与社会互动的信息采集、共享和应用机制，促进社会信息资源开放共享"。同月，河北省印发了《关于加快发展"大智移云"的指导意见》，提出实施数据开放工程，"稳步推进政府公共数据资源开放。坚持依法有序分级开放的原则，制定数据开放计划，明确部门数据开放的时间节点和开放的界限与范围，编制开放目录，构建统一规范、互联互通、安全可控的数据开放体系"。2017 年 10 月，四川省成都市发布了《成都市大数据产业发展规划（2017—2025 年）》，提出"构建政务信息资源目录体系，加强政府数据归集，推进数据资源共享"，并"建立健全全市公共数据开放制度，基于资源目录体系制定各部门数据开放目录，明确具体数据开放计划，通过数据开放平台，逐步向社会开放原始性、可机器读取、可供社会化再利用、安全可控的数据集，重点推动安全、交通、医疗、就业、社保、企业登记监管等民生与社会服务领域的政府数据集向社会开放"，推进公共数据开放共享。2019 年 7 月，山东省青岛市发布了《数字青岛发展规划（2019—2023 年）》（征求意见稿），提出"建设开放式行业大数据创新平台，利用开源模式和开放社区资源，吸引广大开发者参与，促进共性技术研发"，"加快推进政务数据资源跨区域、跨行业、跨部门、跨层级共享和交换，提升政府部门社会治理协同联动能力。"

大数据创新应用。各省市加快提升大数据创新驱动能力，培育经济增长新动能。2016 年 10 月，山东省发布了《山东省人民政府关于促进大数据发展的意见》，提出"支持企业联合高校、科研院所，建设高水平的大数据工程实验室、重点实验室、工程（技术）研究中心、企业技术中心，开展大数据关键技术、解决方案等研究，打造全国重要的大数据创新中心"，并通过"开展大数据试验示范""建设大数据产业基地""建立完善研发生产体系"，推动大数据创新集聚发展。2017 年 2 月，贵州省发布了《贵州省数字经济发展规划（2017—2020 年）》，提出"持续增强数据这一战略性资源的集聚和利用效率，以数据采集、数据存储、数据分析挖掘、数据可视化、数据交换交易等业务为重点，加速发展数字资源型产业"，并"加快建设政府治理大数据应用技术国家工程实验室和一批大数据重点实验室，发挥大数据产业园区、行业骨干企业、高校院所和创新网络等各方面的力量"。2017 年 3 月，山西省发布了《山西省大数据发展规划（2017—2020 年）》，提出"实施大数据战略是我省破解资源型地区创新发展难题的重要手段"，运用大数据"促进产业转型升级、提升政府治理能力、提升民生服务水平"，培育经济社会转型升级新动能，并利用大数据"激发创业创新活力、促进产业协同创新"，形成产业发展新支柱。2017 年 4 月，河南省出台了《河南省推进国家大数据综合试验区建设实施方案》，提出推进大数据创新应用，"把交通物流、农业粮食作为主攻方向和突破口，在政务、益民服务、产业等领域开展大数据创新应用试点示范，推进大数据与各行业深度融合"，从"建设国家交通物流大数据创新应用示范区""建设国家农业粮食大数据创新应用先行区""加快推进政务大数据创新应用示范""积极推进益民服务大数据创新应用""大力推动产业大数据创新应用"等方面入手。2018 年 3 月，河北省发布了《河北省大数据产业创新发展三年行动计划（2018—2020 年）》，提出"以增强大数据产业创新能力为主攻方向，以促进大数据应用为核心，以建设国家大数据综合试验区为载体，推动大数据聚集发展，夯实基础设施支撑能力，完善提升大数据产业链，建设大数据融合应用平台"，实施技术创新升级行动，"建设一批大数据产业创新平台"和"突破一批大数据关键技术"。2018 年 9 月，重庆市发布了《重庆市以大数据智能化为引领的创新驱动发展战略行动计划（2018—2020 年）》，在"不断增强全市大数据智能化产业技术供给能力，加快应用示范与产业培育，发展智能经济，建设智能社会，初步构建开放协同的大数据智能化产业创新体系"的指导思想下，"推动重点领域产品研发应用、加快创新平台建设、构建多层次创投体系、组建技术创新联盟"，充分发挥科技创新对产业发展的支撑引领作用，提升大数据智能化产业创新能力和技术水平。2019 年 6 月，吉林省发布了《吉林省促进大数据发展应用条例（征求意见稿）》，提出"引进和培育优势企业、优质资源、优秀人才，促进公共数据资源向数据产业转变，发挥大数据商用、民用、政用价值，实现产业转型升级、服务改善民生、完善社会治理"，并"鼓励、支持、引导高校、科研机构、行业协会等单位和组织通过设立大数据研究院、大数据产业联盟等方式参与大数据产业发展，提高创新能力，推进前瞻性核心技术的研发，健全大数据创新体系"。

大数据保障举措。为推动大数据健康发展，各省市建立了大数据发展标准体系和采取了相应的保障措施。2016 年 2 月，浙江省发布了《浙江省促进大数据发展实施计划》，提出建立标准规范体系，"研究制定数据采集标准及分级分类标准、政府数据共享标准、数据交换标准、政府及公共数据开放标准、统计标准，规范共享开放的方式、内容、对象和条件等。积极参与大数据关键共性技术国际标准、国家标准、行业标准的制（修）订"，推进大数据产业标准体系建设，探索建立大数据市场交易标准体系。2016 年 11 月，广西壮族自治区发布了《促进大数据发展的行动方案》，指出构建数据安全支撑体系，"完善网络安全保密防护体系，建立健全全区网络安全监测和通报预警机制，加快构建网络与信息安全监督防控体系，确保重要数据资源和信息系统安全"。2017 年 7 月，江西省发布了《江西省大数据发展行动计划》，提出将制定标准规范，即"面向大数据平台建设和应用服务需求，推进大数据产业标准体系建设。依法制定大数据背景下的信息资源采集、共享、交易等标准规范和管理规则，建立信息资源资产化管理机制。抓紧制定有关大数据的数据采集、数据开放、目录分类、重点应用和关键技术等标准。开展大数据标准验证和应用试点示范，推动标准符合性评估"。2018 年 5 月，河南省发布了《河南省大数据产业发展三年行动计划（2018—2020 年）》，为建立大数据发展保障措施，该文件指出要"研究制定公共信息资源保护和开放的制度性文件，强化大数据知识产权保护，支持第三方机构开展数据合规应用的监督和审计。加强个人信息保护，建立个人信息泄露报告制度，加强对数据滥用、侵犯个人隐私等行为的管理和惩戒，强化关键信息基础设施安全保护"。2018 年 1 月，四川省发布了《四川省促进大数据发展工作方案》，提出"建立完善大数据安全技术体系、强化大数据安全防护和监管、推进安全可靠硬件国产化替代"，以强化大数据安全保障，提升安全管理水平。2018 年 7 月，广东省发布了《广东省大数据标准体系规划与路线图（2018—2020）》（征求意见稿），提出"以继承、发展、创新、提高为出发点，全面梳理国际标准、国家标准、行业标准及地方标准，结合大数据技术及产业发展现状与趋势分析，建立适应广东省大数据产业发展需求的标准体系。"2019 年 1 月，湖南省印发了《湖南省大数据产业发展三年行动计划（2019—2021 年）》，提出将"以完善发展环境和提升安全保障能力为支撑，打造数据、技术、应用与安全协同发展的产业生态体系"作为指导思想，还指出要

"持发展与安全并重，增强信息安全技术保障能力，建立健全安全防护体系，保障信息安全，完善对个人数据保护及其监管。加强行业自律，完善行业监管，促进数据资源有序流动与规范利用"。

专栏

把河南省建设成为数据资源汇聚区

河南省人口众多、数据资源量大、市场前景广阔，具有发展大数据产业的有利条件和难得机遇。目前，河南省"一核多园"布局基本形成。《河南省推进国家大数据综合试验区建设实施方案》提出构筑以郑州大都市区为核心、洛阳中原城市群副中心城市为重要支撑、省辖市中心城市为主要节点、各类大数据产业园为支撑的空间格局。河南省成功把握大数据时代的先发机遇，成为继贵州省之后全国第二批获批建设大数据综合试验区的省份之一，随着18个大数据产业园区建设全面铺开，河南省正在成为中、西部地区大数据及相关领域产业的价值洼地，被业内誉为"中原数谷"。其中，国家大数据（河南）综合试验区核心区——郑东新区龙子湖智慧岛先后入驻了华为、浪潮等100多家大数据骨干企业。2018年5月，河南省人民政府办公厅发布了《河南省大数据产业发展三年行动计划（2018—2020年）》（以下简称"《行动计划》"），提出力争到2020年，河南省大数据产业竞争力居全国第一方阵，成为全国一流的大数据产业中心。当前，以互联网、大数据、人工智能为代表的新一代信息技术日新月异，深入实施国家大数据战略，推动大数据产业快速发展，是河南省经济从高速增长转向高质量发展的有力举措。

河南省交通便利、气候适宜，发展大数据产业潜力巨大。《行动计划》提出，着力构建"核心产业+创新应用+关联产业"三位一体的大数据产业体系，全面提升河南省大数据资源开发能力、技术支撑能力和产业发展能力。具体是指，第一要有核心产业，鼓励发展大数据服务外包，积极培育一批从事大数据采集、存储、加工处理、流通交易的第三方企业；第二要有创新应用，推动农产品、交通物流、科技教育、文化旅游、健康养老、公共安全、信息通信、环境保护等领域的大数据应用，加速传统行业数字化转型；第三要有关联产业，依托郑州航空港区智能终端产业园，积极发展智能穿戴、智能电视、虚拟现实等新型智能终端产品，培育发展智能车载、智能医疗健康、智能仪表等行业应用智能终端。

河南省抢抓智能时代发展机遇，对标国家大数据（贵州）综合试验区。 到2020年，河南省大数据产业竞争力居全国第一方阵的量化目标：大数据产业生态系统初步形成，大数据创新应用水平走在全国前列，大数据核心产业规模突破1000亿元、关联业态规模超过5000亿元。为实现这一发展目标，河南省率先推动人工智能与实体经济深度融合，尤其是加快发展智能制造，实现在农业、物流、医疗、养老、金融、商务、家居等重点行业和领域应用的"机器换人"，例如，在商务领域，探索发展无人超市、无人售餐机、智能售药柜等。

（二）技术政策加速聚焦

　　伴随物联网、云计算等技术快速发展，我国出台了数字经济相关政策，深化数字技术研发应用，促进新兴产业加快发展。

　　2017年1月，中共中央办公厅、国务院办公厅印发了《关于促进移动互联网健康有序发展的意见》，指出"鼓励和支持技术创新，激发和保护企业活力，不断增强发展内生动力，全方位推进移动互联网健康有序发展"。

　　2017年3月，工业和信息化部印发了《云计算发展三年行动计划（2017—2019年）》，明确指出云计算是信息技术发展和服务模式创新的集中体现，是信息化发展的重大变革和必然趋势，是信息时代国际竞争的制高点和经济发展新动能的助燃剂。并指出从提升技术水平、增强产业能力、推动行业应用、保障网络安全、营造产业环境等多个方面，推动云计算健康快速发展。

2019 年 1 月，国家互联网信息办公室发布了《区块链信息服务管理规定》，旨在明确区块链信息服务提供者的信息安全管理责任，规范和促进区块链技术及相关服务健康发展，规避区块链信息服务安全风险，为区块链信息服务的提供、使用、管理等提供有效的法律依据。

2019 年 7 月，国家互联网信息办公室、国家发展和改革委员会、工业和信息化部、财政部联合印发了《云计算服务安全评估办法》，旨在提高党政机关、关键信息基础设施运营者采购使用云计算服务的安全可控水平，降低采购使用云计算服务带来的网络安全风险，增强党政机关、关键信息基础设施运营者将业务及数据向云服务平台迁移的信心。

云计算方面。

各省（直辖市）重视云计算发展，促进云计算在社会各领域中的应用。

2015 年 8 月，青海省发布了《关于促进云计算发展培育大数据产业实施意见》，提出"重点打造以基础设施、云应用平台等为主要内容的云计算应用和大数据产业链，着力培育和建设立足本省、面向全国的云计算数据中心，为推动青海省经济社会平稳健康发展和产业转型升级提供有力支撑"，并积极"推进云计算平台建设，促进信息产业发展"。

2016 年 6 月，陕西省发布了《陕西省大数据与云计算产业示范工程实施方案》，提出"围绕云计算服务、信息融合、大数据应用、产业基地建设等产业链关键环节，组织实施秦云、城市信息融合示范、大数据应用示范、产业基地示范四大工程，引导和推动数据汇集、企业云集、产业聚集"。

2017 年 1 月，上海市发布了《上海市关于促进云计算创新发展培育信息产业新业态的实施意见》，提出"全面支撑移动互联网、大数据和'互联网＋'行动计划，推动云端创新融合、'两化'深度融合，不断培育信息产业新业态，努力将云计算产业打造成为新常态下上海市建设具有全球影响力的科技创造中心的重要引擎"。

2017 年 2 月，湖北省发布了《湖北省云计算大数据发展"十三五"规划》，提出"以省级电子政务平台为基础，按照'统一标准、统一服务、资源汇聚、协同共享'的原则，建设技术领先、绿色集约、优质高效、安全可靠的楚天云基础设施综合服务平台"；同时，"优化提升云服务能力。以楚天云为载体，以绿色环保和虚拟化为发展方向，稳妥推动省直部门数据中心从传统形态向虚拟化数据中心和软件定义数据中心演进，逐步实现传统数据中心物理设施、硬件资源的虚拟化和软件化"。

2017 年 5 月，河南省发布了《河南省云计算和大数据"十三五"发展规划》，提出"充分发挥大数据在提升政府治理能力、推动要素驱动向创新驱动转变、推进供给侧结构性改革、促进大众创业万众创新等方面的作用，拓展网络经济空间，建设网络经济强省，将河南省建成国内领先的数据资源汇聚区、特色应用示范区和大数据产业基地"。

2017 年 9 月，山西省发布了《山西省云计算发展三年推进计划（2017—2019）》，提出"以政务云、物流云、工业云等重点行业领域应用为先导，打造云计算条件下全新的数据资源管理和应用新模式，突出云服务绿色、集约、高效、安全等特点，推动云计算在各领域的产业应用推广"。

2018 年 6 月，贵州省人民政府印发了《关于促进大数据云计算人工智能创新发展加快建设数字贵州的意见》，积极推动"大数据、云计算、人工智能与工业、农业、服务业、乡村振兴深度融合"，发展大数据、云计算服务产业，推动大数据与实体经济深度融合。

物联网方面。

各省（直辖市）将物联网视为新一轮信息技术发展的重要领域，推动物联网相关技术发展。

2017 年 3 月，河北省印发了《关于加快发展"大智移云"的指导意见》，提出"推动以大数据、智能化、移动互联网、云计算为核心的网络信息技术产业快速发展""实施大数据示范、云上河北建设、电子政务整合、信息资源共享、数据开放五大工程，增强信息基础设施服务、网络信息技术产业创新发展、经济社会智能化、政府大数据治理和信息惠民五种能力，建立完善体制机制、技术创新、发展政策、制度标准、人才队伍、信息安全保障六大支撑体系"。

2017年4月，福建省厦门市发布了《厦门市物联网产业发展规划纲要（2017—2025年）》，提出"加强物联网产业关键技术攻关，提高产业核心竞争力""构建完整的物联网产业链，打造产业生态圈""推动物联网产业园建设，推进产业集聚式发展""加强物联网标准规范建设，抢占产业发展制高点""完善物联网产业配套服务，提高公共服务支撑能力""加强物联网产业招才招商，完善引智引资机制""加快物联网技术推广应用，推进应用创新发展""加强物联网应用安全保障，夯实产业发展基石"等主要任务和重点工程，形成特色鲜明的贯穿研发设计、生产制造、服务运营、配套服务等全链条的物联网经济产业生态体系。

2018年1月，江西省发布了《江西省移动物联网发展规划（2017—2020年）》，将"移动物联网网络和公共平台能力进一步完善和升级""移动物联网应用于智慧城市各个领域""工业领域实现示范引领、重点领先""农业、重点服务业领域全面拓展，深化创新""重点培育移动物联网新产业，实现全国领先"作为发展目标。同年10月，江西省发布了《江西省人民政府关于加快建设物联江西的实施意见》，将"着力构筑新一代智能化网络信息基础设施，着力发展物联网等新一代信息技术产业，强化平台支撑和技术、人才、安全等保障，着力推动物联网、大数据、人工智能和实体经济、社会治理、民生服务深度融合应用"作为指导思想。

2020年3月，重庆市发布了《关于统筹推进城市基础设施物联网建设的指导意见》，提出"推进物联网在城市基础设施领域的应用和发展，有利于促进城市基础设施建设向精细化、信息化、智能化方向转变，对于提升建设行业管理和公共服务水平，推动产业结构调整和发展方式转变具有十分重要的意义"，将在"扎实有序推进城市基础设施物联网建设，打造'万物互联'的城市基础设施数字体系，全面提升信息化、智能化水平"的指导思想下，重点发展"物联网＋智慧排水""物联网＋智慧路网""物联网＋智慧停车""物联网＋智慧管网"等物联网＋其他城市基础设施。

区块链方面。

2016 年，《"十三五"国家信息化规划》首次将区块链作为战略性前沿技术列入国家级战略规划。2019 年，中央政治局第十八次集体学习时，习近平总书记强调要把区块链作为核心技术自主创新的重要突破口，明确主攻方向，加大投入力度，着力攻克一批关键核心技术，加快推动区块链技术和产业创新发展。各地积极加强区块链技术、产业布局，从不同政策角度推动区块链发展。

金融领域。

2017 年 6 月，浙江省杭州市发布了《杭州市人民政府关于加快推进钱塘江金融港湾建设的实施意见》，提出支持金融机构探索区块链等新型技术，开发基于产业链、供应链、区块链等的融资产品。

2017 年 9 月，广东省深圳市印发了《深圳市扶持金融业发展若干措施》，提出充分发挥"金融创新奖和金融科技专项奖"的创新激励作用，金融科技（Fintech）专项奖重点奖励在区块链、数字货币、金融大数据运用等领域的优秀项目。

2017 年 10 月，江西省发布了《江西省"十三五"建设绿色金融体系规划》，提出在"以区块链为代表的金融科技为行业发展带来新机遇、给监管带来新挑战"的发展环境下，鼓励发展区块链、可信时间戳认定等互联网金融安全技术，应用于金融业务场景。

2018 年 10 月，广东省广州市发布了《广州市关于促进金融科技创新发展的实施意见》，在"明确金融科技类主体范围及业务边界""支持银行业金融机构应用金融科技""引导资本市场类金融机构应用金融科技""鼓励金融机构与金融科技研发企业加强合作"等方面明确了金融科技的发展重点，并提出加大对金融科技的扶持力度。

2018 年 11 月，北京市发布了《北京市促进金融科技发展规划（2018 年—

2022年)》，将区块链纳入北京"金融科技"发展规划的范畴，并在同年12月的《关于支持北京金融科技与专业服务创新示范区（西城区域）建设若干措施》中提出要大力扶持金融科技应用示范，对人工智能、区块链、量化投资、智能金融等前沿技术创新给予奖励。

2020年1月，上海市印发了《加快推进上海金融科技中心建设实施方案》，提出推进金融科技关键技术研发，提升金融科技应用水平，全要素促进金融科技产业集聚。

贸易领域。

2018年12月，福建省发布了《福建省口岸通关进一步提效降费促进跨境贸易便利化实施方案》，提出要应用区块链技术，实现主要国际贸易环节、主要运输工具，主要进出口商品"全覆盖"，实现一点接入、一次提交、一次查验、一键跟踪和一站办理。

2019年9月，天津市印发了《关于支持中国（天津）自由贸易试验区创新发展的措施》，提出"加快区块链、大数据技术在金融、贸易、航运、物流、公共服务等领域的研究和场景运用，建设区块链创新研究院"。

2019年10月，河北省发布了《中国（河北）自由贸易试验区管理办法》，提出"依托现有交易场所开展数据资产交易，推进基于区块链、电子身份（electronic IDentity, eID）确权认证等技术的大数据可信交易，支持开展数据资产管理、安全保障、数据交易、结算、交付和融资等业务"。

供应链领域。

2018年2月，重庆市发布了《重庆市人民政府办公厅关于贯彻落实推进供应链创新与应用指导意见任务分工的通知》，提出研究利用区块链、人工智能等新兴技术，建立基于供应链的信用评价机制。

2019年1月，湖北省人民政府办公厅印发了《关于推进供应链创新与应用推动经济高质量发展的实施意见》，提出"健全完善智慧供应链的基础结构，加快推进区块链、物联网、云计算等先进技术的应用，打造大数据支撑、网络化共享、智能化协作的智慧供应链体系"。

2019年12月，四川省成都市发布了《精准支持现代供应链体系发展政策措施》，提出支持供应链模式创新应用，鼓励发展基于区块链、物联网、大数据等新技术运用的供应链新模式。

专栏

河南省云计算应用工程

2017年5月，河南省发布了《河南省云计算和大数据"十三五"发展规划》，围绕提升基础设施能力、深化云计算大数据行业应用、全面开展大数据创新创业、推进大数据产业重点领域集聚发展等六大方面22项发展任务，提出了数据中心建设、数据资源开放流通、工业、农业、服务业、政府治理、民生、文化产业应用示范、数据加工产业培育、安全产业提升等11项重点工程。

服务业应用示范工程。河南省重点推进交通云平台及交通大数据建设工程，推进河南省统一的智慧交通云平台、公众出行信息服务平台、多式联运综合运输服务平台等项目。完善基础数据库，推动综合客货运枢纽运行状态监测与服务平台、交通感知系统、主干公路网交通安全防控体系等项目建设。实施交通管理数据应用服务工程，推动河南省交通运输应急处置及指挥调度平台、河南省公路超限检测站四级联网系统、城市道路交通科学缓堵与智慧化管理综合保障工程等项目建设。

人口健康云平台及大数据建设工程。河南省重点推进健康卫生服务云等项目建设，针对公共卫生、临床医疗等数据，开展医疗健康大数据深度挖掘，提高慢性疾病、重大疾病和突发公共卫生事件的防控能力。以区域人口健康信息平台为依托，以医疗卫生机构为支撑，统筹谋划，合理布局，打造区域医疗健康大数据应用示范基地。

养老云平台及养老大数据建设工程。河南省重点推进居家养老服务信息平台、养老机构综合信息管理系统等项目建设，完善老年人基本信息数据库和养老服务信息数据库，开展智慧养老试点示范。

人社云平台及人社大数据建设工程。河南省重点推进社会保障一卡通和人力资源社会保障综合管理服务体系建设，建设河南省统一的人社云平台和一体化人力资源社会保障公共信息服务平台，探索开展就业资金监管、就业形势预测、失业监测预警、病种结算分析、政策法规仿真与执行情况评估等大数据应用。

教育云平台及教育大数据建设工程。河南省重点建设全省统一的教育用户管理认证中心、教育教学资源中心等核心基础和应用大数据支撑系统，加强相关数据标准规范的研究与制定。

环境质量信息平台及环保大数据建设工程。河南省建设完善的环境质量信息平台，逐步形成覆盖主要生态要素的资源环境承载能力动态监测网络。重点完善污染物排放和重点用能单位能耗在线监测系统，建设河南省统一的环境质量信息平台和节能公共管理信息服务平台。重点以"城市矿产"示范基地、国家再生资源回收利用试点城市和骨干企业等为依托，加快中原再生资源国际交易中心的建设。

文化产业应用示范工程。河南省加强传统媒体与新兴媒体在内容、渠道、平台、经营、管理等方面的深度融合，以大数据、云计算技术提升采编流程集约化、数字化、分发智能化水平。加快培育电子书出版、互联网出版、手机报、手机出版、数字出版等新业态，满足消费者多形式阅读需求，形成新的经济增长点。

（三）产业政策稳步升级

国家重视创新驱动和科研投入，积极发展人工智能、虚拟现实等数字产业，

提升高端有效供给和产业核心竞争力。

2016 年 9 月，《智能硬件产业创新发展专项行动（2016—2018 年）》出台，提出"以推动终端产品及应用系统智能化为主线，着力强化技术攻关，突破基础软硬件、核心算法与分析预测模型、先进工业设计及关键应用，提高智能硬件创新能力"。

2017 年 7 月，《国务院关于印发新一代人工智能发展规划的通知》指出，面向2030 年对我国人工智能发展进行的战略性部署，确立了"三步走"目标："到 2020年，人工智能总体技术和应用与世界先进水平同步"；"到 2025 年，人工智能基础理论实现重大突破、技术与应用部分达到世界领先水平"；"到 2030 年，人工智能理论、技术与应用总体达到世界领先水平"；按照"构建一个体系、把握双重属性、坚持三位一体、强化四大支撑"布局，形成人工智能健康持续发展的战略路径。

2018 年 12 月，工业和信息化部发布《关于加快推进虚拟现实产业发展的指导意见》，为加快我国虚拟现实产业发展，推动虚拟现实产业应用创新，提出"突破关键核心技术""丰富产品有效供给""推进重点行业应用""建设公共服务平台""构建标准规范体系""增强安全保障能力"6 项重点任务。

2019 年 8 月，科学技术部印发了《国家新一代人工智能开放创新平台建设工作指引》，提出"通过建设开放创新平台，着力提升技术创新研发实力和基础软硬件开放共享服务能力，鼓励各类通用软件和技术的开源开放，支撑全社会创新创业人员、团队和中小微企业投身人工智能技术研发，促进人工智能技术成果的扩散与转化应用，使人工智能成为驱动实体经济建设和社会事业发展的新引擎"。

夯实产业核心基础。

各省（直辖市）重视基础前沿技术攻关，提升数字产业核心基础技术支撑能力。

2017 年 11 月，上海市发布了《关于本市推动新一代人工智能发展的实施意见》，提出"完善基础服务支撑体系，增加适应人工智能发展的基础服务供给，夯实人工智能发展基础"，同时"加强前沿基础研究、关键共性技术攻关、功能型平台建设，抢占关键领域人工智能技术制高点"。

2017 年 12 月，辽宁省发布了《辽宁省新一代人工智能发展规划》，指出要"建立新一代人工智能基础理论体系""突破人工智能关键共性技术""统筹布局人工智能创新平台"，从而"构建人工智能科技创新体系"。

2017 年 12 月，吉林省发布了《吉林省人民政府关于落实新一代人工智能发展规划的实施意见》，提出"构建开放协同的吉林省人工智能科技创新体系"，具体通过"围绕吉林省汽车、石化、农产品加工等支柱产业和医药健康、装备制造等优势产业及光电子、空间信息等新兴产业的需求，在人工智能基础理论、核心关键共性技术、软硬件支撑体系三个层面开展工作"。

2018 年 2 月，黑龙江省印发了《黑龙江省人工智能产业三年专项行动计划（2018—2020 年）》，通过"依托高校、科研院所的科技人才，瞄准应用目标明确、有望引领人工智能技术升级的基础理论方向，加强大数据智能、跨媒体感知计算理论、人机混合智能、自主协同与决策等基础理论研究"，并"突破关键共性技术瓶颈"，建设人工智能创新平台。

2018 年 5 月，江苏省印发了《新一代人工智能产业发展实施意见》，提出"加快物联网、北斗导航、IPv6、5G 等人工智能产业发展的基础技术和信息基础设施建设，进一步提升网络整体容量和综合业务的承载能力"，目标"到 2020 年，总体建成'高速、移动、安全、泛在'的新一代信息基础设施"，夯实人工智能产业发展基础。

2018 年 9 月，四川省发布了《四川省大力发展人工智能产业方案》，从"人工智能基础理论""关键共性技术"和"核心软硬件技术"3 个方面实施核心技术攻关工程。

2018 年 10 月，天津市发布了《天津市新一代人工智能产业发展三年行动计划（2018—2020 年）》，提出"在核心芯片、基础软件、人工智能软件及算法领域，开展重点产品和关键核心技术攻关，大幅度提升算法和算力水平，夯实人工智能产业发展基础"。

2019 年 1 月，浙江省印发了《浙江省促进新一代人工智能发展行动计划（2019—2022 年）》，提出"突破关键核心基础理论和技术"，具体通过"加强人工智能基础理论研究""攻克一批关键核心技术"和"加快工程应用技术创新"3 个方面进行。同时，"加快研发并应用具有自主知识产权的关键芯片、智能传感器等核心基础硬件；加快智能软件开发和应用，支持开源开放平台建设，夯实人工智能发展的软硬件基础"。

2019 年 2 月，四川省成都市发布了《成都市加快人工智能产业发展推进方案（2019—2022 年）》，从"推进智能化网络基础设施建设""加快数据资源集聚与开放共享""发展新一代人工智能核心技术""提升人工智能服务实体经济能力水平""支持人工智能行业融合应用创新"和"推进产业公共服务平台建设"6 个方面加快夯实人工智能产业发展基础。

2019 年 7 月，辽宁省大连市发布了《大连市新一代人工智能发展规划》，提出"加快构建具有大连特色的人工智能自主创新体系，突出研发部署前瞻性，在重点前沿领域探索布局、长期支持。增强人工智能原始创新能力，力争在理论、方法、工具、系统等方面取得突破，实现高端引领发展"。

2020 年 2 月，广东省广州市发布了《广州市关于推进新一代人工智能产业发展的行动计划（2020—2022 年）》，将实施"基础创新提升行动"和"产业培育发展行动"，具体通过"围绕人工智能关键技术重点领域组织实施重大科技专项""强化核心部件支撑"等措施，培育壮大新一代人工智能产业。

推动产业化应用。

各省（直辖市）积极推进人工智能等数字技术产业化应用，并优化人工智能产业布局。

2017 年 12 月，浙江省人民政府印发了《浙江省新一代人工智能发展规划的通知》，提出"充分发挥浙江在信息经济、人工智能研发和产业化应用领域的先发优势，紧抓人工智能发展的重大战略机遇，加快浙江人工智能产业的前瞻性布局"，并将"加快推进人工智能产业化"和"优化人工智能产业布局"作为主要任务。

2018 年 2 月，黑龙江省印发了《黑龙江省人工智能产业三年专项行动计划（2018—2020 年）》，提出"培育一批人工智能重点项目。以市场需求为牵引，积极推进一批基础较好、应用前景明确的产业化、孵化和技术攻关项目加快实施。深入挖掘市场需求潜力，加快科技创新和项目建设，培育发展多种类的人工智能产品在工业、医疗、交通、农业、金融、物流、教育、文化、旅游等领域广泛应用"，并"加快制造业智能化升级""培育做强骨干企业"，推动人工智能产业化。

2018 年 3 月，福建省发布了《福建省人民政府关于推动新一代人工智能加快发展的实施意见》，提出"加速推进人工智能在全省各行业的示范应用，大力培育新产业、新技术、新模式和新业态，提升经济发展的质量和效益，增强公众对人工智能的获得感和幸福感"，并将"到 2025 年，人工智能技术在经济社会各领域得到深度融合和推广应用，部分人工智能产业具有国际竞争力，人工智能成为引领全省产业转型升级和新福建建设的核心动力，建成全国人工智能产业应用示范区"作为主要目标。

2018 年 8 月，甘肃省发布了《甘肃省新一代人工智能发展实施方案》，在"加强智能理论研究，拓展人工智能应用，发展智能经济，建设智能社会"的指导思想下，提出"大力发展人工智能新兴产业"，积极推动智能软件、智能机器人、智能元器件等产业应用。

2018 年 9 月，四川省发布了《四川省大力发展人工智能产业方案》，提出开展制造业智能化示范、智慧交通示范、智慧医疗及康养示范、智能社会治理示范、智能物流示范等行业应用示范工程。

2018 年 10 月，广东省发布了《广东省新一代人工智能创新发展行动计划（2018—2020 年）》，将"人工智能产业核心规模突破 500 亿元，带动相关产业规模达到 3000 亿元；累计培育 50 家以上人工智能核心领域国家高新技术企业，其中估值过亿元的企业超 10 家；初步建成 10 个以上人工智能产业集群等"作为目标要求，并提出"人工智能创新型产业集群崛起计划"和"人工智能产业生态构建计划"。

2018 年 12 月，河南省印发了《河南省新一代人工智能产业发展行动方案》，提出"推动重点领域应用"，具体从"加快发展新一代智能制造""加快发展智能交通物流""加快新型智慧城市建设""推进公共服务智慧化"和"提升信息安全管理能力"5 个方面入手，力争实现"经过 3 ~ 5 年努力，人工智能产业发展取得重要进展。国内外骨干企业在全省展开产业和应用普遍布局，人工智能核心产业发展生态系统基本形成；建设 3 ~ 5 个人工智能应用示范区，人工智能核心产业及相关产业规模超过 500 亿元，在国家人工智能产业格局中占有重要地位"的发展目标。

2018 年 12 月，辽宁省沈阳市发布了《沈阳市新一代人工智能发展规划三年行动计划（2018—2020 年）》，提出"围绕智能芯片、智能语音、智能图像、智能器件四大核心产业，依托相关园区，引进国内外知名企业，延长产业链条，将四大核心产业培育成为沈阳市的新支柱产业"，并"做大做强智能机器人、智能装备、智能运载工具、智能医疗与健康服务、智能物流、智能家居六大相关产业，重点支持一批产业化项目，打造具有国际竞争力的产业集群"。

2019 年 1 月，浙江省印发了《浙江省促进新一代人工智能发展行动计划（2019—2022 年）》，将"以人工智能场景应用的技术融合和模式创新为导向，拓展产品形态和应用服务，聚焦智能制造、智能医疗与健康、教育、商务、物流、金融、交通等重点应用领域，加强人工智能应用服务产品开发应用，全面提升浙江省人工智能应用能力"。

2019 年 2 月，四川省成都市发布了《成都市加快人工智能产业发展推进方案（2019—2022 年）》，提出"提升产业链水平，加快夯实人工智能产业基础支撑，不断提升人工智能产业能级，全面营造人工智能产业生态，围绕产业链、创新链和资本链，以平台聚合能力、以能力营造场景、以场景撬动市场、以市场壮大产业，为成都市构建高质量现代产业体系贡献人工智能力量"。

2019 年 6 月，江苏省南京市发布了《南京市打造人工智能产业地标行动计划》，提出"加快培育引进人工智能创新型企业，促进人工智能领域新技术、新产品、新服务的开发，发展人工智能软硬件产业，大力推进人工智能技术产业化应用"，并实施"人工智能＋"应用示范工程，"支持人工智能在经济发展、城市治理和公共服务等重点领域的示范应用"。

2020 年 2 月，广东省广州市发布了《广州市关于推进新一代人工智能产业发展的行动计划（2020—2022 年）》，提出从"推进智能交通应用""拓展智能商务应用""加快智能金融应用""发展智能教育应用""推动智能医疗应用"等方面实施"应用场景拓展行动"，努力"将广州打造成粤港澳大湾区的人工智能产业集聚区、国内领先的人工智能应用示范区"。

专栏

上海市人工智能产业发展

上海市位于"长三角"经济圈中心，拥有雄厚的技术创新资源。2017年8月上海（徐汇）人工智能发展集聚区建设项目率先启动，目标到2020年，建成国际知名的人工智能创新中心，形成百亿元级规模的人工智能产业集群。作为上海市首个人工智能发展集聚区，2018年9月，上海市徐汇区围绕人工智能新高地建设"T计划"，以北杨人工智能小镇和上海市西岸国际人工智能中心为两大战略载体，打造人工智能的"AI生态＋AI平台＋AI产业＋AI城区"。

在空间规划方面，上海市徐汇区全力推进西岸传媒港、西岸智慧谷和西岸金融城的"一港一谷一城"建设，构建人工智能、文化创意、科技金融"三足鼎立"的产业结构。

在应用示范方面，上海市徐汇区将每年推广20个人工智能应用的示范场景，计划向企业开放智慧政务、智慧综治、智慧交通等12个重点领域的应用，还将推动医院、学校、行政服务中心等场所采用更多人工智能技术提升服务品质。对于智慧城市建设领域，目前正争取在徐汇区滨江11个5G试验基站的基础上率先建设5G信号试验网，为智慧交通提供基础设施支撑。

在人才集聚方面，上海市徐汇区将在2～3年内，每年提供不少于1500套新增社会租赁房，优先满足人工智能领域人才的住房需求。

截至2018年年底，上海市403家重点人工智能企业中有1/4进驻徐汇区。到2020年，徐汇区人工智能相关产业集群规模超过300亿元。

近年来，上海市徐汇区围绕打造上海建设国家人工智能高地新地标和核心区的目标，瞄准创新策源地、产业磁力场、应用试验田的功能定位，构筑人工智能的空间布局，人工智能发展进入了"快车道"。目前，上海市徐汇区正重点打造精准高效的AI生态，制定实施靶向度、精准度更高的专业政策，打造适合人工智能高质量发展和企业加速集聚的制度供给试验田。同时打造开放创新的AI平台，围绕增强人工智能创新的源头供给，构建开放协同的人工智能科技创新体系。依托全球高校人工智能学术联盟等，加强"产、学、研、用"深度合作，推动医疗影像、智能视觉等新一代人工智能开放创新平台的发展。

同时，上海市致力于打造高端集聚的AI产业，大力推动数字经济与实体经济深度融合，培育具有国际竞争力的人工智能产业集群，形成数据驱动、人机协同、跨界融合、共创分享的智能经济形态。力争到2022年，上海市再集聚一批掌握核心技术的AI骨干企业和数字驱动型企业，人工智能相关产业规模将达到500亿元。由此形成智慧共享的AI城区，在智慧政务、智慧交通、智慧医疗、智慧教育等12个重点领域分类推动数据开放，加快5G基础设施建设，打造一批示范性的深度应用场景，让政府治理、城市管理和民生保障更精准、更高效。

（四）新型基础设施政策持续演进

新型基础设施不仅包括信息基础设施，还包括电网、水网、物流等传统基础设施的数字化转型。在数字经济时代，传统基础设施的数字化、网络化、智能化程度不断提高，需提供与数字经济相适应的基本功能，支撑新模式、新业态的孵化与商业模式的创新。

智慧能源方面。

在国家层面，2015 年 7 月，《国务院关于积极推进"互联网＋"行动的指导意见》出台，提出发展"互联网＋"智慧能源，通过互联网促进能源系统扁平化，推进能源生产与消费模式革命，提高能源利用效率，推动节能减排。

2016 年 2 月，国家发展和改革委员会、国家能源局、工业和信息化部印发了《关于推进"互联网＋"智慧能源发展的指导意见》，指出能源互联网对提高可再生能源比重，促进石化能源清洁高效利用，提升能源综合效率，推动能源市场开放和产业升级，形成新的经济增长点，提升能源国际合作水平具有重要意义，并提出推动建设智能化能源生产消费基础设施、加强多能协同综合能源网络建设、推动能源与信息通信基础设施深度融合、营造开放共享的能源互联网生态体系、发展智慧用能新模式、建设国际领先的能源互联网标准体系等十项重点任务。

2016 年 3 月，《中华人民共和国国民经济和社会发展第十三个五年规划纲要》印发，提出积极构建智慧能源系统，加快推进能源全领域、全环节智慧化发展，提高可持续自适应能力。

2016 年 7 月，《国家能源局关于组织实施"互联网＋"智慧能源（能源互联网）示范项目的通知》印发，提出将开展综合和典型创新模式的两类能源互联网试点示范。综合试点示范包括园区能源互联网试点示范区、城市能源互联网综合示范区以及跨地区多能协同；典型创新模式试点示范，包括基于电动汽车、灵活性资源、智慧用能、绿色能源灵活交易和行业融合 5 种情景的能源互联网试点。

2016 年 10 月，国务院印发了《"十三五"控制温室气体排放工作方案》，提出加强智慧能源体系建设，推行节能低碳电力调度，提升非石化能源电力消纳能力。

2016 年 11 月，国务院印发了《"十三五"国家战略性新兴产业发展规划》，再次强调大力发展"互联网＋"智慧能源，加快研发分布式能源、储能、智能微网等关键技术，培育基于智慧能源的新业务、新业态，建设新型能源消费生态与产业体系。

2016 年 12 月，国务院印发了《"十三五"国家信息化规划》，强调推进"互联网＋"智慧能源发展，探索建设多能源互补、分布式协调、开放式共享的能源互联网，构建清洁低碳、高效安全的现代能源体系。

2016 年 12 月，国务院关于印发了《"十三五"节能减排综合工作方案的通知》，提出大力发展"互联网＋"智慧能源，支持基于互联网的能源创新，推动建立城市智慧能源系统。

2017 年 7 月，《新一代人工智能发展规划》发布，提出建设分布式高效能源互联网，形成支撑多能源协调互补、及时有效接入的新型能源网络。

2017 年 9 月，国家发展和改革委员会、财政部、科学技术部、工业和信息化部、国家能源局发布了《关于促进储能技术与产业发展的指导意见》，提出大力发展"互联网＋"智慧能源，促进储能技术和产业发展，支撑和推动能源革命。

2018 年 2 月，《国家能源局关于印发 2018 年能源工作指导意见的通知》发布，提出培育能源发展新动能，扎实推进"互联网＋"智慧能源（能源互联网）。

2019 年 5 月，《国家标准化管理委员会　国家能源局关于加强能源互联网标准化工作的指导意见》出台，提出构建能源互联网标准体系，完成能源互联网标准化工作路线图，加快重点领域标准制定，推进能源互联网标准的实施，推进全球能源互联网发展，建立能源互联网标准化工作协调机制和技术支撑机构六大重点任务。

地方政府层面。

2016 年 9 月，广西壮族自治区出台了《广西能源发展"十三五"规划》，提出推进能源系统优化，推动落实"互联网+"智慧能源行动计划，提高能源系统的智能化水平和资源配置的运行效率。

2016年12月，山西省发布了《山西省"十三五"综合能源发展规划》，提出推动智慧能源管理与监管手段创新，重点研究基于能源大数据的智慧能源精准需求管理技术、基于能源互联网的智慧能源监管技术。

2017年2月，四川省发布了《四川省"十三五"能源发展规划》，提出加快技术创新、体制机制创新、商业模式创新，培育和推广电动汽车、智能微网、"互联网+"智慧能源等新型用能方式，大力发展能源新产业和新业态，增强发展活力，充分发挥市场配置资源的决定性作用，促进能源持续健康发展。

2017年4月，辽宁省印发了《辽宁省"十三五"节能减排综合工作实施方案》，将大力发展"互联网+"智慧能源，推动建立城市智慧能源系统，鼓励发展智能家居、智能楼宇、智能小区和智能工厂，推动智能电网、储能设施、分布式能源、智能用电终端协同发展。

2017年5月，贵州省发布了《贵州省能源发展"十三五"规划》，指出大力发展"互联网+"智慧能源，加强能源产业链上下游企业的信息对接，推进能源生产智能化。

2017年6月，北京市发布了《北京市"十三五"时期能源发展规划》，提出加强能源互联网基础设施建设，开展区域能源互联网试点示范。以新能源微电网为基础，推进用户侧热力、天然气等多种能源形式互联互通，发展多种能源协同转化的区域能源网络。

2017年9月，河北省印发了《河北省"十三五"能源发展规划》，提出着力推进智能微网和"互联网+"智慧能源、多能互补集成优化、规模化储能、风光储输一体化、核小堆供热、新能源开发利用等一批示范项目。

2017年10月，湖北省发布了《湖北省能源发展"十三五"规划》，提出积极探索推进"互联网+"智慧能源发展，促进能源与信息深度融合，发展分布式能源、储能和电动汽车应用、能源大数据服务应用等新模式和新业态。

智慧物流方面。

2015年7月，《国务院关于积极推进"互联网+"行动的指导意见》印发，提出发展"互联网+"高效物流，加快建设跨行业、跨区域的物流信息服务平台，提高物流供需信息对接和使用效率。鼓励大数据、云计算在物流领域的应用，建设智能仓储体系，优化物流运作流程，提升物流仓储的自动化、智能化水平和运转效率，降低物流成本。

2015年9月，国务院办公厅发布了《关于推进线上线下互动加快商贸流通创新发展转型升级的意见》，提出大力发展智慧物流，运用北斗导航、大数据、物联网等技术，构建智能化物流通道网络，建设智能化仓储体系、配送系统。

2016年4月，《国务院办公厅关于深入实施"互联网+流通"行动计划的意见》出台，提出加强智慧流通基础设施建设，充分利用物联网等新技术，推动智慧物流配送体系建设，发展多层次物流公共信息服务平台。

2016年7月，国家发展和改革委员会发布了《"互联网+"高效物流实施意见》，在发展目标方面，要求实现先进信息技术在物流领域的广泛应用，仓储、运输、配送等环节的智能化水平显著提升，物流组织方式不断优化创新；基于互联网的物流新技术、新模式、新业态成为行业发展的新动力；形成以互联网为依托，开放共享、合作共赢、高效便捷、绿色安全的智慧物流生态体系，物流效率大幅提高。并提出构建物流信息互联共享体系、提升仓储配送智能化水平、发展高效便捷物流新模式、营造开放共享的物流发展环境4项主要任务。

2016年12月，国务院印发了《"十三五"国家信息化规划》，提出将推进智慧物流建设，构建跨区域、跨行业的物流信息平台，打造智能化的物流公共配送中心、中转分拨站。

2017年1月，湖北省人民政府办公厅出台了《深入推进"互联网+流通"行动计划的实施意见》，提出要深入推进智慧物流服务体系建设，加快建设"互联网＋高效商贸物流"协同服务体系，构建与物联网等新一代信息技术融合互动的商贸物流运营模式，促进商贸物流智能化；加快商贸物流行业"云服务"公共信息平台建设，整合现有的货运交易平台、港口物流信息平台、大宗商品交易服务平台、城市配送信息平台、电子商务平台等商贸物流信息资源，建立各类应用服务平台互联互通机制，实现数据资源共享与综合利用。

2017 年 3 月，河南省发布了《河南省人民政府办公厅关于深入实施"互联网＋流通"行动计划的意见》，指出将加大流通基础设施信息化改造力度，推广应用物联网、射频识别、机器人等技术、设备，完善智慧物流配送调配体系，建设深度感知智能仓储系统，提升自动化作业和仓储运管的智能化管理水平。

2017 年 5 月，国家邮政局发布了《国家邮政局关于加快推进邮政业供给侧结构性改革的意见》，指出要引导企业加大科技投入，推广应用云计算、大数据、互联网、物联网等信息技术，探索应用人工智能、无人机等先进技术，广泛使用自动装卸传输分拣、冷链物流等技术设备。

2017 年 10 月，《国务院办公厅关于积极推进供应链创新与应用的指导意见》印发，提出要推进行业供应链体系的智能化，加快人机智能交互、工业机器人、智能工厂、智慧物流等技术和装备的应用，提高制造能力。

2017 年 12 月，工业和信息化部发布了《促进新一代人工智能产业发展三年行动计划（2018—2020 年）》，指出要提升高速分拣机、多层穿梭车、高密度存储穿梭板等物流装备的智能化水平，实现精准、柔性、高效的物料配送和无人化智能仓储。计划到 2020 年，开发 10 个以上的智慧物流与智能仓储装备。

2018 年 1 月，《国务院办公厅关于推进电子商务与快递物流协同发展的意见》印发，提出要加强大数据、云计算、机器人等现代信息技术和装备在电子商务与快递物流领域的应用，提高科技应用水平；加强快递物流标准体系建设，鼓励信息互联互通；优化资源配置，提升供应链的协同效率。

2018年1月，黑龙江省哈尔滨市发布了《哈尔滨市"互联网＋流通"行动计划实施方案》，提出要加强智慧流通基础设施建设，加大流通基础设施信息化改造力度，充分利用物联网等新技术，推动智慧物流配送体系建设，提高冷链设施的利用率。

2018年10月，国务院办公厅印发了《推进运输结构调整三年行动计划（2018—2020年）》指出，要促进"互联网＋货运物流"新业态、新模式的发展，深入推进无车承运人试点工作，完善无车承运人法规制度，推动货运物流平台健康有序发展。

2018年12月，国家发展和改革委员会、交通运输部发布了《国家物流枢纽布局和建设规划》。该文件提出，需顺应现代物流业发展新趋势，加强现代信息技术和智能化、绿色化装备应用，推进货物运输结构调整，提高资源配置效率，降低能耗和排放水平，打造绿色智慧型国家物流枢纽。

2019年3月，工业和信息化部、公安部等24个部门联合印发了《关于推动物流高质量发展促进形成强大国内市场的意见》。该文件提出将实施物流智能化改造行动，大力发展数字物流，加强数字物流基础设施建设，加强信息化管理系统和云计算、人工智能等信息技术应用，提高物流软件的智慧化水平。

2019年9月，中共中央、国务院发布了《交通强国建设纲要》。该文件提出要发展"互联网＋"高效物流，创新智慧物流的经营与运行模式。

专栏

我国智慧物流的发展现状

随着我国信息技术的快速发展，人工智能、物联网、遥感技术等新型技术在物流领域得到广泛应用，使物流行业日益强大，智慧物流被不断提及，各行各业对智慧物流的发展抱有极大的热情。过去几年，社会物流总额逐年上升，物流技术在向自动化、信息化、数控化调整升级，例如，涌现出

"互联网+"高效运输、"互联网+"便捷配送、"互联网+"末端基础设施等产业新模式。在智慧仓储方面，无人机、无人仓、"地狼"、"天狼"、分拣全自动引导小车（Automated Guided Vehicle，AGV）、机械臂等高技术物流设备已得到初步应用，同时冷链技术、物流天眼、刷脸智能柜、AI机器人、语音助手等新技术正在不断助力智慧物流的发展。菜鸟、京东以及各大互联网先进企业都将智慧物流作为2019年以及未来发展的重点。因此，物流行业的革新、智慧物流的发展将是中国经济和服务行业发展的关键一步。当前，我国智慧物流的发展情况主要集中在以下6个方面。

政策环境持续改善。 2016年，经国务院同意，国家发展和改革委员会同有关部门研究制定了《"互联网+"高效物流实施意见》，交通运输部、商务部、工业和信息化部等有关部门从各自职能领域出发，部署推进有关"互联网+"高效物流的相关工作，为推动智慧物流的发展营造了良好的政策环境。

物流互联网逐步形成。 近年来，随着移动互联网的快速发展，大量物流基础设施通过传感器接入互联网。目前，我国已经有超过400万辆重载货车安装了北斗定位装置，还有大量托盘、集装箱、仓库和货物接入互联网。物流连接呈快速增长趋势，以信息互联、设施互联带动物流互联，"物流在线化"奠定了智慧物流的前提条件。

物流大数据的应用。 "物流在线化"会产生大量的业务数据，使物流大数据从理念变为现实，数据驱动的商业模式能够推动产业智能化变革，大幅提高生产效率。通过对物流大数据进行处理与分析，挖掘对企业运营管理有价值的信息，从而科学合理地进行管理决策是物流企业的普遍需求。其典型场景包括数据共享、销售预测、网络规划、库存部署及行业洞察等。

物流云服务强化保障。 依托物流大数据和云计算能力，通过物流云服务来高效整合、管理和调度资源，并为各个参与方按需提供信息系统及算法应用服务，从而满足智慧物流的核心需求。物流云服务应用为物流大数据提供了重要保障，"业务数据化"正成为智慧物流的重要基础。

协同共享助推模式创新。 近年来，"互联网+"物流服务成为贯彻协同共享理念的典型代表，利用互联网技术和互联网思维，推动互联网与物流产业深度融合，重塑产业发展方式和分工体系，为物流企业转型提供了方向指引。其典型场景包括"互联网+"高效运输、"互联网+"智能仓储、"互联网+"便捷配送及"互联网+"智能终端等。

人工智能正在赋能物流产业。 以人工智能为代表的物流技术服务是应用物流信息化、自动化和智能化技术实现物流作业高效率、低成本的物流企业较为迫切的现实需求。人工智能通过赋能物流的各个环节和领域，实现智能配置物流资源、智能优化物流环节及智能提升物流效率。特别是在无人驾驶、无人仓储、无人配送和物流机器人等人工智能的前沿领域，一批领先的企业已经开始进行试验应用，有望与国际电商和物流企业在同一起跑线起步。

二、产业数字化政策

（一）第一产业数字化转型政策

与国外相比，我国农业产业数字化起步较晚，早期发展以政府政策引导和资金支持为主。1990 年，科学技术部推出了"863"计划，支持计算机研究"农业智能应用系统"。1998 年，中国科学院院士大会和中国工程院院士大会提出了发展"数字中国"战略。随后，"数字农业""数字城市""数字水利"等领域的探索与研究全面展开。2003 年，"863"计划将"大规模现代化农业数字化技术应用研究与开发"列为重大科技专项进行研究，并取得了阶段性成果。2013 年开始，农业部在天津、上海、安徽三地率先开展了农业物联网区域试验工程，在采集农业实时数据和物联网应用方面进行了探索。2015 年以来，我国相继出台了《推进农业电子商务发展行动计划》《农业部关于推进农业农村大数据发展的实施意见》《国务院办公厅关于加快推进重要产品追溯体系建设的意见》《中共中央　国务院关于落实发展新理念加快农业现代化实现全面小康目标的若干意见》《"互联网+"现代农业三年行动实施方案》《"十三五"全国农业农村信息化发展规划》《中共中央　国务院关于实施乡村振兴战略的意见》《乡村振兴战略规划（2018—2022年）》《中共中央　国务院关于坚持农业农村优先发展做好"三农"工作的若干意见》《国家质量兴农战略规划（2018—2022年）》《数字乡村发展战略纲要》《国务院关于促进乡村产业振兴的指导意见》等政策。与此同时，各省市也相继出台了一系列配套政策，例如，《北京市乡村振兴战略规划（2018—2022年）》《河南省乡村振兴战略规划（2018—2022年）》《广东省实施乡村振兴战略规划（2018—2022年）》《浙江省人民政府办公厅关于加快转变农业发展方式的若干意见》《山东省农业"新六产"发展规划》等。

智慧农业方面。

为利用互联网提升农业生产、经营、管理和服务水平，2015年7月，《国务院关于积极推进"互联网+"行动的指导意见》出台，提出要发展"互联网+"现代农业，培育一批网络化、智能化、精细化的现代"种养加"生态农业新模式。

2015年12月，《农业部关于推进农业农村大数据发展的实施意见》出台，提出将建设国家农业数据中心，推进农业数据共享开放，支撑农业生产智能化。

2016年1月，《中共中央　国务院关于落实发展新理念加快农业现代化　实现全面小康目标的若干意见》出台。该文件提出大力推进"互联网+"现代农业，应用物联网、云计算、大数据、移动互联等现代信息技术，推动农业全产业链改造升级。

2016年8月，《"十三五"全国农业农村信息化发展规划》发布。该文件提出，以建设智慧农业为目标，加快推进农业生产智能化、经营网络化、管理数据化、服务在线化，全面提高农业农村信息化水平。

2017年11月，《"互联网+"现代农业三年行动实施方案》出台。该文件将以推进农业在线化和数据化为根本任务，大力发展智慧农业，全面提高农业信息化水平，培育发展农业信息经济。

2018 年 12 月，《高等学校乡村振兴科技创新行动计划（2018—2022 年）》出台。该文件提出，实施科学研究支撑行动，积极争取在主要农产品供给、农业绿色发展、农业生物制造、智慧农业、现代林业、现代海洋农业等领域的国家重点研发计划中承担重点任务；突破核心关键技术与装备，加快现代生物技术、信息技术、工程技术及其他新兴科技与农业科技的深度融合，重点突破农业标准化、农业大数据与信息化、智能农机装备与制造、食品制造等关键技术与成套装备；促进学科专业发展建设，进一步加强交叉学科和新兴涉农专业建设，加快建设生物技术、智慧农业、智能装备、共享农业、互联网农业以及农业新能源与新材料等新兴学科，发展新兴涉农专业。

2018 年 12 月，《关于加快推进农业机械化和农机装备产业转型升级的指导意见》发布。该文件提出，将推动智慧农业示范应用，促进物联网、大数据、移动互联网、智能控制、卫星定位等信息技术在农机装备和农机作业中的应用；建设数字农业示范基地，推进智能农机与智慧农业、云农场建设等融合发展；推进"互联网＋"农机作业，实现数据信息互联共享，提高农机作业的质量与效率。

2019 年 1 月，《中共中央　国务院关于坚持农业农村优先发展做好"三农"工作的若干意见》提出将实施数字乡村战略，深入推进"互联网＋"农业，扩大农业物联网示范应用，推进重要农产品全产业链大数据建设，加强国家数字农业农村系统建设。2019 年 1 月，《创新驱动乡村振兴发展专项规划（2018—2022 年）》发布。该文件提出要加快农业高新技术产业发展，推动国家农业高新技术产业示范区、国家农业科技园区、省级农业科技园区的建设和发展，围绕现代畜牧业、农机装备、智慧农业、有机旱作农业等主题培育建设国家农业高新技术产业示范区，吸引更多的农业高新技术企业到农业科技园区落户。

2019 年 2 月，《国家质量兴农战略规划（2018—2022 年）》发布。该文件提出需加快发展农业信息化，开展数字农业建设，实施数字农业工程和"互联网＋"现代农业行动，鼓励对农业生产进行数字化改造，加强农业遥感、大数据、物联网应用，提升农业精准化水平。2019年2月，《关于促进小农户和现代农业发展有机衔接的意见》发布。该文件指出要加强小农户科技装备应用，建立健全农业农村社会化服务体系，实施科技服务小农户行动，支持小农户运用优良品种、先进技术、物质装备等发展智慧农业、设施农业、循环农业等现代农业。

2019年5月，《数字乡村发展战略纲要》明确提出实施数字乡村战略的10项重点任务，其中，提到大力发展农村数字经济，夯实数字农业基础，推进农业数字化转型，创新农村流通服务体系，积极发展乡村新业态。

2019年6月，《国务院关于促进乡村产业振兴的指导意见》发布。该文件提出要推进农业与信息产业融合，发展数字农业、智慧农业等。

农业电子商务方面。

农业电子商务发展迅猛，正在深刻改变着传统农产品的流通方式，成为加快转变农业发展方式、完善农产品市场机制、推动农业农村信息化发展的新动力，对发展现代农业、繁荣农村经济、改善城乡居民生活水平的作用日益凸显。

2015年9月，农业部、国家发展和改革委员会、商务部联合印发了《推进农业电子商务发展行动计划》。该文件提出推进农业电子商务的指导思想和基本原则，以加快转变农业发展方式、有效提升消费需求为主线，强化顶层设计和政策引导，着力解决农业电子商务发展中的困难和问题。

2015年11月，《国务院办公厅关于促进农村电子商务加快发展的指导意见》发布。该文件全面部署指导农村电子商务健康快速发展，指出农村电子商务是转变农业发展方式的重要手段，通过大众创业、万众创新，发挥市场机制作用，加快农村电子商务发展，把实体店与电商有机结合，使实体经济与互联网产生叠加效应，对于促消费、扩内需，推动农业升级、农村发展、农民增收具有重要意义。

2016 年 4 月，《"互联网＋"现代农业三年行动实施方案》发布。该文件提出，要大力发展农业电子商务，大幅提升农产品、农业生产资料、休闲农业电子商务水平。

2016 年 8 月，《"十三五"全国农业农村信息化发展规划》发布。该文件提出，加快发展农业农村电子商务，创新流通方式，打造新业态，培育新经济，重构农业农村经济产业链、供应链、价值链，促进农村一、二、三产业融合发展。

2017 年 8 月，《商务部 农业部关于深化农商协作 大力发展农产品电子商务的通知》发布。该文件提出 10 项重点任务，要求建立农村电商基地，搭建农产品电商供应链，促进农产品销售，培育农业农村品牌，推动农业转型升级，最终达到带领农民脱贫增收的目的。

2018 年 1 月，《中共中央 国务院关于实施乡村振兴战略的意见》再次强调构建农村一、二、三产业融合发展体系，大力建设具有广泛性地促进农村电子商务发展的基础设施，鼓励支持各类市场主体创新发展基于互联网的新型农业产业模式，深入实施电子商务进农村综合示范，加快推进农村流通现代化。

2018 年 5 月，《关于开展 2018 年电子商务进农村综合示范工作的通知》发布。该文件通过鼓励各地优先采取以奖代补、贷款贴息等资金支持方式，以中央财政资金带动社会资本共同参与农村电子商务工作。

2018 年 9 月，《乡村振兴战略规划（2018—2022 年）》出台。该文件提出，要深入实施电子商务进农村综合示范，建设具有广泛性的促进农村电子商务发展的基础设施，加快建立健全适应农产品电商发展的标准体系。

2018 年 12 月，《国务院办公厅关于深入开展消费扶贫助力打赢脱贫攻坚战的指导意见》发布。该文件提出，要拓宽贫困地区农产品流通和销售渠道，为农村电商经营者提供产品开发、网店运营、人才培训等专业服务，不断提高贫困人口使用网络和用户终端等能力；扩大电子商务进农村综合示范覆盖面，在有条件的贫困地区设立电商产业孵化园，培育规模化电商企业。

2019 年 2 月，《国家质量兴农战略规划（2018—2022 年）》发布。该文件提出，要创新农产品流通方式，推进电子商务进农村综合示范，谋划推动"互联网＋"农产品出村进城工程。

2019 年 6 月，国务院发布了《关于促进乡村产业振兴的指导意见》。该文件提出，要深入推进"互联网＋"现代农业，全面推进信息进村入户，实施"互联网＋"农产品出村进城工程；推动农村电子商务公共服务中心和快递物流园区发展。

追溯体系建设方面。

追溯体系建设是采集记录产品生产、流通、消费等环节的信息，实现来源可查、去向可追、责任可究，强化全过程质量安全管理与风险控制的有效措施。

2015 年 12 月，《农业部关于推进农业农村大数据发展的实施意见》发布，提出要实现农产品质量安全追溯，加快建设国家农产品质量安全追溯管理信息平台，建立健全制度规范和技术标准。

2016 年 1 月，《国务院办公厅关于加快推进重要产品追溯体系建设的意见》发布。该文件提出，要大力推进使用农产品、食品、药品等追溯体系建设，主要目标是到 2020 年，追溯体系建设的规划标准体系得到完善，法规制度进一步得到健全；全国追溯数据统一共享交换机制基本形成，初步实现有关部门、地区和企业追溯信息互通共享。

2016 年 6 月，《农业部关于加快推进农产品质量安全追溯体系建设的意见》发布。该文件旨在进一步提升农产品质量安全监管能力，落实生产经营主体责任，增强食用农产品消费信心，并应用现代信息技术加快推进全国农产品质量安全追溯体系建设。

2017 年 3 月，《商务部　中国农业发展银行关于共同推进农产品和农村市场体系建设的通知》发布。该文件提出，要支持农产品追溯体系建设，支持肉菜、中药材流通追溯体系优化升级，采用先进适用的设备和技术，扩展追溯品种和追溯环节；建设互联共享的国家农产品质量安全监管追溯信息平台以及省级监管指挥调度中心、省级重要产品追溯管理平台和县级追溯点；支持重要农产品集散地、农产品批发市场、农产品在线交易商城等建设流通追溯体系，采用电子结算、在线交易等模式智能化采集追溯信息；支持追溯数据的合法、安全、有效利用，将追溯数据作为抵押、贷款、担保、贴息、资金扶持等的评估依据和加分项。

2018年11月，《农业农村部关于农产品质量安全追溯与农业农村重大创建认定、农产品优质品牌推选、农产品认证、农业展会等工作挂钩的意见》发布。该文件指出，要大力推动农产品生产经营主体及其产品积极主动地实行追溯管理，以整体提高我国农产品追溯覆盖面，进一步落实农产品生产经营者的主体责任，提升农产品的质量安全水平，做好农产品的质量安全追溯"四挂钩"工作。

2019年1月，《中共中央　国务院关于坚持农业农村优先发展做好"三农"工作的若干意见》提出，要实施农产品质量安全保障工程，健全监管体系、监测体系、追溯体系。

专栏

福建省农村电子商务助推兴业富农

福建省商务厅把电子商务作为促消费、稳增长、调结构、惠民生的有效手段，注重发挥农村电商促进乡村产业融合发展、实现产业兴旺的重要途径，电子商务助力乡村振兴和脱贫攻坚取得了明显成效。

激活潜力，助力乡村振兴。福建省作为电子商务发展较早、发展较好的省份之一，以电子商务进农村示范工作为抓手，持续推动农村电子商务加快发展。目前，福建省已有27个国家级示范县和15个省级示范县，各地积极完善农村流通基础设施与电子商务服务体系，疏通农村产品进城流通渠道，促进农村产品网络销售，助推农村产业深度融合。2019年1～11月，福建省农村网络零售额达1626亿元，排名全国第三，同比增长28.6%，高于全国增速9.6个百分点；福建省农产品网络零售额达229.7亿元，占全国农产品网络零售总额的6.5%，同比增长40.9%，高于全国增速14.3个百分点。福建省已有电子商务年交易额超过3000万元的"淘宝镇"106个，数量排名全国第五，电子商务年交易额超过1000万元的"淘宝村"318个，数量排名全国第六。

"农旅+电商"成为各地积极探索的新模式，有力推动了农业、旅游、电商的深度融合。福建省泰宁县依托旅游资源优势，促进县域旅游发展，带动农村产品网络销售，拓展农民增收渠道。网络直播成为农产品网络营销的新手段。2019年7月，福建省屏南县举办了电商农产品全网推广节，邀请了来自省内外的300多名电商、客商共同助推屏南农产品走出大山。通过此次电商农产品全网推广活动，屏南县的电商销售额达3000多万元。

赋能造血，助力脱贫攻坚。电子商务作为一种新兴的流通方式，其本身所具有的互联网基因和商业模式特征，改变了传统农业产业的供应链、价值链、信息链和组织链，成为精准扶贫的重要载体。

为重点推动贫困地区的农村电商发展，福建省商务厅印发了《关于加快推进农村电商示范创建　积极提升电商扶贫成效的通知》，优先支持23个扶贫开发工作重点县，以农村产品和服务上行为重点创建农村电商示范，促进农村产品产销对接，助推县域经济发展，发挥电商带动增收创收的作用，引导贫困群众融入电商产业链条，助力脱贫攻坚。2019年，福建省23个扶贫开发工作重点县实现农村电商示范全覆盖。其中，20个是国家级示范县，3个是省级示范县。2019年1～11月，23个扶贫开发工作重点县实现网络零售额102.6亿元，同比增长22.6%，高于全国网络零售额增速4.1个百分点。据不完全统计，2019年福建省发展农村电商，相关企业通过收购贫困群众自产农特产品、发展"电商+基地+农户"模式或吸收用工等方式，带动贫困群众1590人增收1135万元，人均增收7100元。

经福建省商务厅和扶贫办联合推荐，漳州市电商助力扶贫案例通过国务院扶贫办甄选，成功入选全国电商精准扶贫典型50佳案例，是全国范围内入选的4个地级市案例之一。漳州市以电子商务进农村示范工作为契机，以发展电商实现农产品增值、吸纳就业实现"输血"、网上销售实现"造血"为思路，激发革命老区的内生发展动力，大力推动农产品"网销出村"，带动老区苏区和贫困群众增收创收。

下一步，福建省商务厅将继续积极指导推动各地以农村产品和服务上行为重点深入开展电子商务进农村示范创建，促进农村电子商务快速健康发展，总结推广成功经验，发挥示范带动作用，助力乡村振兴和脱贫攻坚，为全面建成小康社会做出贡献。

（二）第二产业数字化转型政策

近年来，我国全力推进工业与数字经济融合发展，先后制定出台了《国务院关于积极推进"互联网+"行动的指导意见》《国务院关于深化制造业与互联网融合发展的指导意见》《信息化和工业化融合发展规划（2016—2020年）》《智能制造发展规划（2016—2020年）》《关于深化"互联网+先进制造业"发展工业互联网的指导意见》《智能制造综合标准化与新模式应用项目管理工作细则》《工业互联网APP培育工程实施方案（2018—2020年）》《工业互联网发展行动计划（2018—2020年）》《工业互联网平台建设及推广指南》《工业互联网平台评价方法》《国家智能制造标准体系建设指南（2018年版）》《加强工业互联网安全工作的指导意见》等一系列政策文件。这些决策部署和规划政策，为我国工业数字化转型指明了方向，提出了要求，增添了动力。地方政府因地制宜出台了系列配套文件，例如，《河北省人民政府关于推动互联网与先进制造业深度融合加快发展工业互联网的实施意见》《北京工业互联网发展行动计划（2018—2020年）》《天津市智能制造发展专项行动计划》《山西省智能制造发展2019年行动计划》《上海市智能制造行动计划（2019—2021年）》《江苏省智能制造示范工厂建设三年行动计划（2018—2020年）》《浙江省智能制造行动计划（2018—2020年）》《安徽省人民政府关于深化"互联网＋先进制造业"发展工业互联网的实施意见》《山东省深化"互联网＋先进制造业"发展工业互联网的实施方案》《湖北省工业互联网发展工作计划（2018—2020年）》《四川省人民政府关于深化"互联网＋先进制造业"发展工业互联网的实施意见》等。

智能制造方面。

2015年7月，《国务院关于积极推进"互联网＋"行动的指导意见》发布。该文件提出，将推动互联网与制造业融合，提升制造业数字化、网络化、智能化水平，发展基于互联网的协同制造新模式；大力发展智能制造，以智能工厂为发展方向，开展智能制造试点示范，加强工业大数据的开发与利用，有效支撑制造业智能化转型。

2015年10月通过的《中共中央关于制定国民经济和社会发展第十三个五年规划的建议》中明确提出，要实施智能制造工程，构建新型制造体系，促进新一代信息通信技术、高档数控机床和机器人、航空航天装备、海洋工程装备及高技术船舶、先进轨道交通装备、节能与新能源汽车、电力装备、农机装备、新材料、生物医药及高性能医疗器械等产业发展壮大。

为进一步深化制造业与互联网融合发展，2016年5月，《国务院关于深化制造业与互联网融合发展的指导意见》印发。该文件提出了培育制造业与互联网融合新模式。

2016年4月，《装备制造业标准化和质量提升规划》发布。该文件提出，要提升装备制造业标准化和质量管理创新能力，实施工业基础、智能制造、绿色制造等标准化和质量提升工程，发展服务型制造和生产性服务业标准化，提升装备制造业质量竞争力，加快推进装备制造业标准国际化。

2016年9月，《智能制造工程实施指南（2016—2020）》发布。该文件明确提出，工程分为两个阶段实施："十三五"期间通过数字化制造的普及，智能化制造的试点示范，推动传统制造业重点领域基本实现数字化制造，有条件、有基础的重点产业全面启动并逐步实现智能转型；"十四五"期间加大智能制造的实施力度，关键技术装备、智能制造标准／工业互联网／信息安全、核心软件支撑能力显著增强，构建新型制造体系，重点产业逐步实现智能转型。

2016 年 10 月，工业和信息化部发布了《信息化和工业化融合发展规划（2016—2020）》。该文件提出，将推广网络化生产新模式，引领生产方式持续变革，包括大力发展智能工厂、推进网络协同制造、推广个性化定制、发展服务型制造。

2016 年 12 月，《智能制造发展规划（2016—2020 年）》发布。该文件强调，要加强关键共性技术创新，构建满足产业发展需求、先进适用的智能制造标准体系，培育智能制造生态体系。

2017 年 8 月，《制造业"双创"平台培育三年行动计划》发布。该文件在"双创"平台＋要素汇聚行动中，提出实施智能制造专项，支持制造企业加快生产装备、计量检测、仓储物流等制造资源的数字化、网络化、智能化改造，提高制造过程动态感知和集成互联水平，提升各类制造资源网络化配置、优化和共享能力。

2017 年 10 月，《高端智能再制造行动计划（2018—2020 年）》发布。该文件提出，要加快发展高端再制造、智能再制造产业，进一步提升机电产品再制造技术的管理水平和产业发展质量，推动形成绿色发展方式。并提出加强高端智能再制造关键技术创新与产业化应用、推动高端智能再制造装备研发与产业化应用、实施高端智能再制造示范工程、培育高端智能再制造产业协同体系等八项任务举措。

2018 年 3 月，《工业和信息化部办公厅关于做好 2018 年工业质量品牌建设工作的通知》发布。该文件提出要加快发展智能制造，深入实施智能制造工程，总结发展经验和模式，加快智能制造在重点领域和传统行业的普及应用；完善智能制造标准体系，加快基础共性与关键技术标准研制，支持标准推广应用和国际合作；组织开展智能制造新模式应用，推进"产、学、研、用"协同发展，推动人工智能等新技术与制造技术深度融合，突破一批关键技术装备与核心工业软件。

为加快推进智能制造发展，指导智能制造标准化工作的开展，2018年8月，《国家智能制造标准体系建设指南（2018年版）》发布。该文件提出完善智能制造标准体系，建立涵盖基础共性、关键技术和行业应用三类标准的国家智能制造标准体系。

2019年8月，《国务院办公厅关于促进平台经济规范健康发展的指导意见》发布，为适应产业升级需要，推动互联网平台与工业、农业生产深度融合，提升生产技术，提高创新服务能力，在实体经济中大力推广应用物联网、大数据，促进数字经济和数字产业发展，深入推进智能制造和服务型制造。

工业互联网方面。

为推进信息化和工业化深度融合，加快新旧发展动能和生产体系转换，2016年10月，《信息化和工业化融合发展规划（2016—2020）》发布。该文件提出推广网络化生产新模式，引领生产方式持续变革，提升工业云与大数据服务能力，推动工业互联网创新发展，开展工业互联网技术试验验证、工业互联网标识解析系统建设、工业互联网IPv6应用部署、工业互联网管理支撑平台等工作。

为深入推进"互联网＋先进制造业"，规范和指导我国工业互联网发展，2017年11月，国务院印发了《关于深化"互联网＋先进制造业"发展工业互联网的指导意见》。该文件提出加强工业互联网标识解析体系顶层设计，加快工业互联网平台建设，加快构建工业互联网标准体系，加大关键共性技术的攻关力度。

2018年2月，《国家制造强国建设领导小组关于设立工业互联网专项工作组的通知》中指出，在国家制造强国建设领导小组下设立工业互联网专项工作组，其职责为统筹协调我国工业互联网发展的全局性工作，审议推动工业互联网发展的重大规划、重大政策、重大工程实施专项和重要工作安排。

2018年4月，《工业互联网APP培育工程实施方案（2018—2020年）》发布。该文件提出，通过市场化手段，引导软件企业与工业企业合作，推动企业基于云平台和工业 App 库开发专业化应用软件，实现工业技术、知识的软件化沉淀和管理，持续强化软件支撑和定义制造的基础性作用。

2018 年 5 月，《工业互联网发展行动计划（2018—2020 年）》发布。该文件提出，计划到 2020 年年底，初步建成工业互联网基础设施和产业体系；还提出基础设施能力提升行动、标识解析体系构建行动、工业互联网平台建设行动、核心技术标准突破行动等十大项 36 项具体行动方案，对 2018—2020 年的工业互联网发展和负责的具体部门进行了紧密部署。

2018 年 7 月，《工业互联网平台建设及推广指南》发布。该文件提出，在面向制造业数字化、网络化、智能化需求，应构建基于云平台的海量数据采集、汇聚、分析的服务体系，支撑制造资源泛在连接、弹性供给、高效配置；制定工业互联网平台标准、培育工业互联网平台、推广工业互联网平台、建设工业互联网平台生态、加强工业互联网平台管理。

为规范和促进我国工业互联网平台发展，支撑开展工业互联网平台评价与遴选，2018 年 7 月推出了《工业互联网平台评价方法》。该文件包括平台基础共性能力要求、特定行业平台能力要求、特定领域平台能力要求、特定区域平台能力要求、跨行业跨领域平台能力要求 5 个部分。

2018 年 9 月，《国务院关于推动创新创业高质量发展打造"双创"升级版的意见》出台。该文件深入推进工业互联网创新发展，实施工业互联网 3 年行动计划，强化财税政策导向作用，持续利用工业转型升级资金支持工业互联网发展。

2018 年 12 月，《工业互联网网络建设及推广指南》发布。该文件依据《国务院关于深化"互联网＋先进制造业"发展工业互联网的指导意见》中"夯实网络基础"的任务要求，结合针对工业企业的工业互联网网络发展状况的调研情况，对《工业互联网发展行动计划（2018—2020 年）》中网络领域的发展思路、工作目标和重点任务进行了细化落实，提出以"立标准"为基础，以"建网络、用网络"和

"建标识、用标识"为核心,以"创环境、建秩序"为保障的推进思路。

2019年7月,《加强工业互联网安全工作的指导意见》发布。该指导意见成为强化工业企业、科研单位网络安全的指导性文件。并明确要求开展工业互联网安全评估认证,网络安全等级保护2.0的技术标准,对工业企业的信息平台、工业应用软件、基础设施安全、企业的数据安全防护都提出了较高的技术要求。

2019年8月,《国务院办公厅关于促进平台经济规范健康发展的指导意见》发布。该文件深入推进工业互联网创新发展,加快跨行业、跨领域和企业级工业互联网的平台建设及应用普及。

2019年11月,《关于推动先进制造业和现代服务业深度融合发展的实施意见》发布。该文件提出加快工业互联网创新应用,以建设网络基础设施、发展应用平台体系、提升安全保障能力为支撑,建设数字化、网络化、智能化制造和服务体系。

2019年11月,《"5G+工业互联网"512工程推进方案》发布。该文件明确提出,工业互联网作为未来5G技术落地的重要应用场景之一,在5G通信产业和应用场景爆发的初期更要做好夯实基础、探索路径和完善环境三大工作,进一步推进"5G+工业互联网"融合创新发展。

2020年3月,《工业和信息化部办公厅关于推动工业互联网加快发展的通知》发布。该文件提出要加快工业互联网等新型基础设施建设,推动工业互联网在更广范围、更深程度、更高水平上融合创新,培植壮大经济发展新动能,支撑实现高质量发展。

专栏

安徽省智能制造产业发展

近年来,安徽省把智能制造作为制造强省建设的主攻方向和突破口,通过强化智能装备发展、智能工厂和数字化车间建设、工业机器人推广应用,不断加快制造业的数字化、网络化、智能化转型升级,培育发展了一批新动能，全面提升了企业的装备水平，提高了企业的劳动生产率和综合竞争力，促进了安徽省智能制造产业高质量发展。

智能装备快速发展。安徽省机器人产业快速发展，形成以中科院智能研究所、合工大智能研究院等科研机构为研发主体，以埃夫特、欣奕华、配天等企业为龙头的整机企业集群，以奥一精机、固高自动化、翡叶动力科技等企业为龙头的关键零部件企业集群，以江淮汽车、奇瑞汽车、全柴动力等为骨干的典型示范应用企业。2019年1～9月，安徽省生产工业机器人11000台，同比增长34%，推广应用工业机器人3900台。马鞍山市博望区为国内最大的数控成型机床基地，繁昌县为国内重要的3D打印装备基地，部分智能化生产线位居国内领先位置。

智能制造效果明显。2015年以来，安徽省共有25个项目获得了国家智能制造综合标准化和新模式应用项目支持，争取到国家智能制造试点示范项目18个。2018—2019年，安徽省共认定了45个省级智能工厂、204个数字化车间，覆盖全部地市，涵盖制造业的25个行业类别，直接拉动投资160多亿元。竣工投产的国家级智能制造项目改造前后对比，生产效率平均提升了45.2%，运营成本平均降低了24.3%，产品研制周期平均缩短了31.3%，产品不良品率平均降低了34.1%，能源利用率平均提高了18.3%。

基础支撑不断增强。安徽省工业机器人产量的增长率连续3年超过30%，已累计推广应用工业机器人超过2.39万台；软件服务业营业收入年增长率保持在20%以上，年销售额达亿元以上的企业数量有116家；埃夫特和巨一自动化两家企业入选国家智能制造系统解决方案供应商推荐名单。据统计，仅安徽省已完工的25个国家级智能制造项目，就已成功研制了安全可控的智能制造关键技术装备110多台（套），应用智能装备290余种，开发工业软件32套。在项目实施期间，制定的各类标准达140多项，申请专利达400多项。

　　示范带动作用加大。在示范企业的带动下，智能制造新模式得到了广泛推广：一是在企业内部其他车间、工厂复制推广，例如，海螺集团总结全椒海螺水泥智能工厂的建设经验，已将专家优化系统在十余家子公司进行了推广，并计划用3~5年的时间在集团100多家子公司全面推广智能工厂；二是在行业内进行推广，例如，华茂集团的棉纺智能工厂万锭用工由改造前30人降低到目前15人以下，生产效率提高了50%，安徽省经济和信息化厅召开现场会组织百余家企业参观学习，在纺织行业得到了广泛推广；三是由基础条件好、需求迫切的行业和区域向省内整个制造业推广。

　　据安徽省经济和信息化厅介绍，下一步的工作将继续大力实施智能制造工程，以构建新型制造体系为目标，以推动制造业数字化、网络化、智能化为主线，从"点、线、面"3个维度发力布局智能制造工程，将制造业智能转型作为长期坚持的战略任务，分步骤持续推进。

（三）第三产业数字化转型政策

　　数字化转型有力推动了服务业高质量发展。近年来，我国陆续出台了《国务院关于促进信息消费扩大内需的若干意见》《国务院关于大力发展电子商务加快培育经济新动力的意见》《国务院办公厅关于促进跨境电子商务健康快速发展的指导意见》《关于促进互联网金融健康发展的指导意见》《关于推进线上线下互动加快商贸流通创新发展转型升级的意见》《"十三五"控制温室气体排放工作方案》《"十三五"国家战略性新兴产业发展规划》《电子商务"十三五"发展规划》《"十三五"国家信息化规划》《国务院关于印发"十三五"节能减排综合工作方案的通知》《中国金融业信息技术"十三五"发展规划》《国务院关于进一步扩大和升级信息消费持续释放内需潜力的指导意见》《关于促进储能技术与产业发展的指导意见》《国务院办公厅关于积极推进供应链创新与应用的指导意见》《国务院办公厅关于推进电子商务与快递物流协同发展的意见》《2018 年能源工作指导意见》《中华人民共和国电子商务法》《推进运输结构调整三年行动计划（2018—2020 年）》《关于完善跨境电子商务零售进口税收政策的通知》《关于推动物流高质量发展促进形成强大国内市场的意见》《国家标准化管理委员会　国家能源局关于加强能源互联网标准化工作的指导意见》《国务院办公厅关于促进平台经济规范健康发展的指导意见》《金融科技（FinTech）发展规划（2019—2021 年）》《交通强国建设纲要》等政策。

电子商务方面。

2015 年 5 月，《国务院关于大力发展电子商务加快培育经济新动力的意见》出台。该文件提出，要推进电子商务企业税费合理化，进一步释放电子商务发展潜力，提升电子商务创新发展水平。

2015 年 7 月，《国务院关于积极推进"互联网＋"行动的指导意见》发布。该文件提出，要大力发展农村电商、行业电商和跨境电商，进一步扩大电子商务发展空间。

2016 年 4 月，《国务院办公厅关于深入实施"互联网＋流通"行动计划的意见》出台。该文件提出，大力发展社区电子商务。

2016 年 12 月，国务院发布了《"十三五"国家信息化规划》。该文件提出，加快电子商务模式、市场服务方式创新和科技水平提升，支持移动电商、社区电商、农村电商和跨境电商等新型电商模式发展，促进电子商务提质升级。

2016 年 12 月，《电子商务"十三五"发展规划》发布。该文件提出，"电子商务全面融入、覆盖国民经济和社会发展各领域，成为经济增长和新旧动能转换关键动力"的发展目标和确立"2020 年电子商务交易额 40 万亿元、网上零售总额 10 万亿元、相关从业者 5000 万人"三大发展指标。同时，该文件构建了"十三五"电子商务发展框架体系，并归纳为 5 项主要任务：一是加快电子商务提质升级；二是推进电子商务与传统产业深度融合；三是发展电子商务要素市场；四是完善电子商务民生服务体系；五是优化电子商务治理环境。围绕发展目标和主要任务,《电子商务"十三五"发展规划》从电子商务信息基础设施建设、新业态与新市场培育、电子商务要素市场发展和电子商务新秩序建设 4 个方面共部署了 17 个专项行动,并提出了加强组织领导、完善顶层设计、推进试点示范、优化资金投入、建立监督机制和增进国际合作 6 个方面的保障措施。

2017 年 8 月,《国务院关于进一步扩大和升级信息消费持续释放内需潜力的指导意见》印发。该文件提出,将提高信息消费供给水平,培育基于社交电子商务、移动电子商务及新技术驱动的新一代电子商务平台,建立完善新型平台生态体系,积极稳妥推进跨境电子商务发展。

2018 年 1 月,《国务院办公厅关于推进电子商务与快递物流协同发展的意见》印发。该文件提出,完善电子商务与快递物流数据保护、开放共享规则,建立数据中断等风险评估、提前通知和事先报告制度。

2018 年 7 月,《国务院关于同意在北京等 22 个城市设立跨境电子商务综合试验区的批复》发布。该文件明确提出,新设一批综试区,逐步完善促进其发展的监管制度、服务体系和政策框架,推动跨境电子商务在更大范围内发展。

2018 年 8 月,《中华人民共和国电子商务法》出台。该文件鼓励发展电子商务新业态,创新商业模式,促进电子商务技术研发和推广应用,推进电子商务诚信体系建设,营造有利于电子商务创新发展的市场环境。

2018 年 8 月,国家知识产权局印发了《关于深化电子商务领域知识产权保护专项整治工作的通知》。该文件提出,在电子商务领域将加大重点区域整治力度,加大重点案件打击和曝光力度,加大线下源头追溯和打击力度,切实维护消费者的合法权益。

2018 年 9 月,《关于跨境电子商务综合试验区零售出口货物税收政策的通知》出台。该文件指出,自 2018 年 10 月 1 日起,对综试区电子商务出口企业出口未取得有效进货凭证的货物,同时符合规定条件的,试行增值税、消费税免税政策。

2018 年 12 月,《关于实时获取跨境电子商务平台企业支付相关原始数据接入有关事宜的公告》发布。该文件要求参与跨境电子商务零售进口业务的跨境电商平台企业应向海关开放支付相关原始数据，供海关核验。

2018 年 11 月，《关于完善跨境电子商务零售进口税收政策的通知》印发。该文件调整了 3 个方面的税收：一是将单次交易限值由 2000 元提高至 5000 元，年度交易限值由 2 万元提高至 2.6 万元；二是明确完税价格超过单次交易限值但低于年度交易限值，且订单中仅有一件商品时，可以通过自跨境电商零售渠道进口，按照货物税率全额征收关税和进口环节增值税、消费税，交易额计入年度交易总额；三是明确已经购买的跨境电商进口商品不得进入国内市场再次销售。

2018 年 12 月，《市场监管总局关于做好电子商务经营者登记工作的意见》发布。该文件提出，电子商务经营者申请登记为个体工商户的，允许其将网络经营场所作为经营场所进行登记，允许将经常居住地登记为住所，但不得开展线下经营活动。

2018 年 12 月，《关于跨境电子商务零售进出口商品有关监管事宜的公告》出台。该文件进一步全面规定了跨境电子商务企业管理、零售进出口商品通关管理等事项，为跨境电子商务零售进出口监管工作提供了详细的法律依据，促进跨境电子商务健康有序发展。

2019 年 10 月，《国务院关于进一步做好利用外资工作的意见》印发。该文件提出完善电子商务知识产权保护机制。

互联网金融方面。

互联网金融是传统金融机构与互联网企业利用互联网技术和信息通信技术实现资金融通、支付、投资和信息中介服务的新型金融业务模式。

2013 年 8 月，《国务院关于促进信息消费扩大内需的若干意见》印发。该文件提出，加强信息消费环境建设，推动互联网金融创新，规范互联网金融服务，推动多层次支付体系的发展。

2015 年 7 月，《国务院关于积极推进"互联网 +"行动的指导意见》发布。该文件提出，发展"互联网＋"普惠金融，促进互联网金融健康发展，全面提升互联网金融的服务能力和普惠水平。

2015 年 7 月，《关于促进互联网金融健康发展的指导意见》发布。该文件提出，积极鼓励互联网金融平台、产品和服务创新，激发市场活力。

2016 年 4 月，《互联网金融风险专项整治工作实施方案》发布。该文件要求，规范各类互联网金融业态、优化市场竞争环境，扭转互联网金融某些业态偏离正确创新方向的局面，遏制互联网金融风险案件高发、频发的势头，提高投资者风险防范意识，建立和完善适应互联网金融发展特点的监管长效机制，实现规范与发展并举、创新与防范风险并重，促进互联网金融健康可持续发展。

2017 年 4 月，《"十三五"现代服务业科技创新专项规划》发布。该文件提出，发展以新兴技术为基础的现代金融服务业。在金融产品开发、运营管理、风险管理等环节，加强云计算、大数据、移动互联网、物联网、虚拟现实、人工智能、生物特征识别等技术的研发和应用，提升金融服务业信息化和现代化管理水平；支持互联网金融商业模式建模、量化、可计算等基础理论研究，鼓励银行、证券、保险、基金、信托和消费金融等现代金融机构依托互联网技术，开发基于互联网技术的新产品和新服务，促进"互联网＋"金融发展。并依托大型电商平台、位置服务平台等，建设"金融＋"创新服务平台，提供快捷支付、供应链金融等多元化服务，培育一批金融信息技术服务、第三方征信、大数据分析等金融科技服务企业。

2017 年 6 月，《中国金融业信息技术"十三五"发展规划》发布。该文件提出，规范与普及互联网金融相关技术应用，构建互联网金融安全可信的公共服务云平台，深化互联网金融安全检测认证，支持跨行业、跨机构、跨区域的应用共享和系统互通互信，为互联网金融各项服务提供可靠的安全保障。

2017 年 6 月，《关于进一步做好互联网金融风险专项整治清理整顿工作的通知》发布。该文件要求各省领导小组按照清理整顿的有关要求，完成本行政区域的互联网金融活动的状态分类，并采取有效措施确保整治期间辖区内互联网金融从业机构数量及业务规模双降。

2017 年 7 月，国务院发布了《新一代人工智能发展规划》。该文件提出发展智能金融，建立金融大数据系统，创新智能金融产品和服务，鼓励金融行业应用智能客服、智能监控等技术和装备，建立金融风险智能预警与防控系统。

2018 年 11 月，《工业和信息化部 中国农业银行关于推进金融支持县域工业绿色发展工作的通知》发布。该文件明确各级中国农业银行要顺应互联网金融的发展趋势，通过中国农业银行"惠农 e 贷""惠农 e 商""惠农 e 付"等互联网金融产品，积极向县域工业各类主体提供便捷高效的金融服务。

2019 年 1 月，《关于金融服务乡村振兴的指导意见》发布。该文件提出积极实施互联网金融服务"三农"工程，着力提高农村金融服务覆盖面和信贷渗透率；规范互联网金融在农村地区的发展，积极运用大数据、区块链等技术，提高涉农信贷风险的识别、监控、预警和处置水平。

2019 年 1 月，《上海国际金融中心建设行动计划（2018—2020 年）》提出，坚持以科技创新中心建设和金融科技为新动力，牢牢抓住新一轮科技和产业革命的历史时机，依法合规推动科技与金融紧密结合，有序形成金融科技支撑有力的创新体系，加强上海国际金融中心和科技创新中心的联动；推动"互联网＋"等新业态、新模式规范化发展，有序促进金融业与互联网等新技术的融合，引导互联网金融规范健康发展。

2019 年 8 月，《金融科技（FinTech）发展规划（2019—2021 年）》提出，探索云计算、人工智能等新兴技术在金融领域的安全应用，全面提升金融科技应用水平，将金融科技打造成为金融高质量发展的"新引擎"。

2019 年 12 月，《中国银保监会关于推动银行业和保险业高质量发展的指导意见》印发。该文件提出，增强金融产品创新的科技支撑，银行保险机构要夯实信息科技基础，建立适应金融科技发展的组织架构、激励机制、运营模式，充分运用人工智能、大数据、云计算、区块链、生物识别等新兴技术，改进服务质量，大力发展移动互联网终端业务，探索构建互联网金融服务平台。同时，深入开展互联网金融风险专项整治，推动不合规网络借贷机构良性退出。

专栏

青海省电子商务发展成效

近年来，青海省主动顺应商业新模式、新业态发展的时代潮流，紧抓电子商务发展机遇，出政策、构体系、搭平台、促应用，不断推动电子商务发展取得新进展，电子商务在壮大数字经济、助力乡村振兴、带动创新创业、促进经济转型升级等诸多方面发挥了重要作用，成为推动青海省经济高质量发展的新引擎。

电子商务市场交易高速增长。青海省电子商务发展从2012年开始起步，保持逐年快速增长的态势，电子商务的交易额由2012年的133.1亿元增加到2018年的749.6亿元，年均增长达到33.39%；网络零售额由2012年的27.8亿元增加到2018年的297.4亿元，年均增长达到48.44%。2019年1～5月，青海省电子商务交易额达289.4亿元，同比增长了17.3%；网络零售额达114.8亿元，同比增长了21.8%。

基础配套功能服务持续完善。青海省唯一的国家级电子商务示范基地——朝阳国家电子商务基地，有效地集聚了省内电商服务资源，形成产业发展高地，在全国百家示范基地综合评价中位列第18名，其创建经验和方法被商务部编入《国家电子商务示范基地建设案例集》，成为全国宣传推广优秀电子商务示范基地建设的先进典型。电商物流发展环境持续改善，青海省人民政府印发《关于推进电子商务与快递物流协同发展实施方案》出台，推进国家电子商务示范基地二期物流产业园等重点项目建设，电子商务与快递物流协同发展步伐不断加快。目前，青海省已建成县级仓储物流配送中心18个、快递分支机构488个，其中，县区网点覆盖率达100%，乡镇网点覆盖率达49.32%，商品流通率、配送率得到明显提升。

特色产品上行规模不断扩大。 青海省先后推动"天猫青海原产地商品官方旗舰店""京东·青海扶贫馆""青海特色产品微商城""青报商城网"等多个网销平台建设运营，不断深化与阿里巴巴、京东集团等知名企业的交流合作，京东西宁TDC城市仓配中心、京东物流无人机、农村淘宝、阿里巴巴兴农扶贫县域品牌站等一批试点项目先后启动实施，绿色有机产品网络销售渠道加快拓展，商品"供给侧"与"需求侧"有序衔接。目前，青海省应用电子商务市场主体超过3.6万家，滋补养生、肉类生鲜、米面粮油、民族手工制品等九大类千余种原产地特色产品实现触网营销，累计销售额超过50亿元。

下一步，青海省将继续以电子商务等新兴业态为牵引，以赋能市场主体经济活动为核心，持续培育引进电子商务领域先进企业参与青海省数字经济发展，着力推动跨界融合、线上线下融合、国内外市场融合，加快引导各领域向信息化、数字化、智能化方向发展，努力为青海省建设现代化经济体系提供新动能。

三、数字化治理政策

随着移动互联网发展，社会治理模式正在从单向管理转向双向互动，从线下治理转向线上线下融合，从单一的政府监管向更加注重社会协同治理转变。目前，数字经济蓬勃发展，数字技术在提升经济运行效率、重塑社会形态的同时，也给传统治理理念、治理模式、治理手段等带来巨大挑战。我国政府高度重视数字化治理，主要从多元共治、技管结合和数字化公共服务三大方面推动数字经济治理能力提升。

（一）多元共治政策加速落地

在数字经济时代，平台成为经济社会协调和配置资源的基本单元，在平台上，用户、消费者、第三方、政府等广泛参与，形成一种生态，多方参与治理的能动性被极大激发，平台治理责任与义务更加突出。2015年开始，多元共治成为我国政府治理政策中的重要内容，它主要被应用于市场监管、质量安全、贸易仲裁调解等领域。随着"互联网＋"、共享经济等新模式、新业态的快速涌现，多元共治成为数字化治理的重要议题。2017年，《"十三五"市场监管规划》提出"构建权威高效的市场监管体制机制，信用监管、大数据监管以及多元共治等新型监管机制进一步完善"的主要目标。2018年，十三届全国人大常委会第五次会议在关于制定电子商务法的议案中首次提出"明确电子商务经营者的范围，建立多元共治的管理模式，营造公平有序的竞争环境，加强个人信息保护和交易安全保障，明确各方主体责任，处理好电子商务法与民法总则、消费者权益保护法等法律的关系等"，并在电子商务法中体现。自此，多元共治的理念正式应用于数字经济领域。平台被纳入治理体系，推动多元共治成为数字经济核心治理方式及政策关注的焦点。交通运输部等7个部门联合发布《关于加强网络预约出租汽车行业事中事后联合监管有关工作的通知》。该文件提出，要完善协作机制，密切沟通配合，探索建立政府部门、企业、从业人员、乘客及行业协会共同参与的多方协同治理机制，共同推动网约车行业健康发展。2019年，《国务院办公厅关于促进平台经济规范健康发展的指导意见》印发。该文件明确提出，鼓励行业协会商会等社会组织出台行业服务规范和自律公约，开展纠纷处理和信用评价，构建多元共治的监管格局。

从政策内容来看，多元共治政策主要包括两大部分：一是落实平台责任，将平台纳入治理体系，充分履行平台在数字治理中的作用及义务；二是充分调动数字化治理中的各方力量参与治理。

在落实平台责任方面。

2016年6月出台的《吉林省人民政府办公厅关于加快构建大众创业万众创新支撑平台的实施意见》提出，提升平台服务能力、保障平台信息安全，"四众"平台企业要严格履行管理责任，加快建立用户权益保障机制，同时，强化"四众"

平台企业守法、诚信、自律的意识，明确与用户之间的责任和义务，细化信息规章制度，妥善保管各类用户资料和交易信息，不得买卖、泄露用户信息，保障信息安全。

2017年2月，《大连市人民政府关于加快构建大众创业万众创新支撑平台的实施意见》指出，要提升平台自律功能，强化平台内生治理作用，依托平台企业的商业模式和信息化优势，加强对平台生态圈内从业机构和用户的动态管理；鼓励平台企业利用平台积累的用户评价数据，规范自身在内容管理、平台规则、事中监测、网络安全等方面的责任和义务，提升平台治理的效果。

2018年8月，北京市工商行政管理局等13个部门印发的《北京市落实2018网络市场监管专项行动（网剑行动）实施方案》明确提出，要落实平台责任，推进社会共治，强化网络交易平台等市场主体的"第一责任人"意识，在平台治理、信息披露、公平竞争、消费者权益保护、广告合规、知识产权保护、食品安全等方面履行法定管理责任和社会责任。

2019年12月，广西壮族自治区印发了《广西促进平台经济规范健康发展的实施方案》。该文件提出，科学合理界定平台责任，明确平台在经营者信息核验、产品和服务质量、平台（含App）索权、消费者权益保护、网络安全、数据安全、劳动者权益保护等方面的相应责任，加快研究出台平台尽职免责的具体办法，依法合理确定平台承担的责任；强化政府部门监督执法职责，不得将本该由政府承担的监管责任转嫁给平台；尊重消费者的选择权，确保跨平台互联互通和互操作。

2020年3月，江苏省发布《关于促进平台经济规范健康发展的实施意见》。该文件提出，清晰界定平台企业的责任边界，落实平台运营企业的主体责任，鼓励支持平台运营企业制定涉及平台内经营者、消费者、第三方服务商等各参与主体的行为规则，维护交易秩序和平台生态环境；合理界定政府监管、平台治理和平台内经营者的责任，避免平台企业责任无限扩大，防止平台治理责任转嫁。

在调动数字化治理中的各方力量方面。

2016 年 1 月，《辽宁省人民政府关于加快构建大众创业万众创新支撑平台的实施意见》指出，要完善行业纠纷协调和解决机制，鼓励第三方以及用户参与平台治理。

2016 年 6 月，《吉林省人民政府办公厅关于加快构建大众创业万众创新支撑平台的实施意见》提出，强化内部治理，完善行业纠纷协调和解决机制，鼓励第三方以及用户参与平台治理。构建在线争议解决、现场接待受理、监管部门受理投诉、第三方调解以及仲裁、诉讼等多元化纠纷解决机制。

2016 年 9 月发布的《宁夏回族自治区人民政府办公厅关于印发加快构建大众创业万众创新支撑平台实施方案的通知》指出，要完善行业纠纷协调和解决机制，鼓励第三方以及用户参与平台治理。构建在线争议解决、现场接待受理、监管部门受理投诉、第三方调解以及仲裁、诉讼等多元化纠纷解决机制。

2016 年 10 月发布的《云南省人民政府关于加快构建大众创业万众创新支撑平台的实施意见》也提出了"完善行业纠纷协调和解决机制，鼓励第三方以及用户参与平台治理。构建在线争议解决、现场接待受理、监管部门受理投诉、第三方调解以及仲裁、诉讼等多元化纠纷解决机制"。

2017 年 1 月出台的《青海省人民政府办公厅关于加快大众创业万众创新支撑平台建设服务实体经济转型升级的实施意见》提出，完善行业纠纷协调和解决机制，鼓励第三方以及用户参与平台治理。

2017 年 2 月，《大连市人民政府关于加快构建大众创业万众创新支撑平台的实施意见》提出，完善多元化纠纷协调和解决机制，鼓励第三方及用户参与平台治理，帮助平台企业健全完善信用评价体系，与政府监管形成有效互动。

2018 年 8 月，广西壮族自治区印发了《广西数字经济发展规划（2018—2025 年）》。该文件提出，建设互联网平台多元治理体系建设工程，大力动员社会力量积极参与治理，发挥行业协会作用，制定实施行业规范与自律公约，鼓励社会公众参与平台治理。

专栏

贵州大数据智库平台助推政府管理和社会治理创新

2018年1月，在贵州贵安新区举行的"政产学研"大数据融合应用（贵州）研讨会上，由贵州省政府与中国知网联合打造的"贵州大数据智库平台"正式发布。这一平台将推进政府管理和社会治理模式创新。

贵州大数据智库平台的核心理念是以大数据驱动为基础，以服务政府智慧决策为核心，以新一代信息技术和人工智能为支撑，打通"云上贵州"56朵云（46朵专题云、9个市州云和贵安新区云）各平台之间的数据及业务通道，汇聚数据、知识、专家、知网、"云上贵州"平台等资源，面向贵州省各级政府的科学决策，提供针对具体问题的全过程精确知识服务和决策支撑数字化报告。

近年来，贵州省大力实施大数据战略行动，以大数据引领经济转型升级，提升政府治理能力，服务改善民生，实现了大数据的跨越式发展。贵州省政府大力实施"数字贵州"建设，推进大数据与实体经济、政府治理和社会管理深度融合发展。贵州省与中国知网合作是集中各方面的智慧、凝聚最广泛的力量来建立以大数据辅助科学决策和社会治理的机制，推进政府管理和社会治理模式创新，最终实现政府决策科学化、社会治理精准化、公共服务高效化。

专栏

重庆市借助网络信息平台提升治理水平

在"互联网+"时代，各种网络信息平台凭借其信息传递便捷快速的特点，已经成为获取信息、表达民意、参政议政、舆论监督的有效途径，成为政府了解社情民意、优化社会治理、推动基层民主发展的重要平台。近年来，重庆市大足区把握了"互联网+"时代的新特点，在社会治理中大力推进网络信息平台建设，借此转变工作方式和服务模式，探索基层治理新路径，取得了良好效果。

通过网络信息平台保障群众的知情权、参与权。当今时代，网络信息技术已经渗透到社会生活的方方面面，基层群众也更愿意通过网络信息平台了解与自身利益密切相关的各种信息，进而实现民主参与。为适应基层群众需求，重庆市大足区将网络信息技术同党务政务信息公开工作有机结合起来，建立了覆盖广泛的政府网络信息平台，及时公开党委和政府出台的种粮直补、医保报销、低保等信息，公布基层单位的财务收支情况、集体资产和资源分配使用情况、农村土地承包流转情况等信息。网络信息平台注重简单易用，群众不需要注册，只需要在登录窗口输入自己的身份证号码即可使用。这种便捷的网络信息平台使基层群众能及时了解党委和政府的工作，为其能积极参与基层社会治理、切实行使民主权利创造了有利条件。

通过网络信息平台密切党群干群关系。网络信息平台不仅能有效提高党委和政府的工作效率，而且可以加强党政机关与人民群众的联系。重庆市大足区建设的网络信息平台，以推进干部与群众的良性互动为出发点，着力提升基层治理效能。例如，群众登录村务综合服务公开平台后，不但可以在"我有诉求"栏目表达自己的诉求，而且可以随时与平台管理人员互动。该平台还能通过相应链接将群众诉求上传至"阳光大足"官方网站，有关部门会及时处理群众诉求并给出答复。运用网络信息平台，基层群众可以方便地向党委和政府表达意愿，参与基层事务的讨论、协商、投票、决策等；党委和政府也可以及时了解群众所思所想、所盼所需，不断完善工作举措，更好地服务基层、服务群众。

通过网络信息平台加强对权力的监督。近年来，各种网络信息为纪检监察部门和司法部门提供了大量反腐败线索，助力党风廉政建设和反腐败斗争，充分体现了网络监督的重要作用。重庆市大足区建设的网络信息平台，不仅是便捷、高效的综合性服务平台，而且是防止权力腐败的监督平台。例如，村务综合服务公开平台共有注册用户97万，形成了一个庞大的监督群体。这一群体可随时随地关注与自身利益息息相关的基层各方面状况，实现了群众对基层权力运行的有效监督。网络信息平台将基层权力运行流程向群众全面公示，并对各种关系民生的工作设置了实时查询、同级单位比对、关联政策查询等，有效防止了基层干部不作为、慢作为、乱作为。同时，纪检监察部门可以进行后台跟踪监督，不断压缩腐败滋生空间，从而保证权力的正确行使。

（二）技管结合政策逐步强化

随着大数据、人工智能等应用的不断深入，适应信息技术快速发展趋势，强化技管结合，应用数字化手段提升政府的治理能力与管理水平，成为近年来各级政府高度关注的政策重点。早在2011年，全国政务公开领导小组发布了《关于开展依托电子政务平台加强县级政府政务公开和政务服务试点工作的意见》。该文件指出，通过试点方式，以统一的电子政务平台为载体，推进行政权力公开透明运行，逐步实现政务服务均等化，全面提高县级政府政务公开和政务服务水平，探索利用数字化手段提高基层的政务服务能力。

2014年，《国务院办公厅关于促进电子政务协调发展的指导意见》发布。该文件明确提出"电子政务在国家治理体系和治理能力现代化建设中发挥重要作用"的目标。

2015年，《国务院关于积极推进"互联网＋"行动的指导意见》发布，将创新政府网络化管理和服务作为"互联网＋"益民服务行动的首要内容。

2016年，国务院又相继发布《关于加快推进"互联网＋政务服务"工作的指导意见》《"互联网＋政务服务"技术体系建设指南》，围绕业务支撑体系、基础平台体系、关键保障技术体系、评价考核体系等方面，提出信息化解决路径和操作方法。各部门和地方政府也积极落实技管结合，纷纷利用数字化手段提升政务服务能力。例如，2017年，中国人民银行印发《中国金融业信息技术"十三五"发展规划》，该文件强调要推进"互联网＋电子政务"建设，加快电子合同、电子订单在金融服务领域的应用。贵州省发布《省人民政府办公厅关于深入推进政务服务领域大数据和人工智能集成应用的实施意见》，广东省发布《广东省"数字政府"建设总体规划（2018—2020年）实施方案》，湖北省发布《湖北省人民政府关于推进数字政府建设的指导意见》等。近年来，对于技管结合的政策布局大概包括以下几个方向。

推进政务信息共享方面。

2016年，国务院印发《政务信息资源共享管理暂行办法》，部署由促进大数据发展部际联席会议负责组织、指导、协调和监督政务信息资源共享工作。2016年，国务院印发《关于加快推进"互联网＋政务服务"工作的指导意见》，明确部署国务院各部门要加快整合面向公众服务的业务系统，梳理编制网上政务服务信息共享目录，尽快向各省（自治区、直辖市）网上政务服务平台按需开放业务系统实时数据接口，支撑政务信息资源跨地区、跨部门、跨层级互认共享。

2017年5月，国务院办公厅印发《政务信息系统整合共享实施方案》，围绕政府治理和公共服务的改革需要，以最大程度利企便民，让企业和群众少跑腿、好办事、不添堵为目标，提出了加快推进政务信息系统整合共享、促进国务院各部门和地方政府信息系统互联互通的重点任务和实施路径；强调要加快推进政务信息系统整合共享的"十件大事"，加快消除"僵尸"信息系统，促进部门内部信息系统整合共享，推进统一接入数据共享交换平台，加快公共数据开放网站的建设，建设完善全国政务信息共享网站；加快构建政务信息共享标准体系，促进跨地区、跨部门、跨层级信息系统互认共享，实现政务数据共享和开放，在重点领域取得突破性进展。2017年5月，国务院办公厅印发《政府网站发展指引》，该文件提出，按照建设法治政府、创新政府、廉洁政府和服务型政府的要求，适应人民的期待和需求，打通信息壁垒，推动政务信息资源共享，不断提升政府的网上履职能力和服务水平。

2017年8月，国家发展和改革委员会、财政部等5个部门联合印发了《加快推进落实〈政务信息系统整合共享实施方案〉工作方案》。该文件明确各部门和地方政府分工，推动政务信息系统统一接入国家数据共享交换平台。

2018 年 6 月，国务院办公厅印发《进一步深化"互联网＋政务服务"推进政务服务"一网、一门、一次"改革实施方案》。该文件提出，建立完善全国数据共享交换体系、加强数据共享安全保障，在政策保障上建立健全"一网通办"的标准规范，建立健全政务信息资源数据采集、数据质量、目录分类管理、共享交换接口、共享交换服务、平台运行管理等方面的标准。

2018 年 7 月发布的《国务院关于加快推进全国一体化在线政务服务平台建设的指导意见》明确了坚持协同共享的工作原则，以数据共享为核心，不断提升跨地区、跨部门、跨层级的业务协同能力，推动面向市场主体和群众的政务服务事项公开、政务服务数据开放共享，深入推进"网络通、数据通、业务通"。

2019 年 4 月，《国务院关于在线政务服务的若干规定》明确了国务院办公厅负责牵头推进国家政务服务平台建设，省（自治区、直辖市）人民政府和国务院有关部门负责本地区、本部门政务服务平台建设、安全保障和运营管理的任务分工。各地人民政府也积极落实政务开放共享工作，利用数字化手段促进政务信息开放共享及服务标准化。

2017 年 11 月，《安徽省互联网政务服务办法》出台，对安徽省政务服务数据共享平台运行提出要求。

2019 年 8 月，青岛市印发《青岛市政务服务事项标准化梳理及上网运行工作方案》。该文件提出，全面推动政务服务事项上网运行，完善政务服务平台相关功能，满足"一窗受理""一网通办"业务运行要求，并整合市直部门、单位政务服务事项自建系统，实现数据传输顺畅以及业务的无缝衔接、互联互通。

2019 年 9 月，广西壮族自治区印发《进一步推进政务服务"简易办"实施方案》。该文件提出，推进线上服务"四个简化"，推行政务信息共享应用，简化办事环节。具体包括：加快建设自治区数据共享交换平台，构建全区统一的数据共享交换体系；推进办事材料网上核验，原则上凡是在国家数据共享交换平台、自治区数据共享交换平台能查询的信息，不得要求办事企业和群众再提交纸质材料；加快数据共享交换平台与监管信息平台对接，推进事中事后监管信息、信用信息和政务服务深度融合。

2019 年 11 月印发的《辽宁省政务数据资源共享管理办法》以规范和促进政务数据资源共享、提高政府社会治理能力和公共服务水平为目标，要求政务数据资源原则上应当予以共享，同时确保政务数据资源共享交换时和归集后的数据资源安全。

2020 年 5 月出台的《安徽省人民政府关于打造"皖事通办"平台加快政务数据归集共享的意见》提出，推进政务数据共享，数据资源管理部门统筹协调数据共享工作，建立并提供技术支撑的数据共享机制，着力打破"数据壁垒"，努力实现网络通、数据通、业务通，保障数据及时提供、有效流转、有序共享。

2020 年 3 月印发的《宁夏回族自治区 2020 年"数字政府"建设工作要点》提出，建立全区政务大数据汇聚、动态更新和数据质量处理机制，有效形成各类行业数据库，逐步实现全区数据资源整合应用，整合提升现有数据共享交换平台，抓紧建立全区数据资源共享目录体系，提速推进区直部门政务数据对接，建立完善全区数据共享交换机制。

加快数字技术应用方面。

国务院积极出台政策推动数字技术应用标准化，减少数字化治理中的信息接入和标准不统一等技术问题。

2014 年 11 月出台的《国务院办公厅关于促进电子政务协调发展的指导意见》指出，加强新技术应用，研究制定云计算、大数据、物联网、移动互联网等在电子政务应用中的技术规范，积极推进新技术在行政办公、辅助决策、社会治理、公共服务等方面的应用。

2016 年 12 月，国务院办公厅印发《"互联网＋政务服务"技术体系建设指南》，对于"互联网＋政务服务"平台总体架构、业务流程、技术架构、信息汇总、发布展示等做了标准化规定。

2018年7月印发的《国务院关于加快推进全国一体化在线政务服务平台建设的指导意见》要求，国家政务服务平台建设统一政务服务门户、统一政务服务事项管理、统一身份认证、统一电子印章、统一电子证照等公共支撑系统，建设电子监察、服务评估、咨询投诉、用户体验监测等应用系统。

2019年4月印发的《国务院关于在线政务服务的若干规定》明确提出"国家建立权威、规范、可信的统一电子印章系统。国务院有关部门、地方人民政府及其有关部门使用国家统一电子印章系统制发的电子印章。电子印章与实物印章具有同等法律效力，加盖电子印章的电子材料合法有效"，"国家建立电子证照共享服务系统，实现电子证照跨地区、跨部门共享和全国范围内互信互认"，保证电子印章和电子证照共享的权威性。各领域也积极开展数字技术应用探索，以金融领域为例，2015年7月，《宁波市移动电子商务金融科技服务创新试点工作实施方案》提出，要"建设运营宁波市移动金融公共服务平台，以安全支付为前提，构建基于智能安全芯片、符合中国金融移动支付标准的可信交易环境"等。

2018年10月，北京市发布《关于首都金融科技创新发展的指导意见》，该文件提出，要鼓励人工智能、区块链、大数据、云计算等技术在支付、征信、风险管理、投资、交易、清算、登记、供应链金融、身份认证、反欺诈、反洗钱等领域应用。2018年10月，《北京市促进金融科技发展规划（2018年—2022年）》提出要深入推动新技术应用于金融服务领域，鼓励金融机构和支付企业利用大数据、云计算、人工智能等技术推动产业变革，推进支付服务向移动化、智能化、场景化、电子化方向发展，增强客户服务便利与改善体验。

2018年10月，广州市发布《广州市关于促进金融科技创新发展的实施意见》。该文件指出，支持物联网、区块链技术在各类交易场所的应用，确保交易场所的交易系统安全稳定运行；鼓励银行业金融机构在管理、运营、服务全流程推广人工智能、云计算、区块链等金融科技技术应用；鼓励小额贷款公司运用大数据、云计算、人工智能等金融科技手段对借款人进行精准营销、额度授信及高风险客户识别等风控管理等。

2020年1月，上海市出台《加快推进上海金融科技中心建设实施方案》。该文件指出，将持续深化金融市场科技应用，运用区块链技术，加快票据交易全流程数字化建设；运用数据估值、高性能计算等技术，推进民营企业债券融资支持工具发行和清算结算。

专栏

浙江数字经济促进条例

2019年5月，《浙江省人民政府2019年立法工作计划》出台。该计划提出，力争在2019年度内完成11件重点立法项目。其中，一项重要的任务就是提请审议《浙江省数字经济促进条例》，深入实施数字经济"一号工程"。2019年9月，《浙江省数字经济促进条例（草案）》出炉，面向社会征求意见。2020年12月，《浙江省数字经济促进条例》审议通过，成为全国第一部以促进数字经济发展为主题的地方性法规。

《浙江省数字经济促进条例》（以下简称"《条例》"）的第一章总则与第二章规划和管理主要明确了目标，即促进数字经济发展，培育新动能，加速经济社会全面数字化转型，推动数字经济高质量发展。《条例》同时明确了基本原则和各部门责任，从5个方面对数字经济发展进行了规范，分别是信息基础设施、数据资源利用、数字产业发展、产业数字化转型和数字化治理。最后，《条例》从政府产业基金、政府采购、优惠措施、人才培育和容错机制、奖励制度5个方面给予保障。

《条例》在信息基础设施方面，明确了信息基础设施规划建设、新型基础设施规划建设和传统基础设施数字化转型的基本原则和实施规范；在数据资源利用方面，要求合法使用数据，明确数据的权益归属，以公共数据共享为原则，促进公共数据开放、评估和多元开放利用，培育数据资源交易市场；在数字产业发展方面，要求将发展数字产业作为重要战略任务，加强数字技术研发，支持创新载体建设，培育数字企业，鼓励和支持创业、创新，推进建设新型金融中心和新型贸易中心；在产业数字化转型方面，要求通过试点示范、政策支持等方式，推广应用新一代信息技术，引导和支持产业数字化转型；培育和发展平台经济，加强平台建设；鼓励企业、科研机构等为产业数字化转型提供服务支撑；鼓励企业、科研机构等采用新一代信息技术；提升各类开发区、高新区等园区数字化管理和服务功能。在数字化治理方面，《条例》还要求推进政府数字化转型，加强"城市大脑"建设，推进社区智慧服务平台运用，要求对新型行业给予包容审慎的态度，协助优化平台治理，提升"互联网+监管"水平，实施轻微违法行为告知承诺制度，规范使用电子发票和电子证照。

（三）数字化公共服务政策加快拓展

数字技术加速向经济生活各领域拓展，渗透到人类生活的各个方面，带动数字化社会逐步形成，为数字化公共服务提供广阔空间。各级政府纷纷加快数字化公共服务政策实施，具体包括以下 3 个方面。

智慧城市管理方面。

应用互联网、物联网、云计算和大数据等技术，汇聚城市人口、建筑、街道、环境、交通等数据信息，加强智慧城市统筹，提升电力、燃气、交通、水务、物流等公共基础设施精细化管理等，这些都是各地政府积极推动的政策方向。

2013 年，江苏省发布《关于加快智慧城市建设的实施意见》。该文件提出了加快信息化基础设施建设、促进城市产业智慧转型升级、推动信息消费持续增长、提升城市管理和公共服务智慧化水平、推动信息资源共享和综合开发利用、加强地理信息服务平台的应用和推广、健全网络信息安全保障体系七大重点任务，以加快推进江苏省信息化建设与发展，增强城市服务功能和综合竞争力，促进智慧城市建设有序健康发展。

2014 年 4 月，福建省出台《关于数字福建智慧城市建设的指导意见》，提出构建智慧城市感知平台、服务支撑平台、应用交付平台三大平台，推进智慧城市环境资源智能化、运行设施智能化、服务设施智能化、产业经济智能化、综合应用智能化五大重点工程，推行智慧建设新模式、建立智慧应用新模式、建立建设运行新机制。

2016 年 9 月发布的《银川市智慧城市建设促进条例》提出，通过信息基础设施共享、信息采集共享、加强应用推广的举措，促进城市规划、建设、管理和服务智慧化，构建惠民、利民、便民的现代城市智慧式管理、运行和公共服务。

2017 年 5 月印发的《宁夏回族自治区人民政府办公厅关于加快新型智慧城市建设的实施意见》明确提出，智慧城市建设采用"1243"架构：统一承载、先进适用的智慧基础设施；标准规范、网络安全两套保障体系；智慧政务、智慧城建、智慧民生、智慧产业四大应用领域；智慧城市运营管理中心、我爱城市 App、创业创新平台三大服务平台。另外，还包括打造智能高效的智慧基础设施、打造透明高效的智慧政务、打造精准精细的智慧城建等 8 项重点工作。

2018 年 8 月印发的《陕西省人民政府办公厅关于加快推进全省新型智慧城市建设的指导意见》指出，到 2021 年，各市（区）全面建成统一的数据资源网和数据资源池，网络互联互通率达到 95% 以上，汇聚政务数据达 80% 以上、城市数据达 90% 以上；建成"六个一"基础工程，打通服务群众"最后一千米"；提出全省新型智慧城市建设水平要达到全国前列，其中 2 ～ 3 个城市达到全国先进水平的发展目标。

2019 年 2 月印发的《河北省人民政府办公厅关于加快推进新型智慧城市建设的指导意见》提出，要加快物联网在城市管理、交通运输、节能减排、社会保障、医疗卫生、民生服务、公共安全、应急管理、产品质量等领域的推广应用，构建全面感知物理社会和网络空间运行态势的感知体系，提高城市管理精细化水平。

2020 年 2 月，上海市印发《关于进一步加快智慧城市建设的若干意见》，提出到 2022 年，将上海市建设成为全球新型智慧城市的"排头兵"、国际数字经济网络的重要枢纽，并强调统筹完善"城市大脑"架构，依托上海市大数据中心，优化公共数据采集质量，实现公共数据集中汇聚，建立健全跨部门数据共享流通机制，加快"一网通办""一网统管"这"两张网"的建设。

医疗健康方面。

2018 年 4 月，《国务院办公厅关于促进"互联网＋医疗健康"发展的意见》发布，从健全"互联网＋医疗健康"服务体系、完善"互联网＋医疗健康"支撑体系、加强行业监管和安全保障等方面全面布局互联网技术在医疗健康领域的应用。

2018 年 7 月，《关于深入开展"互联网＋医疗健康"便民惠民活动的通知》出台，要求加快推进智慧医院建设，运用互联网信息技术改进优化诊疗流程，贯通诊前、诊中、诊后各环节，改善患者的就医体验；并逐步推动实现居民电子健康卡、社保卡、医保卡等多卡通用、脱卡就医，扩大联网定点医疗卫生机构范围，推进医保异地就医直接结算。

2019 年 1 月，《宁夏回族自治区"互联网＋医疗健康"示范区建设规划（2019年—2022 年）》提出，宁夏将通过夯实覆盖城乡居民医疗健康信息互联互通的基础，建设国家健康医疗大数据中心、区域医疗中心两大中心；构建全民健康信息平台、互联网医疗平台、互联网诊断平台、互联网医药平台、互联网运营监管平台五大平台，推动全域"互联网＋医疗健康"示范区建设。

2016 年 1 月，《青岛市"互联网＋医疗健康"行动计划（2016—2020 年）》

提出，实施信息惠民工程、开展智慧医疗行动、推进智慧公共卫生建设等重点任务，并明确建设居民健康信息服务平台、建设医疗业务协同应用平台、建设智慧医院、完善公共卫生信息化服务体系、建设全要素行业监管信息平台、开展医疗健康大数据开发应用等8项重点项目。

2019年5月，《大连市推进"互联网＋医疗健康"实施方案》指出，到2020年，三甲医院全面开展"互联网＋"医疗服务，二级以上医疗机构100%实现分时段预约诊疗、候诊提醒、检验检查结果查询、诊间结算、移动支付等线上服务功能；鼓励发展互联网医院，医师可为复诊患者在线开具部分处方，提供影像资料手机App随时查询服务，二级以上公立医院全面上线应用健康大连App，高速宽带网络全面覆盖城乡各级医疗机构。

2019年5月，《沈阳市推动"互联网＋医疗健康"发展实施方案》提出，沈阳市将推进智慧医院建设全面升级，到2020年，基本实现医疗健康信息区域内的互联互通和医疗健康服务的协同共享。

2019年7月，《山东省推进"互联网＋医疗健康"示范省建设行动计划（2019—2020年）》明确提出，山东省将聚焦群众就医难点问题，大力发展"互联网＋医疗健康"新技术、新产业、新业态、新模式，进一步改善医疗服务水平，持续提高人民群众看病就医获得感和满意度。

2019年12月，《济南市"互联网＋医疗健康"发展行动方案》提出，到2020年，全市同级医疗机构之间、医联体内医疗机构之间实现检查检验"一单通"。济南市将整合优化预约诊疗服务，加快电子健康卡普及应用，扩大检验检查结果互认内容和范围，完善互联网医疗服务价格政策。

2020年3月，《关于推进"互联网＋医疗健康"便民惠民服务的通知》提出，加快推进智慧医院建设，全面推进电子健康卡普及应用。

此外，湖北、河北、四川等省（自治区、直辖市）分别发布各省《关于促进"互联网＋医疗健康"发展的实施意见》。该政策内容覆盖加快全民健康信息平台及数据库建设、健全医疗标准体系、建立电子健康档案及电子病历等内容。云南、安徽等13 个省（自治区、直辖市）分别发布了各地《关于促进和规范健康医疗大数据应用发展的实施意见》，提出要规范和推动健康医疗大数据融合共享、开放应用，实现促进跨机构、跨地区、跨行业的信息系统互联共享和业务协同、医疗健康数据精准汇聚和集成共享、推进健康医疗大数据应用创新等发展目标。

交通方面。

在移动互联网、物联网、车联网等技术的驱动下，近年来，交通领域发生了颠覆性变革，大力发展数字交通，形成以数据为关键要素和核心驱动，促进物理和虚拟空间的交通运输活动不断融合、交互作用的现代交通运输体系势在必行。

2015 年 7 月，《国务院关于积极推进"互联网＋"行动的指导意见》将"互联网＋流通"列为十一大行动之一。2015 年 8 月，《国务院关于印发促进大数据发展行动纲要的通知》指出，建立综合交通服务大数据平台，共同利用大数据提升协同管理和公共服务能力，积极吸引社会优质资源，利用交通大数据开展出行信息服务、交通诱导等增值服务。

2016 年 7 月，《城市公共交通"十三五"发展纲要》提出，建设与移动互联网深度融合的智能公交系统，建设城市公交智能化应用系统，推进"互联网＋城市公交"的发展。

2017 年 2 月，国务院印发《"十三五"现代综合交通运输体系发展规划》，提出将信息化、智能化发展贯穿于交通建设、运行、服务、监管等全链条各环节，推动云计算、大数据、物联网、移动互联网、智能控制等技术与交通运输深度融合，实现基础设施和载运工具数字化、网络化、运营运行智能化。

2017 年 9 月，交通运输部办公厅印发《智慧交通让出行更便捷行动方案（2017—2020 年）》。该文件提出，围绕提升城际交通出行智能化水平、加快城市交通出行智能化发展等方面，推动以企业为主体的智慧交通出行信息服务体系建设，促进"互联网＋便捷交通"的发展。具体行动内容包括提升城际交通出行智能化水平、加快城市交通出行智能化发展、大力推广城乡和农村客运智能化应用、不断完善智慧出行发展环境4个方面。

2019年7月，交通运输部印发《数字交通发展规划纲要》。该文件提出，要构建数字化的采集体系、网络化的传输体系、智能化的应用体系、网络和数据安全体系等，大幅提升交通运输大数据的应用水平，出行信息全程覆盖服务，物流服务的平台化和一体化进入新阶段，行业治理和公共服务能力显著提升等目标。

2019年9月，中共中央、国务院印发的《交通强国建设纲要》提出，将大力发展智慧交通，推动大数据、互联网、人工智能、区块链、超级计算等新技术与交通行业深度融合；推进数据资源赋能交通发展，加速交通基础设施网、运输服务网、能源网与信息网络的融合发展，构建泛在、先进的交通信息基础设施；构建综合交通大数据中心体系，深化交通公共服务和电子政务发展；推进北斗卫星导航系统应用。

2019年12月，交通运输部印发《推进综合交通运输大数据发展行动纲要（2020—2025年）》。该文件明确提出，推动大数据与综合交通运输深度融合，有效构建综合交通大数据中心体系，全面推动大数据创新应用，为加快建设交通强国提供有力支撑；并提出夯实大数据发展基础、深入推进大数据开放共享、全面推动大数据创新应用、加强大数据安全保障、完善大数据管理体系共五大类21项主要任务。计划到2025年，我国综合交通运输大数据标准体系更加完善，基础设施、运载工具等成规模、成体系的大数据集基本建成；政务大数据有效支撑建设综合交通运输体系，交通运输行业数字化水平显著提升；综合交通运输信息资源深入开放共享；大数据在综合交通运输各业务领域应用更加广泛；大数据安全得到有力保障；符合新时代信息化发展规律的大数据体制机制取得突破；综合交通大数据中心体系基本构建，为加快建设交通强国、助力数字经济发展提供坚强支撑。

专栏

云南省智慧城市建设

自2013年住房和城乡建设部公布首批智慧城市试点以来，云南省合理布局、逐步发展，昆明市、玉溪市、蒙自市等地在智慧城市建设方面取得了一定的成效。同时，业内人士认为，部分地区的智慧城市建设仍面临一些问题，需要合力攻坚，让智慧城市更"智慧"。

强化智慧基础设施建设。云南省各地在加快智慧城市试点建设时，均强化了智慧基础设施建设，构建云数据中心。早在2015年，昆明市政府就与浪潮集团签订战略合作协议，由浪潮集团投资建设昆明云计算产业园，并以此为依托，与昆明市政府合作建设昆明政务云中心，整合全市政务信息资源，全面提升昆明市电子政务能力，对昆明市智慧城市的建设形成计算能力支撑。昆明云计算产业园已承载了中国林业大数据中心、国家禁毒大数据（云南）中心、昆明政务云中心等多个重点项目。2018年11月，玉溪市在第二十届中国国际高新技术成果交易会获得"中国智慧城市创新奖"。玉溪市智慧城市建设相关负责人表示，这是对玉溪市持续开展智慧城市建设的肯定与鼓舞。2015年，玉溪市以"智慧城市试点"为契机，先后成立智慧城市建设指挥部、工作领导小组，编制完成智慧城市顶层设计，并把信息产业作为战略性新兴产业进行重点培育。

积极布局城市智慧应用。随着智慧城市基础设施的完善，试点城市也在积极布局智慧应用。昆明市结合精细化管理要求，市网格中心积极探索运用卫星遥感监测技术开展城市综合管理和生态环境保护。昆明市以网格为载体，以基层社区为依托，在兼顾城市规划特点和管理重点的基础上，将城市管理区域划分为三类，共计1272个管理网格。各级网格之间有机衔接，确保管理服务职能覆盖到各个角落，不留盲区和死角。目前，昆明市电子病历普及率达100%，二级及以上医院均采用了微信、移动App等形式的预约挂号系统。在推进智慧医疗建设方面，昆明市于2016年构建了区域卫生信息化体系，在市级卫生信息平台的支撑下，各级医疗机构均已实现居民电子健康档案的调阅。

与此同时，云南省在打造智慧旅游、智慧政务方面，推出"一部手机"系列产品，包括"一部手机游云南""一部手机办事通"。如今，只需下载移动App就可实现查看景区情况、购买景区门票、旅游投诉、预约挂号、查询养老保险、申请补办身份证等多项功能。

目前，云南省智慧城市建设仍存在部分难题。一是推进智慧城市建设仍然面临数据采集难度大的问题。由于部分行业、部门之间存在信息壁垒，加之对政务信息数据共享政策、概念认知模糊，存在"不敢提供、不愿提供"的情况。二是由于各地数据立法的缺失，数据在如何脱敏、使用方面的标准不统一，存在数据安全隐患。

第五章

地方数字经济政策实践典型

在国家政策的引导下，各级地方政府将大力发展数字经济作为推动经济高质量发展的重要举措，加快数字经济政策落地实施。据不完全统计，截至 2019 年年底，我国各省（直辖市、自治区）、副省级及计划单列市[1]共出台了 752 个数字经济相关政策。

在地区分布上，各地数字经济政策呈现东部政策先行、中西部加速出台的特征。 东部地区最早发力数字经济，2016 年累计出台 95 个数字经济相关政策。相较而言，中西部尚未展开重点关注，数字经济相关政策的数量仅为东部地区的一半。2017 年东部地区累计出台 144 个数字经济相关政策，中西部地区开始加速出台。其中，中部地区出台数字经济相关政策的数量翻倍，达到 97 个，西部地区数字经济相关政策出台数量大幅增加，这一数据已达 89 个。2018 年，所有地区数字经济相关政策出台数量均显著提高，东部地区累计出台 250 个相关政策，中部地区出台 180 个相关政策，西部地区出台 141 个相关政策。2019 年，东部地区共出台 345 个数字经济相关政策，中部地区出台 232 个数字经济相关政策，西部地区出台 183 个数字经济相关政策。我国省（直辖市、自治区）数字经济政策分布如图 5-1 所示。

在城市群分布上，长三角城市群数字经济政策出台最密集，长江中游城市群（中三角）数字经济政策数量增加最快。 长三角城市群 2016 年累计出台 19 个数字经济相关政策，到 2019 年这一数据已达 106 个。长江中游城市群 2016 年累计出台 9 个数字经济相关政策，到 2019 年增加至 63 个。京津冀城市群 2016 年累计出台 10 个数字经济相关政策，到 2019 年增加至 55 个。粤港澳大湾区城市群 2016 年累计出台 7 个数字经济相关政策，到 2019 年增加至 23 个。成渝城市群 2016 年累计出台 11 个数字经济相关政策，到 2019 年增加至 64 个。我国五大城市群数字经济政策分布如图 5-2 所示。

1 　副省级及计划单列市包括长春、成都、大连、哈尔滨、杭州、广州、济南、南京、宁波、青岛、沈阳、深圳、武汉、西安、厦门15座城市。

单位：个

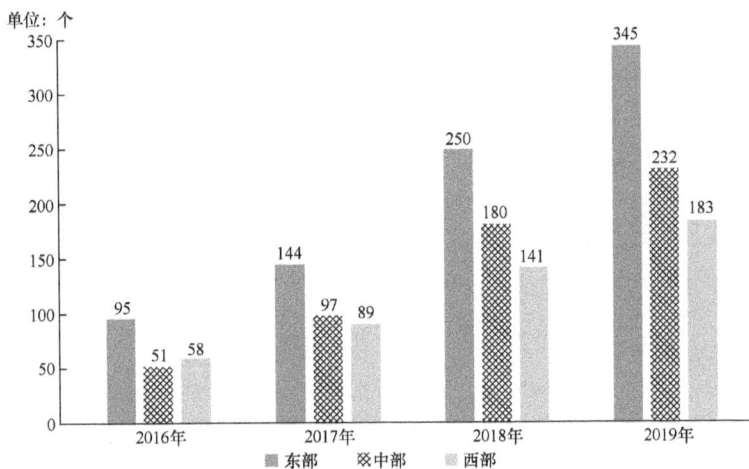

数据来源：中国信息通信研究院

图5-1　我国省（直辖市、自治区）数字经济政策分布[1]

单位：个

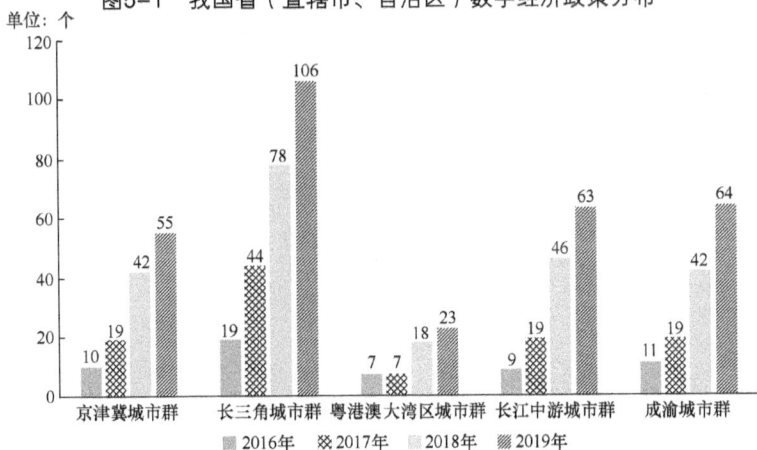

数据来源：中国信息通信研究院

图5-2　我国五大城市群数字经济政策分布[2]

1 根据国家发展和改革委员会东中西部地区划分政策，东部地区包括北京、天津、河北、辽宁、上海、江苏、浙江、福建、山东、广东和海南11个省（直辖市）；中部地区包括山西、内蒙古、吉林、黑龙江、安徽、江西、河南、湖北、湖南、广西10个省（自治区）；西部地区包括重庆、四川、贵州、云南、西藏、陕西、甘肃、青海、宁夏、新疆10个省（自治区、直辖市）。

2 京津冀城市群包括北京、天津、河北以及河南安阳，长三角城市群包括上海、江苏、浙江、安徽三省一市（三省非全部），粤港澳大湾区城市群包括香港、澳门两个特别行政区和广东九市，长江中游城市群包括湖南环长株潭城市群、湖北武汉城市圈、江西环鄱阳湖城市群，成渝城市群包括四川成都等15座城市及重庆27个区。

在地方政策关注点方面，我国各地出台数字经济政策最重视顶层设计与产业数字化。其中，90% 的省（自治区、直辖市）[1]出台了数字经济顶层设计政策，97% 的省（自治区、直辖市）出台了第一产业数字化转型相关政策，94% 的省（自治区、直辖市）出台了第二产业数字化转型相关政策，94% 的省（自治区、直辖市）出台了第三产业数字化转型相关政策。数字产业化同样获得了部分省（自治区、直辖市）的关注，其中大数据技术的关注度最高，达到 97%。云计算、物联网、移动互联网、基础设施等尚未获得足够关注。数字化治理中数字医疗的关注度最高，达到 68%，而智慧城市、电子政务等其他领域的关注度不足，关注省（自治区、直辖市）均不及平均值 58%。我国地方数字经济政策关注点如图 5-3 所示。

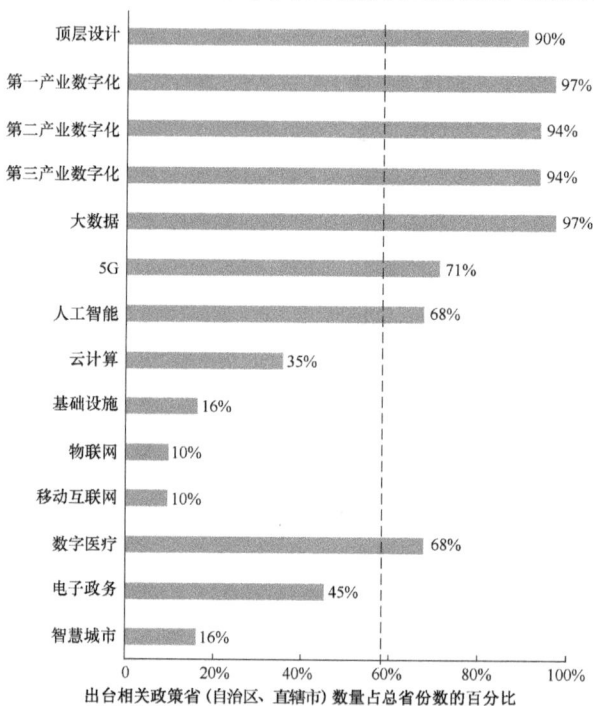

类别	百分比
顶层设计	90%
第一产业数字化	97%
第二产业数字化	94%
第三产业数字化	94%
大数据	97%
5G	71%
人工智能	68%
云计算	35%
基础设施	16%
物联网	10%
移动互联网	10%
数字医疗	68%
电子政务	45%
智慧城市	16%

出台相关政策省（自治区、直辖市）数量占总省份数的百分比

图5-3　我国地方数字经济政策关注点

因地制宜发展数字经济。 在国家政策的引导下，各级地方政府纷纷将大力发展数字经济作为推动经济高质量发展的重要举措，陆续出台了各具特色的数字经济相

1　除香港特别行政区、澳门特别行政区、台湾地区。

关政策。例如，贵州省充分利用发展大数据得天独厚的自然条件打造了地区新名片。贵州省抢抓获批建设国家大数据（贵州）综合试验区的重要机遇，深入实施大数据战略行动，持续推动大数据探索实践，以大数据改造提升传统产业，培育壮大新兴产业，不断增强创新驱动能力，推动经济社会实现跨越式发展。贵州省深入实施大数据战略行动：一是将大数据提升到贵州省发展战略层面；二是实施大数据战略行动可拓展信息经济新空间；三是发展大数据产业三类业态，包括大数据核心业态、大数据关联业态、大数据衍生业态；四是建设大数据中心，包括大数据内容中心、大数据服务中心、大数据金融中心、大数据创新中心；五是建设"云上贵州"系统平台。

浙江省杭州市以跨境电商为突破口打造"数字经济第一城"。得益于长期发展的电商业务运营经验和基础、周边生态和消费者基础，杭州市成为全国跨境电商发展"排头兵"。作为全国首个跨境电商综合试验区，杭州市立足于通过深化创新引领数字贸易发展，助力构建"数字经济第一城"。杭州市跨境电商综合试验区创新发展"六体系两平台"，在全国率先构建"数字口岸"，促进无纸化申报、数据化监管、在线化服务。杭州市加大数据应用，将共享信息数据从 2.4 亿条扩充到 3.5 亿条，完成对全市 1.45 万家企业基于贸易数据的信用评级，在全国率先构建跨境电商诚信体系，定期形成跨境电商信用、风险预警报告。新开通了杭州到里加和莫斯科的跨境电商全货机航线，支持阿里巴巴集团在杭州、吉隆坡、迪拜、莫斯科等地布局世界电子商务贸易平台（electronic World Trade Platform，eWTP）智能物流枢纽，构建"杭州出发、通达全球"的智能物流体系。

我国部分省（自治区、直辖市）数字经济的相关政策见表 5-1。

表 5-1　我国部分省（自治区、直辖市）数字经济的相关政策

区域	省（自治区、直辖市）	时间	政策
东部地区	北京	2018年11月	《北京工业互联网发展行动计划（2018—2020年）》
	天津	2019年6月	《天津市促进数字经济发展行动方案（2019—2023年）》
	河北	2018年4月	《河北省人民政府关于推动互联网与先进制造业深度融合加快发展工业互联网的实施意见》

（续表）

区域	省（自治区、直辖市）	时间	政策
东部地区	辽宁	2017年12月	《辽宁省新一代人工智能发展规划》
	上海	2019年7月	《上海市数字贸易发展行动方案（2019—2021年）》
	江苏	2018年9月	《智慧江苏建设三年行动计划（2018—2020年）》
	浙江	2018年9月	《浙江省数字经济五年倍增计划》
	福建	2019年3月	《2019年数字福建工作要点》
	山东	2019年2月	《数字山东发展规划（2018—2022年）》
	广东	2018年4月	《广东省数字经济发展规划（2018—2025年）》
	海南	2019年6月	《海南省大数据应用和开放条例草案（公开征求意见稿）》
中部地区	山西	2019年4月	《山西省智能制造发展2019年行动计划》
	内蒙古	2019年1月	《数字内蒙古建设发展规划（2018—2025年）》
	吉林	2018年7月	《中共吉林省委、吉林省人民政府关于以数字吉林建设为引领加快新旧动能转换推动高质量发展的意见》
	黑龙江	2019年7月	《"数字龙江"发展规划（2019—2025年）》
	安徽	2019年3月	《支持数字经济发展若干政策实施细则》
	江西	2019年4月	《江西省实施数字经济发展战略的意见》
	河南	2019年7月	《2019年河南省数字经济工作要点》
	湖北	2018年9月	《湖北省工业互联网发展工作计划（2018—2020年）》
	湖南	2019年2月	《深化制造业与互联网融合发展的若干政策措施》
	广西	2018年8月	《广西数字经济发展规划（2018—2025年）》
西部地区	重庆	2018年3月	《重庆市以大数据智能化为引领的创新驱动发展战略行动计划（2018—2020年）》
	四川	2019年8月	《四川省人民政府关于加快推进数字经济发展的指导意见》
	贵州	2017年9月	《智能贵州发展规划（2017—2020年）》
	云南	2019年11月	《"数字云南"信息通信基础设施建设三年行动计划（2019—2021年）》
	陕西	2018年5月	《陕西省2018年数字经济工作要点》
	甘肃	2018年7月	《甘肃省工业互联网发展行动计划（2018—2020年）》
	青海	2018年6月	《青海省人民政府关于深化"互联网＋先进制造业"发展工业互联网（2018—2020年）的实施意见》
	宁夏	2018年8月	《自治区人民政府关于加快"互联网＋先进制造业"发展工业互联网的实施意见》
	新疆	2017年8月	《自治区"十三五"科技创新发展规划》

数据来源：中国信息通信研究院

一、广东省数字经济政策

（一）数字经济概况

广东省实现对外开放较早，先后在深圳、珠海、汕头建立了经济特区，营造了良好的投资环境，吸引了大量海内外资本不断流入，广东省商业、外贸发展情况良好，均居全国前列。2018 年年底，广东省常住人口达到 11346 万人，比 2017 年年底增加了 177 万人，常住人口数量继续居全国首位。2018 年广东省实现地区生产总值达 97277.77 亿元，较 2017 年增长 6.8%，地区生产总值位居全国第一，人均 GDP 以 8.7 万元居全国第七位。

数字产业化基础不断夯实。广东省电信业务总量高速增长。2019 年，广东省完成电信业务总量（2015 年不变价）12049.51 亿元，比 2018 年增长 54.7%。电信业务收入累计 1673.4 亿元，同比增长 0.4%。信息基础设施建设不断加强。2019 年，固定宽带接入端口数为 9134.1 万个。其中，光纤接入（FTTH/O）端口数为 8272.2 万个，占比达到 90.6%，环比提升 0.2 个百分点。移动通信基站数为 75.8 万个，其中，4G 基站数为 48.2 万个，占比达到 63.5%，环比提升 2.6 个百分点。窄带物联网（Narrow Band Internet of Things，NB-IoT）基站数为 5.8 万个，网络基础设施用户普及率逐步提高。2019 年，固定宽带接入用户为 3801.6 万户，家庭宽带普及率为 110.6 部／百户，其中，FTTH/O 用户为 3560 万户，占固定宽带接入用户的比例为 93.6%，环比提升 0.5 个百分点；交互式网络电视（IPTV）用户为 2159.7 万户，其中，4K 用户为 1896.5 万户，占比为 87.8%。物联网终端用户数为 15726.8 万户，其中，NB-IoT 联网终端数为 761.2 万户；在物联网终端用户中，智能制造、智慧农业、智能交通和车联网、智慧公共事业终端用户数分别为 1642.6 万户、31.2 万户、2511.1 万户、7775.3 万户。

在产业数字化方面，积极培育产业发展新动能。广东省深入发展智能制造，2019 年，广东省培育了 25 个国家级、290 个省级智能制造试点示范项目。作为制造业大省，广东省大规模推动"机器换人"，一批制造业企业相继加速向自动化生产转型升级，广东省成为全国主要的工业机器人应用市场之一，以及国内主要工业机器人产业聚集区之一，全年工业机器人产量达到 4.47 万台（套），占全国总产量的 24%。目前，广东省已经形成广州－佛山工业机器人与系统集成、深圳－东莞机器人关键零部件配套等多个机器人产业集群。广东省大力发展先进制造业，深入实施珠西产业带聚焦攻坚行动计划，全省规模以上装备制造业增加值增长了 5.9%，2019 年新引进、新开工、新投产投资亿元以上的装备制造业项目分别达到 290 个、276 个、190 个；同时，网络零售保持高增长，2018 年，广东省网上零售市场规模稳居全国第一，网上零售额达 1.89 万亿元，占全国网上零售额的 21.0%，实物商品网上零售额为 16383.1 亿元，同比增长 26.5%，位居全国第一。

数字化治理水平逐步提升。在数字政府方面，"粤省事"政务服务集成小程序于 2018 年 5 月上线，涵盖了社保、户政证件、交通出行、不动产登记查询、法律服务等多个领域的数百项服务，目前，已获得千万级实名注册用户数，大约每 12 个广东人就有 1 个在使用"粤省事"政务服务集成小程序。广东省政务外网已形成省、市、县三级网络体系，连接全省 170 多个省级单位、21 个地市单位和 121 个县区单位，为全省电子政务建设提供了有力的网络支撑。广东省人民政府出台了《广东省加快 5G 产业发展行动计划（2019—2022 年）》，推进 5G 基站与智慧杆建设。在互联网医疗方面，广东省建设智慧医疗应用示范项目。广东省人民医院携手中国移动通信集团广东有限公司、华为技术有限公司在广州签署合作协议，三方共同打造国内领先的 5G 应用示范医院。在智慧交通方面，广东省启动建设智慧交通新一代人工智能开放创新平台。该平台是创新打造的一体化智慧交通工业互联网平台，在交通智慧服务、智慧调度、资源共享、不同交通工具联运通行、票制协同等方面形成智能化、智慧化解决方案，推动智慧交通枢纽、区域交通一体化的建设。

（二）数字经济政策情况

强化数字经济政策总体设计。广东省是国内最早布局数字经济政策的省份之一。2018 年，广东省率先出台了《广东省数字经济发展规划（2018—2025 年）》，提出数字经济发展的"128"战略，即以数据驱动为 1 个发展主线，引领带动数字产业化和产业数字化 2 个着力方向，以大数据、新一代信息技术产业、数字基础设施、制造业数字化、服务业数字化、融合新动能、政府数字治理、区域内联外延八大重点方向推进广东省数字经济创新发展，实现广东省"四个走在全国前列"，在新时代新起点开创工作新局面的目标。随后，广东省围绕数字经济顶层设计相继出台了《广东省大数据标准体系规划与路线图（2018—2020）》《广东省促进"互联网＋医疗健康"发展行动计划（2018—2020 年）》等政策。在运行机制上，广东省数字经济政策的领导工作机制大多为省内有关部门按职责分工、分头推进、密切配合，统筹推进工作，或通过设立专项工作组和专家委员会推进政策落实。在资金支持上，广东省一方面通过政府财政资金引导，吸引社会资本参与投资；另一方面，发挥财政资金优先保障作用，同时结合财政政策、税收优惠政策确保数字经济政策有效实施。例如，《广东省实施乡村振兴战略规划（2018—2022 年）》提出，省财政厅按照每个 5000 万元的标准安排补助资金，支持建设省级现代农业产业园，2018—2020 年共计投入 75 亿元。

数字产业化政策随技术发展不断演进。2016 年 9 月，《广东省深入推进"互联网＋流通"行动计划的实施方案》指出，为促进互联网与流通业深度融合，推动流通业转型升级和创新发展，鼓励传统企业发展线上线下全渠道销售模式，探索社交电子商务、移动电子商务、体验式消费等新渠道，创新流通业发展模式，提升流通基础设施建设水平，加强智慧冷链体系建设，加快发展"线上线下智慧城市商圈综合体"，促进商圈内不同经营模式和业态优势互补、信息互联互通、消费客户资源共享，提供具有示范效应的智能服务、立体服务和个性化定制服务。2018 年 7 月，《广东省新一代人工智能发展规划》指出，为强化人工智能科研前瞻布局，构建开放协同的创新平台体系，推动人工智能产业集约集聚发展，营造良好的人工智能多元创新生态，计划到 2025 年，开放协同的创新平台成为引领人工智能发展的标杆，为广东省建设国家科技产业创新中心提供强有力的支撑。到

2030 年，广东省总体创新能力处于国际先进水平，人工智能产业成为引领国家科技产业创新中心和粤港澳大湾区建设的重要引擎，基本建立较完善的人工智能法规、伦理规范和政策体系。2019 年 5 月，为加快 5G 网络建设、抢占 5G 技术创新制高点、大力发展 5G 产业，广东省人民政府制定了《广东省加快 5G 产业发展行动计划（2019—2022 年）》，提出到 2020 年年底，珠三角中心城区基本实现 5G 网络连续覆盖和商用，到 2022 年年底，珠三角建成 5G 宽带城市群，粤东粤西粤北主要城区实现 5G 网络连续覆盖，全省 5G 整体技术创新能力处于世界领先水平，关键核心技术创新能力迈入世界前列，形成世界级 5G 产业集聚区和 5G 融合应用区。

加强产业数字化融合发展。广东省高度重视数字经济与一、二、三产业的融合深度，从支持发展、创新模式、规范管理等角度推动产业数字化发展。在第一产业方面，2016 年 6 月，《广东省加快推进重要产品追溯体系建设实施方案》明确落实了企业追溯管理责任，并以此为基础，以信息化追溯为支撑，坚持政府引导与市场化运作相结合，加强统筹规划，强化标准体系建设，推动新旧系统融合共建和各平台互联互通，加快建设覆盖全省、先进适用的重要产品追溯体系，保障消费安全和公共安全，更好地满足人民群众生活和经济社会发展的需要。2019 年 7 月，《广东省实施乡村振兴战略规划（2018—2022 年）》提出，按照产业兴旺、生态宜居、乡风文明、治理有效、生活富裕的总要求，以推进产业振兴、生态振兴、文化振兴、组织振兴、人才振兴的"五个振兴"及提升城乡基础设施一体化水平、城乡公共服务均等化水平、高质量稳定脱贫水平的"三个提升"为重点任务，对实施乡村振兴战略做出阶段性规划，确保乡村振兴战略落地。在第二产业方面，2015 年 7 月，《广东省智能制造发展规划（2015—2025 年）》提出，要大力发展智能制造，推进信息化和工业化深度融合，加快制造业转型升级，进一步提升经济发展质量，构建智能制造自主创新体系，发展智能装备与系统，同时实施"互联网＋制造业"行动计划，推进制造业智能化改造，完善智能制造服务支撑体系。2018 年 3 月，《广东省深化"互联网＋先进制造业"发展工业互联网实施方案及配套政策措施》提出，加快建设和发展工业互联网，促进制造业进一步降本提质增效，形成实体经济与互联网相互促进、同步提升的良好格局，夯实网络基础，加强关键共性技术研发支撑，提升工业互联网安全服务能力。在第三产业方面，广东省不断探索强化电子商务领域的规范管理，推动电子商务蓬勃健康发展。早在 2003 年 5 月，《广东省电子商务认证机构资格认定和年审管理办法（暂行）》着重促进电子商务的发展，加强对电子商务认证机构的规范管理，保证数字证书的安全性、可靠性和权威性。2016 年 2 月，广东省人民政府印发了《广东省促进农村电子商务发展实施方案》，提出要统筹推进全省农村电子商务建设，探索实施"互联网＋农村""互联网＋现代农业"战略，形成线上线下融合、农产品进城与农资和消费品下乡双向流通格局，推动农业供给侧改革，并鼓励各类资本参与农村电子商务建设，发展壮大涉农电子商务企业，促进农产品"上网触电"，建设多层次农村电子商务平台，加强农村信息基础设施建设，增强物流支撑与配送能力。

规范数字化治理应用发展。广东省依托信息通信技术的先发优势，大力推动数字经济与社会民生领域深度融合，加强数字化治理，在"互联网＋医疗健康体系"、数字政府等方面成效显著。在智慧城市方面，2010 年 12 月，《关于加快发展物联网建设智慧广东的实施意见》旨在突破物联网关键技术，加快物联网公共技术服务平台建设，培育和壮大物联网产业，推动以物联网为代表的信息技术在经济社会各领域得到全面推广和集成应用，实现经济社会运行管理和服务的数字化、智能化，建设智慧广东。在民生方面，2017 年 2 月，《关于促进和规范健康医疗大数据应用发展的实施意见》提出，到 2020 年年底，实现全省健康医疗数据与人口、空间地理、环境等基础数据资源跨部门、跨区域共享，各相关领域数据融合应用取得明显成效，初步形成健康医疗大数据产业体系。具体措施包括加快建设开放共享的健康医疗大数据应用基础体系，全面深化健康医疗大数据应用，规范和推动"互联网＋健康医疗"发展，健全健康医疗大数据保障机制。2018 年 6 月，《广东省促进"互联网＋医疗健康"发展行动计划（2018—2020 年）》提出，到 2020 年，"互联网＋医疗健康"政策体系基本建立，基础设施支撑体系逐步完善，医疗健康信息共享应用，服务供给更加优化可及、更加智慧精准，医患关系更加和谐。广东省"互联网＋医疗健康"走在全国前列，大力发展医疗服务，完善价格及医保支付政策，推动医疗服务流程优化再造，创新健康管理服务，发展药品供应保障服务，同时加快信息平台建设，大力发展医疗健康人工智能技术，规范质量监管。在数字政府方面，2019 年 4 月，广东省印发了《广东省"数字政府"改革建设 2019 年工作要点》，为优化营商环境、推进粤港澳大湾区建设，以让群众满意、企业满意、政府工作人员满意为目标，以"数据上云、服务下沉"为主线，通过数据治理拉动应用提升，推动"数字政府"改革建设向纵深方向发展，包括拓展"粤省事"基层应用范围，提高"一网通办"服务能力，推动粤港澳大湾区数据流通，深入推进"互联网＋监管"，推进政务云、网建设，完善"数字政府"基础支撑能力等。

（三）政策展望

总体来看，广东省的数字经济发展成果显著。一方面，这些成果得益于珠三角的区位优势，广东省作为全国信息通信产业大省，智能终端产业领先全国，为广东省的数字经济发展奠定了坚实基础；另一方面，省级政务平台的使用普及带动，更是在较好的传统产业基础上，通过深圳市、广州市的率先数字化发展，引领辐射其他城市，从而取得了全省整体数字化经济的高速发展。从政策出台方面来看，广东省数字经济政策较多集中于产业数字化方面，在产业数字化上侧重于第三产业的数字化转型升级，依托其消费群体众多、交通便利等优势大力发展电子商务。近年来，广东省更加注重数字化治理，在"互联网＋医疗健康"体系、数字政府的建设上取得了较好的成果。从长期规划来看，广东省对于数字经济政策仍将继续发力。《广东省数字经济发展规划（2018—2025 年）》强调要充分发挥数据资源富集、产业基础雄厚、融合应用场景丰富的优势，加快发展数字经济，推动广东省加快向制造强省、网络强省、数字经济强省转变。2019 年 10 月，在国家数字经济创新发展试验区启动会上，广东省作为 6 个试点省市之一被授予"国家数字经济创新发展试验区"牌匾，正式启动试验区创建工作，该试验区也会推进粤港澳大湾区建设，加快推进实现老城市新活力和"四个出新出彩"打造的"一区三城十三节点"当中的"一区"，预计未来广东省的数字经济将呈现更加鲜明的区域特色。

二、江苏省数字经济政策

（一）数字经济概况

江苏省地处长江经济带，是全国唯一的所有地级市都跻身 GDP 百强的省份，与上海市、浙江省、安徽省共同构成长江三角洲城市群。该城市群已成为国际六大世界级城市群之一。2018 年年底，江苏省常住人口达 8050.7 万人，比 2017 年年底增加 21.4 万人。2018 年江苏省实现地区生产总值达到 92595.4 亿元，比 2017 年增长 6.7%，位居全国第二，人均 GDP 为 11.5 万元，位居全国第四。

在数字产业化方面，信息通信基础承载能力稳步增强。江苏省电信业务快速发展，2019 年，江苏省电信业务总量为 7546.6 亿元，较 2018 年增长了 56.8%；电信业务收入 978 亿元，同比增长 3%。2019 年年底，移动电话用户数达到 10166 万户，比 2018 年年底增加 371.9 万户；电话普及率达 126.3 部 / 百人。江苏省 2019 年年底长途光缆线路总长度为 3.9 万千米；互联网宽带接入用户数为 3585.7 万户，新增 233.9 万户。江苏省网络基础设施服务水平不断提升，2018 年年底，江苏省光网城市基本建成，城市地区普遍具备光纤千兆接入能力；4G 网络和窄带物联网基本实现城乡全覆盖；农村地区光纤宽带到户率和 4G 网络覆盖率均超过 95%；互联网数据中心规模超过 8 万个标准机架；国家广电骨干网江苏核心枢纽基本建成，建成涵盖省市县的高速率、大容量长途传输网络，构建"四纵五横"省内长途光缆网架构，形成南京市、无锡市省际流量出口双核心，开通国内 35 个城市直达链路。江苏省 4G 网络城乡全面覆盖，5G 正式进入商用时代，截至 2020 年 2 月底已建成的 5G 基站达 19596 个。

在产业数字化方面，各产业数字化转型持续推进。江苏省加快传统农业转型升级，发展现代农业，2019 年江苏省农业机械化水平达 86%，农业科技进步贡献率达 69.1%；发展农村电子商务，江苏省农村电子商务连续多年保持 20% 以上增速发展，农村电子商务综合发展水平位居全国前列，成功打造了一批像睢宁县"沙集模式"等在全国有影响力的农村电子商务典型；第二产业结构持续优化。先进制造业发展较快，2019 年江苏省高技术产业增加值比 2018 年增长 6.8%，占规模以上工业比重达 21.8%，比 2018 年提高 1.3 个百分点，对规模以上工业增加值增长的贡献率达 23.8%，全年战略性新兴产业、高新技术产业产值分别增长 7.6% 和 6.0%，占规模以上工业总产值比重分别达 32.8% 和 44.4%。江苏省大力实施"百企引航""千企升级"行动计划，全省 6 个先进制造业集群入围全国制造业集群培育对象，占全国的 1/4，国家级孵化器数量及在孵企业数均保持全国第一；省级专精特新"小巨人"企业达 973 家，比 2018 年增加 250 家。江苏省着力推动工业化和信息化融合发展，建成一批智能工厂、智能车间、工业互联网平台和标杆工厂。电子商务助力消费市场繁荣发展，江苏省电子商务快速发展，商业实体经济融合线上线下优势，发展多渠道、多元化经营，消费品市场保持着转型升级、提质增效、稳中向好的发展势头。2019 年，江苏省全年限额以上批发和零售业通过公共网络实现零售额为 1391.7 亿元，占比达 10.4%，比 2018 年提高 0.8 个百分点。

数字化治理取得一定成效。在数字政务方面，2018 年，全省建成省市县镇村五级政务服务"一张网"，创建了第一个实现政府权力清单"三级四同"全覆盖，第一个引入"淘宝"概念开设综合服务旗舰店的政务服务网以及第一个开展审批服务、公共资源交易、12345 在线同网服务的政务服务网等。在智慧交通方面，江苏省在全国率先实现交通一卡通县域全覆盖，截至 2019 年 11 月末，江苏省公路 ETC 用户总量达 1470.21 万个，提前完成交通运输部下达的目标任务，用户总量位列全国第三。在在线教育方面，江苏省在全国率先建成并使用语音学习网络系统，推进"名师空中课堂"和"城乡结对互动"建设，2000 多位省内名师坐镇网络平台，为学生答疑解惑，提供微课辅导。

（二）数字经济政策情况

数字经济政策以融合发展为主线。不同于其他数字经济大省，江苏省数字经济政策在省级层面尚未出台顶层设计规划，数字经济政策的实施以部门和地方推动为主。近年来，伴随数字经济融合渗透不断加快，江苏省加大了对数字经济的重视力度。2019 年《江苏省政府工作报告》提出，要"密切跟踪国际产业发展新趋势，聚焦数字经济、物联网、集成电路、生物医药、人工智能、共享经济等领域，实施一批重点项目，推动战略性新兴产业发展"。在政策着力点方面，江苏省近年来加快推进物联网、云计算、大数据与产业的融合发展，鼓励在数字经济、中高端消费、人工智能等领域培育新的经济增长点，推动数字经济成为江苏经济重要的新增长点。

数字产业化政策聚焦重点领域。2016 年以来，江苏省强化发展物联网、集成电路、人工智能等数字产业化重点领域，政策重点逐步向"互联网 +"、智能制造等领域转变。2016 年 11 月，《省政府办公厅关于深入实施"互联网 + 流通"行动计划的意见》提出，加快线上线下互动融合，推动流通业转型升级，充分发挥流通体系的基础性和先导性作用，进一步增强消费对经济增长的拉动力，支持零售企业利用互联网技术推进实体店铺进行数字化改造，加强智慧物流建设，拓展智能消费新领域。2016 年 8 月，《江苏省大数据发展行动计划》为加快江苏省大数据产业发展，提出要统筹信息基础设施建设，构建统一的数据资源中心，支持通信运营商和地区大数据中心增强服务能力，同时，突破大数据关键技术，培育新兴业态，推广应用工业大数据、金融大数据、电网大数据、电子商务大数据、健康医疗大数据。2018 年 5 月，《江苏省新一代人工智能产业发展实施意见》出台。

通过大力发展人工智能平台、人工智能软件产业、人工智能硬件产业、人工智能服务型企业，夯实物联网、北斗导航、IPv6、5G 等人工智能产业发展的基础技术和信息基础设施建设，培育一批具有全球竞争力的人工智能龙头企业和"独角兽"企业，实施"人工智能＋交通物流""人工智能＋教育""人工智能＋医疗"等行动，抢抓新一代人工智能产业发展机遇，打造先发优势，促进全省产业智能化升级。2019 年 5 月，《省政府办公厅关于加快推进第五代移动通信网络建设发展若干政策措施的通知》提出，启动信息基础设施空间布局规划，加快宽带网络、数据中心、基础平台等各类支撑性资源统筹共享，优化 5G 设施电力供应申请审批流程，推动"5G＋能源梯次利用"模式创新，推进 5G 广泛应用于精密制造、工程机械、生物医药、社会服务、新能源等领域。

打造开放共享的产业数字化政策生态。在第一产业方面，2016 年 11 月，《江苏省重要产品追溯体系建设工作实施方案》提出，建设药品、农业生产资料等追溯体系，完善信息共享制度机制，实现重要产品追溯信息互联互通；依托省级追溯信息共享交换平台，创新政府热线、网站、微信公众号等公共服务方式，为社会公众提供"一站式"服务。2017 年 8 月，江苏省制定了《全省大力发展农业农村电子商务全面推进"一村一品一店"建设行动计划（2017—2020 年）》，以"一村一品一店"建设为重要载体，打通农产品销售"最初一千米"和工业品下乡"最后一千米"，开创农业农村电子商务发展新局面；按照"县域有特色、乡村有特品"的原则，聚力打造村级电子商务综合服务体系，同时完善农村交通运输、电信网络、物流配送等基础设施建设。在第二产业方面，2017 年 5 月，《江苏省"十三五"智能制造发展规划》提出了推进制造业向中高端迈进，加快智慧江苏和制造强省建设，着力发展高端智能制造装备，提升通用高端智能制造装备的研发水平，完善工业信息基础设施，促进制造业及生产性服务业内部信息的互换、共享与统一。2018 年 6 月，江苏省经济和信息化委员会发布了《江苏省智能制造示范工厂建设三年行动计划（2018—2020 年）》，提出各类智能工厂要实现设施高度互联、系统高度互通、数据高度互享。2018 年 6 月，江苏省率先出台了《关于加快培育先进制造业集群的指导意见》，将 13 个基础较好的先进制造业集群作为重点培育对象，引导集群企业广泛应用新技术、新设备、新材料，促进工业互联网、大数据、云计算、人工智能等新技术与集群企业发展深度融合，推动产业转型升级。在第三产业方面，2017 年 12 月，《江苏省全面加强电子商务领域诚信建设的实施意见》督促电子商务平台落实身份标识和用户实名登记制度，并引导推动电子商务平台、行业协会等制定电子商务企业和从业人员信用评价标准规范。2018 年 7 月，《省政府办公厅关于推进电子商务与快递物流协同发展的实施意见》提出，完善电子商务快递物流基础设施建设，推广智能投递设施，推进电子商务快递物流标准化、智能化发展。

大力提升数字化治理能力。在数字政府方面，2018 年 9 月，江苏省制定了《智慧江苏建设三年行动计划（2018—2020 年）》，加快推进网络强省、高水平智慧江苏建设，提出打造智慧江苏门户云平台群，聚集省级公共服务大数据资源和各类应用，推进智慧江苏门户、智慧江苏 App、智慧江苏微信小程序等平台建设，加强平台与江苏政府网站群、全省政务服务"一张网"的深度融合；打造政务服务云平台群，建成政务服务"一网一门一端一号一码"；打造民生服务云平台群，发展基于互联网的医疗、健康、社保、教育、交通、旅游、信用等新兴服务，推动互联网向民生服务领域渗透。在在线医疗方面，2018 年 7 月，江苏省发布了《关于支持社会力量提供多层次多样化医疗服务的实施意见》，通过推动人工智能、云计算、大数据、物联网、移动互联网等新兴信息技术与医疗服务深度融合，允许依托医疗卫生机构发展互联网医院，在线开展部分常见病、慢性病复诊，支持医疗卫生机构、符合条件的第三方机构搭建互联网信息平台，开展远程医疗、健康咨询、健康管理服务等形式，创新发展"互联网 + 医疗健康"。在网络监管方面，2019 年 2 月，《江苏省"互联网 + 监管"系统建设方案》依托省大数据中心，联通汇聚各地各部门监管数据及第三方相关数据，建设省监管数据中心；利用大数据分析、挖掘、可视化展示等技术，牵头建设监管数据综合应用系统；同时，建设省数据服务系统，完善政务信息资源共享管理制度，统一受理、审核监管数据、政务服务数据的使用申请，做好与国家"互联网 + 监管"系统的对接。

（三）政策展望

　　江苏省是制造业、工业强省，制造业规模连续 8 年保持全国第一，制造业对全省经济增长贡献率达 50%。近年来，江苏省聚焦数字经济重点领域，加快推进物联网、云计算、大数据与产业的融合发展，推动数字经济成为重要的新增长点。在政策支持力度方面，江苏省立足于制造业大省优势，数字经济政策较多地关注第二产业的智能制造、工业与互联网的融合，同时也注重信息技术设施保障以及电子商务向村镇下沉等。在数字化治理方面，江苏省政务服务网加大创新力度，是全国第一个引入"淘宝"概念开设综合服务旗舰店的政务服务网，"旗舰店"实现"网上晒权、网上行权、网上办事、网上服务"四合一的"一站式"服务，汇聚全省各类民政服务资源，提供婚姻收养、社会组织、社会救助、养老服务、儿童福利等多样化在线主题服务。未来，江苏省还将继续加快推动产业转型升级，尤其在发展"5G + 工业互联网"、实施智能制造工程和制造业数字化转型行动、推动工业化与信息化深度融合向"江苏智造"方向转变，以新产业、新业态、新模式为高质量发展增添新动能。

三、山东省数字经济政策

（一）数字经济概况

　　山东省位于我国东部沿海地区，煤炭、石油等自然资源丰富。2018 年年底，全省常住人口达 10047.24 万人，比 2017 年年底增加 41.41 万人，位居全国第二。2018 年地区生产总值为 66649 亿元，GDP 总量连续多年位居全国第三。近年来，山东省经济面临下行压力，实体经济发展困难，内需增长有所放缓。

　　数字产业迅速成长。电信业基础支撑作用不断增强。2019 年，山东省电信业务总量为 5781.7 亿元，同比增长 59%；光缆线路总长度为 241.4 万千米，同比增长 3.2%。2019 年年底固定电话用户数为 1185.2 万户，比 2018 年年底增长

40%；移动电话用户数为 10785.5 万户，比 2018 年年底增长 2%。电话普及率为
119 部/百人，比 2018 年增加 5 部/百人。（固定）互联网宽带接入用户数为
3186.1 万户，新增 301.3 万户。新兴产业保持较快增长态势，以信息传输、软件
和信息技术服务业为引领的新兴产业市场主体迅猛增长。2019 年，山东省互联网
和相关服务、软件和信息技术服务业分别增长 51.4% 和 19.7%；全年新一代信息
技术、新能源新材料、高端装备产业增加值分别增长 5.5%、5.7%、9.3%。2018
年 8 月，山东省成立了人工智能产业技术创新战略联盟，紧盯山东新旧动能转换
的关键问题与难题，力求掌握具有自主知识产权的关键技术，研发自主可控的人
工智能核心装备和基础支撑平台，加快人工智能技术在智慧医疗、智慧海洋、智
能制造、智能家居、智慧农业等方面的深度应用。

在产业数字化方面，加快新旧动能转换。农村电商增势强劲。2019 年山东省
农产品网络零售额达到 294.6 亿元，占全国农产品网络零售额的比重提升至 7.4%，
同比增长 38.6%，增速高于全国 11.6 个百分点。各地还积极引进农村电商服务企
业，邮政、供销和本土商贸龙头企业也都在助力农村市场发展，形成了农村电商
服务多元化发展格局。工业发展提质增效明显。随着用工成本上涨和产品转型升级，
山东省工业企业加快了"机器换人"的步伐，自动化程度不断提升，从业人员的
行业分布逐渐由传统的原材料制造、高耗能行业向先进制造业转移。山东省获得
工业和信息化部公布的智能制造试点示范项目达 34 个，省级智能制造试点示范
企业已累计达到 171 家，智能制造概念较好地从上层深入基层。2018 年的智能制
造"1+N"带动提升行动，树立了两批 12 家智能制造标杆企业，带动 33 家企业
实施智能化升级。电子商务有力拉动消费。2019 年山东省网上零售额有 4109
亿元，比 2018 年增长 15.8%。其中，实物商品网上零售额达 3445 亿元，增长
19.6%；占社会消费品零售总额的比重为 9.6%，对社会消费品零售总额增长的贡
献率为 27.5%。

数字化治理深入推进。在数字政府方面，山东省通过统一构建互联互通的基

础设施体系、先进适用的应用支撑体系、融合汇聚的数据资源体系、可管可控的安全保障体系、持续优化的标准规范体系这五大体系，推动政务服务、公共服务、社会治理、宏观决策、区域治理5个方面一体化转型。在"互联网+"教育方面，山东省教育厅与浪潮集团签署合作协议，将充分利用浪潮集团在云计算、大数据、人工智能等方面的技术优势、人才优势以及山东省教育厅的业务优势和资源优势，采用"平台+生态"服务模式，整合各类教育资源、合作伙伴及教育产品，共同构建山东教育信息化2.0生态体系。

（二）数字经济政策情况

强化数字经济顶层设计。山东省高度重视数字经济政策体系构建，探索利用新一代信息技术带动新旧动能转换，带动经济高质量发展。2019年2月，《数字山东发展规划（2018—2022年）》提出，"全省数字经济规模占GDP比重力争年均提高2%以上，达到45%以上，数字山东建设跻身全国前列"的发展目标。2019年3月，为贯彻落实《数字山东发展规划（2018—2022年）》、加快推进数字山东建设，《数字山东2019行动方案》提出从打造协同高效的数字政府、培育富有活力的数字经济、构建智慧便民的数字社会、增强支撑有力的基础设施保障等方面强化数字经济政策落地。2019年7月，《山东省支持数字经济发展的意见》提出，以"数字产业化、产业数字化"为主线，以促进新一代信息技术与实体经济深度融合为重点，使山东省数字经济顶层设计更加清晰。在组织机制方面，山东省数字经济政策领导机制主要按照部门职责分工配合，同时领导小组负责日常协调、指导、调度等工作。在政策扶持上，以财税政策为主，并给予费用优惠、贷款支持，以奖代补。

加快数字产业化的新兴产业发展。近年来，山东省加大大数据、云计算等新兴产业布局，通过培育新兴产业拉动数字产业化升级演进。例如，2016年10月，《山东省人民政府关于促进大数据发展的意见》提出，要强化大数据对政府治理、经济转型、社会服务的支撑，并提出建设高水平的大数据研究与信息资源库，大力推动跨部门信息资源共享，明确数据开放范围、核心数据开放领域和需要优先发布的高价值数据集，促进政务大数据、质监大数据、食品药品安全大数据、健康医疗大数据等发展应用，建设一批大数据应用示范中心和网上展示平台。同时，山东省十分注重互联网业态健康有序发展，加快推进IPv6在山东省规模部署，促进互联网演进升级和健康创新发展，建设网络强省。2018年11月，《山东省推进互联网协议第六版（IPv6）规模部署行动计划的实施方案》提出，通过典型应用先行，以应用为切入点和突破口，重点对用户多、使用广的典型互联网应用进行IPv6升级改造，强化基于IPv6的特色应用创新，带动网络、终端协同发展。抓住移动网络升级换代和固定网络"千兆光网城市"建设发展机遇，统筹推进移动网络和固定网络的IPv6发展，实现网络全面升级。通过增量带动存量，新增网络设备、应用、终端全面支持IPv6，带动存量设备和应用加速替代，实现下一代互联网各环节逐步升级。2019年1月，《关于促进全省移动互联网健康有序发展的实施意见》提出，推动移动互联网创新发展、发挥移动互联网驱动引领作用、让移动互联网发展成果惠及全民、有效防范和化解移动互联网安全风险4项重点任务。加快基础设施优化升级，实现核心技术突破，促进工业互联网、智慧农业发展，以电商平台促进传统经济转型升级。

培育产业数字化生态。 近年来，山东省不断出台产业数字化政策，政策重点向数字化转型方向倾斜，从智慧农业、智能制造、工业互联网建设等方面提高一、二、三产业发展质量。在第一产业方面，2016年7月，《山东省人民政府办公厅关于贯彻国办〔2015〕78号文件促进农村电子商务发展的实施意见》出台，通过培育农村电子商务市场主体，开展"鲁货天下行"网络促销、举办网商创新大赛等网络营销活动，支持各地发展"名特优新""三品一标""一村一品"等网销产品，推动农村电子商务集聚发展，建设一批电商村、电商镇。2017年9月，《山东省人民政府办公厅关于加快推进重要产品追溯体系建设的实施意见》出台，通过应用现代信息技术加快建设重要产品追溯体系，实现重要产品"来源可查、去向可追、责任可究"。2018 年 9 月，《山东省农业"新六产"发展规划》明确了终端型、体验型、循环型、智慧型 4 种业态的农业具体发展途径和主要内容。

在第二产业方面，2017 年 8 月，《山东省智能制造发展规划（2017—2022 年）》为发展智能制造，培育新业态、新技术、新产业、新模式，推进产业智慧化、智慧产业化、跨界融合化，推动全省制造业供给侧改革，加快制造业新旧动能转换，实现制造强省目标。山东省通过建设一批智能制造创新平台、大力发展关键技术装备提升智能制造水平，依靠工业大数据技术、工业互联网技术、人工智能关键技术，实施智能化改造。2018 年 6 月出台的《山东省智能制造"1+N"带动提升行动实施方案（2018—2020 年）》指出，从 2018 年起至 2020 年，山东省开展智能制造"1+N"带动提升行动（"1"是指智能制造标杆企业，"N"是指由"1"带动辅导实施智能化改造的企业），推动全省新旧动能加快转换。在第三产业方面，2003 年 5 月，《山东省人民政府办公厅关于进一步加快电子商务发展的意见》提出，通过开展网上交易和网络营销，加强企业与客户交流联系，促进业务洽谈和产品销售，对传统营销模式和交易方式进行补充。2018 年 12 月，《山东省人民政府办公厅关于推进电子商务与快递物流协同发展的实施意见》支持电子商务企业、快递物流企业优势互补，通过联合经营、兼并重组等方式，培育一批协同发展骨干企业；加强快递物流末端网络设施建设，推动建设电子商务和快递物流协同发展园区，推广"电子商务产业园 + 快递物流产业园"融合发展模式和标准体系建设，提高电子商务和快递物流协同运行效率。

提升数字化治理能力。在数字政府方面，山东省加快数字政府建设步伐，2019 年 3 月，《山东省数字政府建设实施方案（2019—2022 年）》提出，通过构建互联互通的基础设施体系，强化政务数据统筹管理，构建可管可控的安全保障体系，优化一站式一体化政务服务平台等举措推动公共服务、社会治理向数字化转型。在公共服务方面，山东省加强"互联网 +"公共服务发展，在医疗、社保等诸多领域，利用新模式、新业态，提高数字经济公共服务效率。以医疗领域为例，2019年7月，《山东省推进"互联网＋医疗健康"示范省建设行动计划（2019—2020年）》明确提出2019—2020年将聚焦群众就医难点问题，大力发展"互联网＋医疗健康"新技术、新产业、新业态、新模式，进一步改善医疗服务水平，持续提高人民群众看病就医获得感；明确鼓励依托医疗机构发展互联网医院，鼓励执业医师开展"互联网＋医疗健康"服务；同时，发挥优势企业作用，建设互联网医院运营平台。到2020年，全省二级以上医疗机构普遍开展互联网诊疗服务。在智慧城市方面，山东省将智慧城市建设作为"数字山东"建设的重要内容，强化利用物联网、车联网等技术推动城市管理智慧化。2019年9月，数字山东建设专项小组办公室印发了《山东省新型智慧城市试点示范建设工作方案》，围绕"优政、惠民、兴业、强基"4个方面，从2019年到2023年，组织实施山东省新型智慧城市试点建设及示范推广。山东省提出从2019年到2021年，分三批开展10个左右的市、30个左右的县（市、区）试点建设，打造一批山东省新型智慧城市样板；从2022年到2023年，将开展新型智慧城市示范推广工作，力争将智慧城市打造成"数字中国"建设领域代表山东的一张名片。

（三）政策展望

近年来，山东省经济下行压力较大，为此政府在提高经济发展质量方面出台了多项政策，实现该省新旧动能转换。2019年起，山东省陆续出台了《数字山东发展规划（2018—2022年）》《山东省支持数字经济发展的意见》《山东省数字经济园区（试点）建设行动方案》，为更好地发展数字经济构造顶层设计，逐渐注重数字经济对山东实体经济的助推作用。近年来，山东省不断强化产业数字化政策，政策着力点逐步向一、二、三产业数字化转型倾斜，从智慧农业、智能制造、工业互联网建设等方面提高各产业发展质量。未来，山东省将按照顶层设计规划，抓住数字经济发展机遇，更加规范化地发展数字经济，促进数字经济对新旧动能转换的推动，实现经济向高质量方向发展。

四、浙江省数字经济政策

（一）数字经济概况

浙江省位于长三角南翼，在经济上主动接轨上海，积极与长三角地区交流合作，并融入长三角一体化和长江经济带建设，不断提高对内对外开放水平。2019年10月，浙江省入选国家数字经济创新发展试验区。2018年年底，全省常住人口有5737万人，比2017年年底增加80万人，增长率为1.41%。全省GDP总量为56197亿元，比2017年增长7.1%，位居全国第四。人均GDP为9.9万元，位居全国第五。

数字产业化支撑作用不断强化。电信业务能力明显提升。2019年，浙江省电信业务总量达到6716亿元，同比增长63.8%。2019年年底，移动电话用户数为8736万户，比2018年增加428万户，其中使用3G、4G、5G移动电话用户数达7072万户。固定互联网宽带接入用户数达2782万户，增加134万户，比2018年同期增长5.05%，其中固定互联网光纤宽带接入用户数为2509万户，增加160万户。2019年年底固定电话普及率为22.8部/百人，移动电话普及率为152.3部/百人，（固定）互联网宽带普及率为48.5户/百人，物联网终端用户数达到11920.50万户，同比增长46.43%。数字经济核心产业快速成长。浙江省积极实施人工智能"铸脑"行动计划，推进阿里巴巴"城市大脑"国家新一代人工智能开放创新平台建设，2019年浙江省人工智能产业增加值增长21.3%；新一代信息技术、新能源、生物和新材料产业增加值分别增长18.4%、11.9%、11.6%和8.8%；浙江省加快培育5G产业，开展5G+行动，全省已建成5G基站超3000个。

加快推进产业数字化进程。高效发展乡村新经济。2019年，浙江省累计创建省级现代农业园区达59个，全省农业"三新"经济占农林牧渔业增加值比重达25%以上，农业科技进步贡献率达到63.5%，超过全国平均水平。浙江省大力实施智能制造、工业互联网建设、"企业上云"行动，推进智能化改造，组织实施"十百千万"智能化改造工程，形成政府主导、企业主体、工业信息工程服务商支撑、智库辅导、金融支持"五位一体"联动工作机制。2019 年上半年，浙江省已实施智能化改造项目 5042 项，推广应用工业机器人 9894 台，规模以上工业劳动生产率从 2013 年的 16.78 万元 / 人提高到 2018 年的 22.5 万元 / 人。通过构建"1+N"工业互联网平台，将工业互联网作为推动制造业数字化转型的关键支撑，发挥阿里云、中控等企业优势，打造"1+N"工业互联网平台体系。工业互联网实现 11 个设区市全覆盖，培育行业级、区域级和企业级工业互联网平台达 47 个，形成"平台赋能服务商，服务商服务中小企业"的三级业务模式。实施"企业上云"行动，在全国率先制定"企业上云"标准体系，开发建设"企业上云数据监测系统"，通过政策引导、示范推广、考核激励等举措推进"企业上云"行动，2019 年上半年累计上云企业数达到 31.45 万家，全省重点工业企业上云普及率达 65.81%，206 家企业成为上云标杆企业，打造了税友财税云服务平台、印花设计服务云平台等 10 个行业云应用平台，有力地支撑了企业数字化转型。电子商务发展稳中有增。2019 年浙江省网络零售额达 19773 亿元，同比增长 18.4%；省内居民网络消费达 9984 亿元，增长 18.5%；跨境网络零售出口达 777.1 亿元，同比增长 35.3%。2019 年杭州、宁波、义乌跨境电商交易额分别增长 45.3%、41.6%、28.3%，温州、绍兴获批跨境电商综合试验区。

数字化治理水平不断增强。在数字政府方面，浙江省政务服务网作为"最多跑一次"改革的重要载体，大力推进"一窗受理、集成服务"，加快建设"审批事项最少、办事效率最高、政务环境最优、群众和企业获得感最强"的省份。目前，浙江省形成了全省事项清单统一发布、网上服务一站汇聚、数据资源集中共享的一体化网上政务服务体系。在"互联网 +"健康医疗方面，浙江省是全国"互联网 + 健康医疗"示范省，2019 年 1 月，浙江省卫生健康委员会、阿里健康、支付宝以及多家医院联合宣布上线全国首个"服务 + 监管"为一体的互联网医院平台。该平台统一浙江全省互联网医院服务入口，为患者提供在线咨询、慢病网上复诊、家庭医师网上签约等服务。在"互联网 +"教育方面，2019 年 1 月，"互联网 + 义务教育"被列为浙江省政府十大民生实事项目之一；同年 3 月，浙江省政府出台 1000 所中小学"互联网 + 义务教育"结对帮扶实施方案。通过一根根网线，越来越多的城乡学校"合"在一起上课，用互联网构建跨学校的数字化学习共同体。

（二）数字经济政策情况

数字经济顶层设计较为完备。近年来，浙江省高度重视数字经济建设，以数字经济"一号工程"为牵引，提出了一系列数字经济顶层设计规划，形成较完备的政策体系。早在 2003 年，浙江省就发布了《数字浙江建设规划纲要（2003—2007 年）》，旨在全面推进全省国民经济和社会信息化建设，实现信息化带动工业化，使信息化、工业化、城市化、市场化和国际化的建设进程有机结合。伴随国内外对数字经济的重视力度的不断加强，浙江省率先从政策层面加强对数字经济的支持。2017 年 12 月，浙江省委经济工作会议提出要把数字经济作为"一号工程"来抓，2018 年相继出台了《浙江省国家数字经济示范省建设方案》《浙江省数字经济五年倍增行动计划》等政策支持国家数字经济示范省建设。在政策领导机制上，浙江省充分发挥省数字经济发展专项领导小组职能，统筹协调全省数字经济发展各领域的重大决策、工作部署和监督检查。在政策保障上，浙江省统筹财政、金融、税收、用地、评奖等政策措施，设立首期规模为 100 亿元的浙江省数字经济产业投资基金，募集 100 亿元参股国家制造业转型升级基金。

超前布局数字产业化政策。浙江省作为我国数字经济大省，数字经济政策始终走在国内前列。在数字产业化领域，浙江省在大数据、人工智能、5G 等前沿技术领域超前布局，抢占先发优势，获得积极成效。2016 年 2 月，《浙江省促进大数据发展实施计划》提出，通过打造数据共享、交换和开放统一平台，建设社会治理大数据应用体系；围绕经济运行科学化，建立监测分析大数据支撑体系；围绕民生服务普惠化，推动公共服务大数据应用创新；围绕技术研发及产业化，激发创业创新活力；围绕数据应用普及化，培育产业发展新生态，完善大数据安全保障体系。2017 年 12 月，《浙江省新一代人工智能发展规划》提出，为加快人工智能技术攻关和深度应用，催生新兴产业，培育经济发展新动能，抢占发展制高点，促进全省经济社会智能化升级。浙江省通过重点突破核心基础理论和技术瓶颈，加快推进智能安防、智能汽车、智能机器人、智能家居等应用，加快人工智能专业园区的战略性、全局性布局，推进制造业智能化应用推广；围绕市场消费热点，优先在医疗、金融、商务、物流、教育、文创等领域开展人工智能应用试点，实现人工智能在公共服务领域的融合应用。2019 年 4 月，浙江省提出了《浙江省"万亩千亿"新产业平台建设导则（试行）》，"万亩千亿"新产业平台是指面向重量级未来产业、具有万亩空间左右、千亿产出以上的产业平台，通过遵循"创新驱动、高端引领、产城融合、高效运营"的基本原则，按照"高端化、数字化、国际化、绿色化、共享化"的建设要求，推动产业链、创新链、资金链、服务链深度融合，打造良好的产业创新生态。2019 年 4 月，《浙江省人民政府关于加快推进 5G 产业发展的实施意见》出台，提出超前布局建设 5G 网络，统筹建设关键基础设施，强化 5G 技术创新，支持 5G 重点产品开发；聚焦城市核心区、重要功能区、学校、医院、公共服务机构等重点区域的 5G 网络优质覆盖；推动"5G + 智能制造""5G + 超高清视频""5G + 智慧安防""5G + 智慧医疗"等示范应用工程建设，抢抓机遇，培育壮大第五代移动通信产业，增强经济社会发展新动能。

以电子商务带动产业数字化全面发展。 作为电子商务大省，浙江省着重围绕第三产业数字化转型，带动第一产业、第二产业全面发展，夯实电子商务强省地位，推动产业数字化发展。在第三产业方面，2011 年 6 月，《浙江省电子商务产业"十二五"发展规划》提出，为进一步巩固和发展电子商务的先发优势，开拓国际国内市场，改善人民生活，加快经济转型升级，提升综合实力。浙江省实施了电子商务大平台工程，进一步做强电子商务大平台，发挥网络零售成本低、覆盖广、速度快的优势，全方位推动电子商务发展。2014 年 4 月，《浙江省跨境电子商务实施方案》提出，通过多层次、多方式和全球化的思路，大力发展跨境电子商务业务，推动中小网商、专业化跨境电商、传统外贸企业积极参与，建设跨境电商的仓储物流中心、跨境电商的物流服务体系、跨境电商的支付服务体系，落实完善跨境电商管理机制。在第二产业方面，2018 年 2 月，《浙江省智能制造行动计划（2018—2020 年）》提出，为加快"智能化＋"，实现制造业转型升级、提质增效与可持续发展，推动实施智能制造关键技术装备研发推广、重点领域智能制造试点示范、智能制造标准体系引领、智能制造应用模式和机制创新等七大工程。2018 年 4 月，《浙江省深化推进"企业上云"三年行动计划（2018—2020 年）》提出，分类推进"企业上云"、企业深度用云。以上云为切入点，提升融合应用水平，培育行业云应用平台和一批工业互联网应用示范企业，构建"智能机器＋云平台＋工业 App"的功能架构，推进 5G 试验网建设与商用，发展基于云计算的物联网服务平台。在第一产业方面，2016 年 6 月，《浙江省人民政府办公厅关于加快转变农业发展方式的若干意见》提出，通过转变粮食生产方式，建设农业"两区"，打造农业"一区一镇"，积极发展"互联网＋现代农业"，加快农业信息基础设施建设和信息技术推广运用，建设农业物联网平台，打造一批智慧农业园区示范样板。2018 年 7 月，《浙江省农业绿色发展试点先行区三年行动计划（2018—2020 年）》提出，坚持三产融合、科技创新、生态循环、主体创业、产村联动，高标准构建生产基础、质量管理、控源治污、循环利用、技术装备和人文支撑"六大体系"，围绕农业绿色发展目标任务，重点推进"三调三治理"，推动农业数字化转型。

大力提高城市数字化治理水平。在智慧城市方面。2018 年 10 月，浙江省住房和城乡建设厅发布了《浙江省推进智慧城管发展三年行动计划（2018—2020 年）》，提出发挥智慧城管平台在创新城市治理模式中的作用，提升城市管理规范化、智能化和精细化水平，提高城市市政公用设施的运行效率和人居环境质量。浙江省智慧城管行动任务为"12345"行动，即打造一个智慧城管数据中心；扩大智慧城管区域覆盖面、提高智慧城管类别覆盖率两大智慧城管覆盖面；建设标准规范体系、运行监管体系、绩效评价体系三大智慧城管保障体系；夯实智能感知平台、城管专有云平台、数据交换共享平台、城管大数据分析平台四大智慧城管基础平台；拓展市容秩序智能应用系统、市政公用设施运行智能监管系统、大数据决策智能化应用系统、公共服务智能化应用系统、城市应急管理智能化应用系统五大智慧城管应用系统。在智慧政府方面，2018 年 7 月，《浙江省数字化转型标准化建设方案（2018—2020 年）》为助力政府数字化转型、全力打造智慧政府，提出以"最多跑一次"改革标准化建设为突破口，按照"123466"的要求，完善标准化运行机制，支撑社会数字化转型，全力打造智慧浙江，推动公共服务智能化、社会治理集成化、公众消费数字化。在智慧医疗方面，2016 年 6 月，《浙江省深化医药卫生体制改革综合试点方案》提出，大力发展智慧医疗健康服务，通过运用大数据、云计算、物联网技术，完善健康信息服务基础框架，推广智慧医疗健康服务应用；依托浙江信息产业基础和优势，鼓励医疗卫生机构与互联网企业合作，推进"互联网 +"健康产业发展。

（三）政策展望

近年来，浙江省数字经济发展取得良好成果。2017 年浙江省确立实施数字经济"一号工程"后，"城市大脑"、数字大湾区等标志性项目的建设得到有序推进。浙江省获批国家数字经济创新发展试验区，首个国家新型互联网交换中心试点落户浙江。2018 年浙江省数字经济总量为 23346 亿元，总量和增速均居全国第四位，数字经济核心产业增加值达到 5548 亿元，占 GDP 的比重为 9.9%，对 GDP 增长的贡献率达 17.5%。浙江省发展数字经济优势明显。早在 2003 年，浙江省就开始探索"数字浙江"建设，在优势产业上拥有阿里巴巴、海康威视、新华三、阿里云等全球领军互联网信息技术企业，为数字经济发展及数字政策的落实提供了载体。整体来看，浙江省数字经济政策主要围绕第三产业的数字化转型，注重推动全省电子商务领域的发展，夯实电子商务强省地位。实施数字经济"一号工程"后，浙江省提出了一系列数字经济顶层设计规划，并向数字化治理、数字产业化方面倾斜。未来，浙江省将更加全力推进数字经济"一号工程"，深入实施数字经济五年倍增计划，大力建设国家数字经济创新发展试验区，加快各行业各领域数字化改造。

五、上海市数字经济政策

（一）数字经济概况

上海市地处长江入海口，是我国经济、金融、贸易、航运、科技创新中心，2018 年上海市被全球化与世界级城市研究小组与网络（Globalization and World Cities Study Group and Network，GaWc）评为"世界一线城市"。2013 年 9 月 29 日，上海自由贸易试验区正式成立，最大限度地促进了长三角区域经济的快速发展，开放型经济为上海市创造了历史性的发展机遇。2018 年年底，上海市常住人口达 2324.78 万人，比 2017 年年底增加 5.45 万人，增长率为 0.23%。2018 年，上海市 GDP 总量为 32679.87 亿元，比 2017 年增长 6.6%，位居各直辖市第一，人均 GDP 为 13.5 万元，仅次于北京。

数字产业化向高质量方向发展。核心产业基础不断夯实。2019 年上海市电信业务总量达到了 2244.05 亿元，同比增长 56.7%。全年实现信息产业增加值达 4094.60 亿元，比 2018 年增长 10.1%。其中，信息服务业的增加值为 2863.12 亿元，增长 15%。2018 年上海市电子信息制造业发展指数为 72.12，位居全国第四，已经连续三年处于前 5 名之内。上海市不断拓宽数字基础设施及技术覆盖面。至 2019 年年底，上海市千兆接入能力覆盖家庭数达到 959 万户，比 2018 年年底增加 59 万户。光纤到户能力覆盖家庭数达 959 万户，比 2018 年年底增加 3 万户。4G 用户数达 3583 万户，比 2018 年年底增加 331 万户。IPTV 用户数达 557 万户，比 2018 年年底增加 159 万户。上海市完成全国首次跨省 5G 视频通话实现互联，2019 年完成建设 16672 个 5G 宏基站，14614 个 5G 室内小站，实现 5G 网络中心城区和郊区重点区域全覆盖；加快部署新型城域物联专网，至 2019 年年底，上海市智能传感终端累计超过 50 万个。

产业数字化转型升级成效显著。上海市加强农业物联网建设，自实施农业物联网区域试验工程以来，研发出一批具有自主知识产权的技术产品并提供解决方案，全市有 63 项成果被列入农业农村部发布的农业物联网产品展示与应用推介目录，已在 200 多家蔬菜园艺场、80 多家标准化生猪养殖场、10 多家奶牛场建立了信息管理系统，实现生产过程档案电子化。上海市智能制造产业不断发展壮大，2019 年上海市智能制造装备实现工业总产值达 1463.21 亿元，其中机器人及系统集成突破 400 亿元，智能仪器仪表及传感器逆势上扬，产值为 103.28 亿元，同比上升 2.2%；智能制造关键装备及核心部件首台（套）突破 40 余项，累计承担国家智能制造综合标准化与新模式应用 37 项。智能制造系统集成产业发展迅速，上海市已成为国内最大的智能制造系统解决方案输出地；工业机器人的产业规模居全国第一，国内外巨头集聚；数控机床产业向高端化、智能化、专业化方向发展，形成了研发、制造、服务等较为完备的体系；智能传感器产业攻克了一批关键核心技术，自主创新能力逐步增强。上海市还大力发展数字贸易，2019 年上海市政府提出，要将上海市加快建设成为全球范围内要素高效流动、数字规则完善、总部高度集聚的"数字贸易国际枢纽港"。上海市打造"数字贸易国际枢纽港"有着扎实的基础，2018 年实现了数字贸易进出口达 260 亿美元，同比增长 16%。同时，作为上海市数字贸易的两大支柱领域，2018 年上海市数字内容和数字服务出口额分别达到 27 亿美元和 143 亿美元。

数字化治理实现新突破。 在电子政务方面，截至 2019 年年底，上海市"一网通办"总门户接入事项达到 2261 个，线上办事达 651 万件；审批事项提交材料和办理时限分别比 2018 年平均减少 52.9% 和 59.8%。在智慧城市方面，上海市信息化建设水平持续提高，2019 年实现 5G 网络中心城区和郊区重点区域全覆盖，与此同时，新型城域物联专网加快部署，至 2019 年年底，智能传感终端累计超过 50 万个。在智慧城管方面，智慧公安建设加快推进，上海市在智慧城市、智慧政府框架下建设智慧公安，努力探索出一条顺应时代潮流、具有上海特点的社会治理新道路。经过两年的努力，智慧公安对社会治理的赋能效应逐步显现，上海市人民群众的安全满意度连创新高。

（二）数字经济政策情况

以关键领域为核心布局数字经济政策体系。上海市作为长三角数字经济发展的引领者，早在 2003 年《上海市政府工作报告》就提出了构筑"数字城市"基本框架。随后，上海市围绕产业数字化，陆续出台了《上海市促进电子商务发展规定》《农业物联网区域试验工程建设（上海）实施方案》《上海市推进"互联网＋"行动实施意见》等一系列数字经济政策。2017—2019 年，数字经济政策向第二产业数字化转型及数字产业化倾斜，上海市先后出台了《关于上海创新智能制造应用模式和机制的实施意见》《关于本市推动新一代人工智能发展的实施意见》《上海市工业互联网创新发展专项支持实施细则》《上海市智能制造行动计划（2019—2021 年）》等政策。在政策领导机制上，上海市成立了智慧城市建设、人工智能产业工作等领导小组，在政务服务、城市运行、数字经济等重点领域发挥领导作用。在政策保障上，除了相应的财税政策支持以外，上海市成立了"数字经济产业发展基金"，为业内企业发展提供资金扶持服务。

加大数字产业化重点领域培育。上海市加大云计算、人工智能、5G 等领域政策部署，打造国家级示范平台，提升数字产业化引领作用。2017 年 1 月，《上海市关于促进云计算创新发展培育信息产业新业态的实施意见》提出，优化基础设施能级，增强云计算服务能力，鼓励云计算技术企业与产业链上下游以及科研院所深入合作，加速云计算与物联网、移动互联网、互联网金融、电子商务等技术和服务的融合发展与创新应用，积极培育新业态、新模式，发挥云计算对数据资源的集聚作用，实现数据资源的融合共享。同时，面向工业制造、商贸流通、电信、金融、教育、医疗等行业，上海市建立云计算企业和行业企业的资源对接平台，大力提升云计算示范应用水平。2017 年 10 月，《关于本市推动新一代人工智能发展的实施意见》指出，围绕智慧城市建设和上海超大型城市有序治理需求，加快人工智能在经济发展、城市治理和公共服务重点领域的深度应用；推进"产、学、研、用"深度合作，加强前沿基础研究、关键共性技术攻关、功能型平台建设，抢占关键领域人工智能技术制高点；坚持人工智能装备、产品与核心部件、系统协同发展，推动人工智能产业集聚。2019 年 6 月，《上海市人民政府关于加快推进本市 5G 网络建设和应用的实施意见》印发，提出通过推广 5G 在制造、交通、医疗、教育、休闲娱乐、城市管理等重点领域的应用，建设 5G 示范区与产业集聚，发挥 5G 对上海市经济和社会发展的重要驱动作用。2019 年 8 月，《上海市公共数据开放暂行办法》出台，旨在促进、规范上海市公共数据的开放和利用，提升政府治理能力和公共服务水平，推动数字经济发展。

以数字化转型带动产业数字化全面发展。近年来，上海市不断加大第二产业和第三产业的数字化转型政策力度，注重制造业与服务业转型升级，探索第一产业数字化应用，提高社会全要素生产率和运行效率。在第二产业方面，2017 年 2 月，《关于上海创新智能制造应用模式和机制的实施意见》提出，通过培育离散型智能制造、流程型智能制造、网络协同制造、远程运维服务等智能制造应用新模式，建立智能制造融资租赁应用机制、效益分享应用机制、生产能力共享应用机制、应用与产业联动机制等智能制造应用新机制，充分发挥智能制造应用对上海市制造业转型升级、提质增效的引领推动作用。2018 年 7 月，《上海市工业互联网产业创新工程实施方案》提出，全面推进在重点园区、产业集聚区及周边区域建设低时延、高可靠、广覆盖的基础网络；支持工业软件云化发展，鼓励平台运营商、应用提供商、第三方软件商等构建新一代研发工具软件和业务系统软件。2018 年 11 月，《上海市推进企业上云行动计划（2018—2020 年）》提出，全面提升上海市企业信息化水平和云计算产业实力，推动实体经济与数字经济深度融合，深入推进工业云应用试点示范工作，培育工业云平台、工业软件、工业互联网优秀企业。在第三产业方面，2008 年 11 月，上海市人民代表大会常务委员会通过了《上海市促进电子商务发展规定》，这是我国第一部专门关于电子商务发展规定的地方性法规，对促进上海市电子商务的发展、规范企业的诚信经营及保护消费者合法权益方面做出了许多新的规定。2019 年 7 月，《上海市数字贸易发展行动方案（2019—2021 年）》率先提出，打造上海"数字贸易国际枢纽港"，建设数字贸易创新创业、交易促进和合作共享中心的总体思路。这是全国首个数字贸易发展行动方案，主要涉及云服务、数字内容、数字服务的行业应用、跨境电子商务4个领域。在第一产业方面，2013年12月，上海市农业委员会出台了《农业物联网区域试验工程建设（上海）实施方案》，提出构建农业物联网应用公共服务平台，通过实施绿叶菜安全生产物联网、动物及动物产品安全监管物联网、水稻"产加销"物联网等应用示范，推进物联网技术在农产品电子商务中的应用，构建具有综合展示、应用管理和指挥调度服务的农业物联网应用公共服务平台。2016年10月，《关于本市加快推进重要产品追溯体系建设的实施意见》提出，推进食用农产品、食品、药品、主要农业生产资料等追溯体系建设，加快实施"互联网+"战略，推动应用现代信息技术建设追溯体系。2018年11月，《上海市乡村振兴战略实施方案（2018—2022年）》指出，上海市乡村振兴的重大抓手是"363"工程，即打造"三园工程"（美丽家园、绿色田园、幸福乐园），实施六大行动计划，落实三大保障机制。

数字化治理政策逐步强化。伴随数字经济从"两化"向"三化"的迈进，上海市数字经济政策开始逐步向数字化治理方向倾斜，对智慧城市、智慧政府等的建设不断加强，并强化教育、医疗、公共服务领域的创新应用，带动社会福利上升。在数字政府方面，2019年3月，《2019年上海市推进"一网通办"工作要点》提出，以"减环节、减时间、减材料、减跑动"为目标，全力推进业务流程革命性再造；加强政务服务事项标准化建设，扩大政务服务覆盖面，聚焦教育、医疗、住房、社保、民政等与群众日常生产生活密切相关的领域；持续深化行政审批制度改革，充分激发市场活力和社会创造力，建成全流程一体化在线服务平台；对接国家政务服务平台，加快推进长三角地区"一网通办"。在医疗健康方面，2019年7月，上海市卫生健康委员会通过了《上海市互联网医院管理办法》，提出为规范和推进上海市互联网医院健康发展与互联网诊疗活动顺利进行，明确了诊疗范围、准入标准、监督管理等内容，也对互联网医院的信息化建设与管理提出要求，对医疗纠纷处理进行责任明确。在在线教育方面，2016年8月，《关于促进本市互联网教育发展的指导意见》提出，积极推动互联网教育培训机构充分利用互联网技术，建立多种形式的学习平台；探索新型教育服务供给方式，促进教育模式的变革转型；将互联网教育培训机构的在线课程纳入上海市终身教育学分银行认证范围，打造上海市互联网教育品牌，推进上海市互联网教育培训机构健康发展，更好地服务上海市经济与社会的发展。

（三）政策展望

当前，长三角地区的数字经济发展规模和增长速度领先全国，而上海市作为长三角地区数字经济发展的引领者，在数字经济发展上具备诸多优势，主要体现在高水平数字人才优势明显、在数据及信息化基础设施领域较早地建设了大数据和云计算中心。上海市数字经济政策主要集中于第二产业和第三产业的数字化转型，注重制造业与服务业转型升级，近年来，上海市开始向数字化治理方向倾斜，逐步关注智慧城市、智慧政府的建设。2019 年 10 月，上海市委常委会审议通过了《上海加快发展数字经济推动实体经济高质量发展的实施意见》，指出加快构筑新时代上海市发展新优势，加快提升数字经济规模和质量。未来，上海市或将围绕这一意见，继续聚焦重点领域，推进信息化项目工作，助力长三角地区数字经济发展。

六、北京市数字经济政策

（一）数字经济概况

北京市作为全国的政治中心、文化中心、国际交往中心、科技创新中心，积聚了大量的物质和文化资源，汇集了各行各业的领军企业，吸引了国内外大批大型企业落户。2019 年年底，北京市常住人口达到 2153.6 万人，同比减少 0.6 万人，全市实现地区生产总值达到 35371.3 亿元，比 2018 年增长 6.1%，全市居民人均可支配收入为 67756 元，比 2018 年增长 8.7%，北京市居民收入增速跑赢了经济增速。

数字产业化规模和能级不断提升。北京市电信业务支撑作用显著增强，2019年北京市电信业务总量为 2681.6 亿元，同比增长 51.4%；2019 年年底固定电话用户为 555.6 万户，固定电话主线普及率为 25.8 线／百人；2019 年年底移动电话用户为 4019.7 万户，移动电话普及率为 186.7 户／百人；2019 年年底固定互联网宽带接入用户数达到 687.6 万户，增长 8.3%。软件和信息技术服务业迅速成长。随着互联网信息技术不断发展升级，以平台经济、数字经济为代表的新经济业态如雨后春笋般出现并快速发展，带动互联网和相关服务业快速增长。2018 年北京市共有信息服务业企业 7.7 万个，软件和信息技术服务业实现收入 8034.3 亿元，占行业收入比重接近 6 成。

产业数字化结构加快转型升级。北京市全面推进工业数字化。截至 2020 年 3 月20 日，工业互联网北京国家顶级节点标识注册总量已突破 18 亿，接入北京国家顶级节点的二级节点有 14 个，接入企业 213 家，涵盖航空、汽车、高端制造、生物医药等行业和领域，推动了北京地区工业互联网、制造业以及数字经济的快速发展。高精尖产业引领工业高质量发展，2019 年，在北京市规模以上工业中，高技术制造业和战略性新兴产业增加值分别增长 9.3% 和 5.5%，对规模以上工业增长的贡献率分别为 74.7% 和 58.9%，发挥了重要引领作用。网络消费表现活跃，2019 年北京市限额以上批发零售业实现网上零售额达到 3366.3 亿元，比 2018 年增长 23.6%，占零售总额的比重为 27.4%，比 2018 年提高了 5 个百分点。北京市大力发展金融科技，连续两年蝉联全球金融科技最强城市，并提出推动大数据技术在业务与客户管理、信用与风险管理、证券投资、保险定价等金融领域的创新和应用；推动以移动互联、物联网为代表的互联技术创新，打造形成"一区一核、多点支撑"的空间布局。

数字化治理取得积极成效。在数字政府方面，北京市以"贴心服务"为宗旨，依托一体化政务服务，构建实体大厅、网上大厅、移动端、自助端、热线电话等全方位服务，着力减事项、减环节、减材料，大力推进政务服务事项标准化，全面提升一窗综合受理率和网上可办率。在智慧交通方面，2019 年 11 月，高德地图与北京市交通委员会签订了战略合作框架协议，共同启动了北京交通绿色出行一体化服务平台（简称"北京 MaaS 平台"），这是国内首个落地实施的一体化出行平台应用试点，同时也是全球首个超千万级用户的 MaaS 平台。依托最新升级的高德地图，北京 MaaS 平台将为市民提供整合多种交通方式的一体化、全流程的智慧出行服务。该平台不仅整合了公交、地铁、骑行、步行、驾车、共享出行等不同的交通服务，还能为市民提供行前智慧决策、行中全程引导、行后绿色激励等全流程的出行服务。

（二）数字经济政策情况

布局数字经济发展行动规划。2016 年 8 月，《北京市大数据和云计算发展行动计划（2016—2020 年）》出台，旨在指导未来 5 年北京市大数据和云计算发展，将北京市建设成为全国大数据和云计算创新中心、应用中心和产业高地。此后，《北京市加快推进重要产品追溯体系建设实施方案》《北京市互联网金融风险专项整治工作实施方案》《北京市人民政府关于积极推进"互联网＋"行动的实施意见》《北京工业互联网发展行动计划（2018—2020 年）》等政策相继出台，对农业、工业、服务业等产业进行数字化转型。2018 年开始，北京市数字经济政策更加注重第三产业的数字化应用以及数字化治理，出台了《北京市促进金融科技发展规划（2018 年—2022 年）》《北京市落实 2018 网络市场监管专项行动（网剑行动）实施方案》《北京促进人工智能与教育融合发展行动计划》等一系列政策。在工作机制上，北京市一般会成立专项工作领导小组和专家委员会，或由有关部门和各区政府共同牵头、共同参与，上下联动进行职责分工。在资金支持上，一方面通过政府财政资金引导，吸引社会资本参与投资；另一方面，通过奖励、补贴等政策工具支持，引进人才，提高企业创新力度。例如，《北京市服务贸易创新发展试点工作实施方案》对增值税一般纳税人销售自行开发生产的软件产品，按 16% 税率征收增值税后，对实际税负超过 3% 的部分实行即征即退政策；对符合条件的软件企业，自获利年度起，第一年至第二年免征企业所得税，第三年到第五年按照 25% 的法定税率减半征收企业所得税。

高度关注前沿数字产业发展。一方面，北京市全面布局新兴产业发展。2017 年 12 月，《北京市加快科技创新发展新一代信息技术产业的指导意见》指出，为进一步加快北京市新一代信息技术产业发展，充分发挥新一代信息技术产业对经济社会发展的重要带动作用，通过提升集成电路自主发展能力，形成人工智能研发优势，构建大数据创新业态，并提高云计算供给能力，提升网络空间安全话语权，更好地引领 5G 技术的发展。另一方面，北京市紧抓大数据、云计算、5G 等前沿技术的发展机遇。2016 年，《北京市大数据和云计算发展行动计划（2016—2020 年）》旨在将北京市建设成为中国大数据和云计算创新中心、应用中心和产业高地。2019 年 1 月，北京市经济和信息化局印发了《北京市 5G 产业发展行动方案（2019—2022 年）》，从网络建设、技术发展、产业发展 3 个维度明确北京市 5G 产业发展目标，实现智能公交、健康医疗、工业互联网等应用的覆盖。

加快数字技术在融合发展中的创新应用。在第一产业方面，北京市为实施乡村振兴战略，在 2018 年 12 月出台了《北京市乡村振兴战略规划（2018—2022 年）》，对构建乡村振兴新格局、建设美丽宜居乡村、推动乡村产业高质量发展、提高农村民生保障水平、繁荣发展乡村文化、完善乡村治理体系等多个方面做出要求。在第二产业方面，北京市进行工业互联网、车联网等新基建布局。2018 年 12 月，北京制造业创新发展领导小组印发了《北京工业互联网发展行动计划（2018—2020 年）》，提出推动北京市工业互联网创新发展实现"535"总体部署。首先，实现 5 个目标：推动规模以上工业企业产线和业务系统上云平台；建成工业互联网标识解析国家顶级（北京）节点和 20 个以上行业标识解析二级节点；重点工业骨干企业创新应用工业技术软件化率达到 50%；创建具有国际竞争力的跨行业、跨领域的工业互联网平台；打造以北京市为中心，辐射津冀两地、服务全国的工业互联网创新应用示范基地。其次，提出三大行动：推进基础设施与公共服务体系建设，推进高端供给能力建设，推进应用创新生态建设。最后，推进五大工程建设：网络建设工程、平台发展工程、应用创新工程、安全提升工程及生态培育工程。在第三产业方面，为进一步推动北京市服务贸易创新高质量发展，2018 年 7 月，《北京市服务贸易创新发展试点工作实施方案》旨在发展服务贸易领域新技术、新产业、新业态、新模式。到 2020 年，服务贸易规模进一步扩大，全国领先地位进一步巩固，其中，新兴服务贸易出口年增速达到 10%，占比力争达到 65%。2018 年 10 月，《关于首都金融科技创新发展的指导意见》提出，充分发挥全国科技创新中心和国家金融管理中心的资源优势、技术优势、人才优势、环境优势，在西城区和海淀区相邻地区建设北京金融科技与专业服务创新示范区，加强专业化公共服务平台建设和支撑，加强金融科技前沿技术和关键核心技术开发应用，大力发展金融科技产业，促进科技创新与金融发展深度融合，以科技创新提高金融服务实体经济能力，以金融发展促进科技创新成果转化应用。

推进数字化治理行为规范与长远布局。在政务服务上，为深入贯彻落实党中央、国务院关于推进"互联网＋政务服务"的决策部署，加快推进政务服务"一网通办"工作，切实提高政务服务质量与实效，更方便企业群众办事，2018 年 7 月，《北京市推进政务服务"一网通办"工作实施方案》出台，从编制网上办事清单、优化网上办事流程、规范网上办事标准、健全完善网上办事配套措施等手段出发，提出到 2020 年年底前，推动互联网和政务服务深度融合，建成覆盖全市的整体联动、部门协同的"互联网＋政务服务"体系。在网络监管上，2018 年 8 月，北京市工商行政管理局等 13 个部门联合制定了《北京市落实 2018 网络市场监管专项行动（网剑行动）实施方案》，提出为进一步规范网络市场秩序，营造诚实守信、公平竞争的网络市场环境，规范网络经营主体资格，严厉查处制售侵权假冒伪劣网络商品行为，整治互联网不正当竞争行为，加大对网络虚假宣传、虚假违法广告的打击力度。在体系建设上，加快构建北京市新一代人工智能领域的人才培养体系和科技创新体系，2019 年 7 月，北京市教育委员会印发了《北京促进人工智能与教育融合发展行动计划》，指出到 2020 年，初步建成适应新一代人工智能发展的人才培养体系和科技创新体系，北京市人工智能领域人才培养和科技创新优势得到进一步增强；到 2035 年，北京市人工智能与教育相互高效赋能，人工智能全面推动教育回归本真，教育持续支撑人工智能健康发展。

（三）政策展望

北京市在制定数字经济政策时，以其政治、经济、文化地位为依托，充分利用得天独厚的数字资源优势，同时北京市众多的高新技术型、创新型、数字技术型企业也为北京市发展数字经济、落实数字经济政策奠定良好基础，充足的高层次创新型人才资源也为数字经济政策目标的实现提供了人才保障。此外，作为京津冀数字经济发展引领者、主导者，北京市数字基础设施在京津冀三地排名第一，北京市通过资本辐射、创新驱动、产业引领，在京津冀协同发展中发挥着龙头作用。

北京市数字经济政策从关注数字技术发展转变为布局产业数字化和数字化治理。在产业数字化政策方面，北京市积极推动工业互联网建设，同时注重制造业与互联网融合；此外，不断推进"智慧乡村"建设和"信息进村入户工程"，促进农业的数字化转型。在数字化治理政策方面，北京市更多地关注"互联网＋政务"建设，北京市数字经济政策在电子政务、智慧教育、智慧交通等多个领域贯彻数字化治理理念。从整体来看，北京市抓住数字经济这一历史契机，加快传统产业和推动新兴产业数字化、智能化转型，做大做强数字经济，拓展经济发展新空间，打造智能化社会。

七、湖北省数字经济政策

（一）数字经济概况

湖北省是我国长江经济带的重要组成部分，地处中部地区，近几年随着东部沿海地区的一些产业向中部地区转移，湖北省社会经济发展较为迅速。2018 年年底，全省常住人口达到 5917 万人，比 2017 年年底增加 15 万人，增长率为 0.25%。全省 GDP 总量为 3.9 万亿元，位居全国第七，比 2017 年增长 7.8%，人均 GDP 为 6.7 万元，位居全国第十。

数字产业稳中有增。2019 年湖北省电信业务总量为 3365.93 亿元，同比增长 65.4%。长途光缆线路总长度达到 3.08 万千米；移动电话交换机容量达 9043.50 万户；固定电话用户数为 518.93 万户；移动电话用户数达到 5688.02 万户；全省电话普及率为 104.9 部 / 百人，移动电话普及率为 96.1 部 / 百人；固定互联网宽带接入用户数为 1708.32 万户，比 2018 年增加 227.59 万户；移动互联网用户接入流量达 3.827×10^9 GB，比 2018 年增长 75.3%。2018 年湖北省软件和信息技术服务业的综合发展指数为 74.7，一级指标中的支撑服务指数位居前列。

产业数字化结构与质量持续向好。湖北省大力发展农村电商助力乡村经济振兴，2019 年，湖北省与阿里巴巴集团签署了战略合作协议，双方合作建设物流服务网络，月均服务村民超过百万人次，并建设了"兴农扶贫县域品牌站"。与此同时，蚂蚁金服普惠金融已经实现对湖北省 32 万"三农"用户授信覆盖，有效推动了湖北的农村电商发展、农民增收和脱贫攻坚工作。湖北省加快推进智能制造，2019 年全国首条 5G 智能制造生产线在武汉光谷启动，该生产线可以实现设备点对点通信、设备数据上云、横向多工厂协同、纵向供应链互联，打造设备全生命周期在线管理、运营数据监控与决策、订单全程追溯的透明交付，生产效率较改造前提升 30% 以上。湖北省跨境电商实现跨越式发展，2019 年是武汉市跨境电商综合试验区获批后发展的第一个年头，武汉市海关以服务湖北省经济社会发展为目标，以口岸和平台为抓手，推动优化跨境电商业务布局，集聚优势资源，推动跨境电商集约突破发展。2019 年湖北省跨境电商清单量为 542.5 万票，同比增长 29.3 倍；货值达 12.7 亿元，同比增长 12.3 倍。

数字化治理水平不断提升。在"互联网 +"政务服务方面，湖北省一体化政务服务平台（湖北省政务服务网）已经基本实现省市县乡村"五级覆盖"，即覆盖100%省市县、88.7%乡镇、71.7%村（社区）。湖北省发布可网办事项59.2万项，全程网办事项57598项。在"互联网+"社会扶贫方面，湖北省自2017年11月启动社会扶贫网应用推广工作以来，坚持以社会扶贫网应用推广统筹"互联网+"社会扶贫工作，突出搭建平台、盘活资源、精准对接、规范运行、放大效能5个维度。截至2019年6月底，全省综合注册人数888万人，贫困户累计发布帮扶需求67万条，成功对接55万条，对接成功率82%；累计帮扶次数277万次，捐赠资金2109万元，居全国首位。在"互联网+"医疗健康方面，2018年11月，中国移动通信集团湖北有限公司与华中科技大学同济医学院附属协和医院签署了共建合作协议，双方将开展5G技术和医疗行业应用、智慧院区、智能化运维、自动化物流等方面的合作与研究，打造湖北省首家5G智慧医院。

（二）数字经济政策情况

由信息化建设转为数字经济规划发展。湖北省数字经济发展布局可追溯至2007年10月印发的《2006—2020年湖北省信息化发展战略》，旨在指导全省信息化建设和发展，切实使信息化成为推动经济社会发展和改革的重要力量。随后，湖北省数字经济政策主要集中于产业数字化方面，陆续出台了《湖北省人民政府关于大力推进电子商务发展的意见》《加快全省智能制造装备产业发展行动方案》《湖北省人民政府办公厅关于加快推进农村电子商务发展的意见》等一系列政策。2017年，湖北省开始注重数字产业化发展，加强基础设施建设规划，陆续颁布了《湖北省大数据发展行动计划（2016—2020年）》《湖北省云计算大数据发展"十三五"规划》等一系列政策。近年来，数字经济政策开始向数字化治理方向倾斜，出台了《湖北省人民政府办公厅关于促进"互联网+医疗健康"发展的实施意见》《湖北省人民政府关于推进数字政府建设的指导意见》等一系列政策。在政策领导机制上，湖北省通过成立工业互联网专项工作组、数字政府建设领导小组等工作领导小组的形式，统筹推进、合理分工。在政策保障上，湖北省加大财税、专项资金支持力度，并成立了工业互联网产业发展基金、湖北省长江经济带产业基金等保障数字经济政策实施。

推进数字基础设施建设与数据资源共享。在数据开放上，2016年9月，《湖北省大数据发展行动计划（2016—2020年）》提出，围绕机制创新，深入推进数据资源共享开放，夯实大数据应用基础，发展工业大数据、农业大数据、服务业大数据、大众创业万众创新大数据，助力产业创新发展，推动大数据在政务领域、公共服务领域、产业经济领域的应用，抢抓大数据发展黄金机遇，全面助力政府转型、产业升级。在基础设施上，2016年8月，《关于加快促进云计算创新发展培育信息产业新业态的实施意见》提出，从加快产业创新发展、提升技术创新能力、培育云计算服务新业态、推动大数据开发应用、健全完善产业链条、统筹优化基础设施等8个方面入手，通过促进云计算、大数据快速发展优化创新创业环境，推动传统产业转型升级、增强政府治理能力、提高民生服务水平、培育形成新产业和新消费热点。2019年7月，《湖北省5G产业发展行动计划（2019—2021年）》出台，为抢抓第五代移动通信标准产业发展新机遇，打造数字经济发展新引擎，推动产业数字化、网络化、智能化转型，提出加快5G网络基础设施建设，发展5G设备生产制造业，推动5G在工业互联网、智能网联汽车、智慧教育、智慧旅游、智慧农业等领域的广泛应用。

打造数字化产业平台体系。在第一产业方面，2016年8月，《湖北省人民政府关于加快推进重要产品追溯体系建设的实施意见》提出，推进食用农产品、食品、药品、主要农业生产资料等产品追溯体系建设，大力推动应用物联网、云计算等现代信息技术创新治理模式，提升质量管理能力，保障消费安全。2016年9月，《湖北省人民政府办公厅关于加快推进农村电子商务发展的意见》提出，通过构建农村电子商务网络体系，抢抓"互联网＋流通"行动政策机遇，并提出提高农村电子商务应用水平、构建农村电商物流体系、实施农产品品牌化战略等举措。2018年12月，《湖北省电子商务进农村省级示范（2018—2020年）实施方案》

指出，要大力加强基础设施建设，构建电商公共服务体系、农村电子商务营销体系、农村电商物流服务体系；加强邮政、供销、商贸流通、交通、电商、快递等相关农村物流服务网络和设施的共享衔接；培育农村电商供应链，促进产销对接，推动农业发展方式转变、涉农企业及农民消费模式转型升级。在第二产业方面，为促进湖北省装备制造业转型升级、提质增效，全面提升产业综合竞争力，2014年3月，湖北省经济和信息化委员会出台《加快全省智能制造装备产业发展行动方案》，提出实施创新驱动行动、成套集成行动、示范应用行动，增强产业核心竞争力，并培育高档数控机床与数控系统、工业机器人、3D 打印装备等行动典型载体。2018 年 9 月，《湖北省工业互联网发展工作计划（2018—2020 年）》为加快推进互联网、大数据、人工智能和实体经济深度融合，促进湖北省工业经济稳增长、快转型、高质量发展，提出夯实网络基础、打造平台体系、加强工业互联网产业支撑、开展工业互联网平台应用等举措。在第三产业方面，2014 年 4 月，《湖北省人民政府关于大力推进电子商务发展的意见》提出，推进电子商务公共平台建设工程、电子商务应用工程、网络零售拓展工程、电子商务创新工程、电子商务示范工程的建设；完善信息网络服务体系、物流配送服务体系、电子商务信用认证标准体系、电子商务在线支付体系、电子商务专业服务体系、电子商务安全技术保障体系六大支撑体系，加快促进全省电子商务跨越式发展。2018 年8 月，《关于推进电子商务与快递物流协同发展的实施意见》提出，为提高本省电子商务与快递物流协同发展水平，通过加强基础设施建设，依托本省区位交通优势，尽快构建面向全国，覆盖全省各市、州、县的城市快递配送网络，引导快递物流企业完善优化网络布局。

建设政务服务高效运行。在电子政务方面，2018 年 7 月，《湖北省深化"互联网＋政务服务"推进"一网、一门、一次"改革工作方案》提出，构建全省一体化政务服务平台，推进线上"一网通办"；推动政务服务线上线下集成融合，推进线下"只进一扇门"；推动更多政务服务事项网上办理，让企业和群众"最多跑一次";推动政府工作数字化治理,让"数据多跑路、多说话"。2019年1月,《湖北省人民政府关于推进数字政府建设的指导意见》提出,将以云计算、大数据、物联网、人工智能、区块链等技术为支撑,以一体化在线政务服务平台为载体,以数字化、数据化、智能化、智慧化为实施路径,建立决策科学、治理精准、服务高效的新型政府运行模式。在智慧医疗方面,2018年12月,《湖北省人民政府办公厅关于促进"互联网＋医疗健康"发展的实施意见》提出,通过发展"互联网＋"医疗服务、优化"互联网＋"家庭医生签约服务、创新"互联网＋"公共卫生服务、完善"互联网＋"药品供应保障服务,健全"互联网＋医疗健康"服务体系;通过推进全民健康信息平台建设、提升基础设施保障能力,完善"互联网＋医疗健康"支撑体系,提升医疗卫生机构信息化建设水平,满足人民群众日益增长的医疗卫生健康需求。

(三)政策展望

作为中部地区数字经济发展的核心区域,数字经济崛起带来的市场红利其实早已惠及湖北省人民生活的方方面面,这也为数字经济的长远发展奠定了深厚的群众基础。2020年,数字经济首次被写入《湖北省政府工作报告》,这预示着政府将更加重视数字经济在全省的发展。以武汉市为核心城市的湖北省,在城市治理、公共服务层面的数字化表现尤为突出。近年来,从生活缴费、电子证件、社保公积金到交通出行,越来越多的服务被搬到互联网上,以"指尖轻点手机办事"为代表的数字化转型成为湖北省推进治理现代化的新引擎。

从整体来看,湖北省数字经济政策主要集中于产业数字化方面,近年来开始向数字化治理领域倾斜,尤其注重数字政府的建设。2020年《湖北省政府工作报告》显示,未来湖北省将更加重视数字经济赋能,提升数字经济发展竞争力,加快产业数字化转型,在数字文化、数字校园、数字政府等领域提升治理效能。

八、福建省数字经济政策

（一）数字经济概况

福建省位于我国东部沿海地区，作为我国面向亚太地区的主要开放窗口之一，福建省与东南亚、南亚、中东等地区的经贸关系渊源深厚、稳固密切，自"一带一路"倡议提出以来，福建省迎来了新的发展机遇。到 2018 年年底，福建省常住人口达到 3941 万人，比 2017 年年底增加 30 万人，增长率为 0.77%。全省 GDP 总量达到 35804 亿元，位居全国第十，较 2017 年增长 8.3%，人均 GDP 为 9.2 万元，位居全国第六。

在数字产业化方面，不断扩大网络基础设施覆盖率。2019 年福建省电信业务总量为 3234.74 亿元，同比增长 59.8%。2019 年年底电话用户总数达到 5484 万户，增长 3.7%。其中，固定电话用户有 763.7 万户，增长 4.2%；移动电话用户有 4720.3 万户，增长 3.7%。（固定）互联网宽带接入用户有 1779 万户，增长 9.2%；固定宽带家庭普及率为 133.3%，比 2018 年提高 17.5 个百分点。其中，光纤宽带用户达 1633.6 万户，增长 14.7%；光纤用户渗透率达到 91.8%。移动互联网用户达 3915.8 万户，移动宽带用户普及率为 104.4%，比 2018 年提高 3.5 个百分点。其中，4G 用户达 3878.7 万户，同比增长 6.8%，4G 用户渗透率达到 82.2%。

在产业数字化方面，促进传统产业数字化转型。福建省大力推进电子商务进农村，全力发展农村电子商务，促进农村产品网络销售，带动县域经济发展，2019 年福建省农村网络零售额 1860 亿元，排名全国第三，同比增长 30%；农产品网络零售额 258.9 亿元，同比增长 42.6%。福建省共有电子商务年交易额超过 3000 万元的"淘宝镇"106 个，数量排名全国第五，电子商务年交易额超过 1000 万元的"淘宝村"318 个，数量排名全国第六。

福建省加快制造业数字化转型步伐，以智能制造为主攻方向，加快传统产业改造升级步伐，2019 年智能制造试点示范企业 125 家，国家级制造业单项冠军数量位居全国第五。大力推进"两化"融合，深化"互联网＋先进制造"，3.3 万家企业用上了云计算平台。跨境电商发展实现新突破，福建省紧跟"一带一路"倡议，在全国率先出台"丝路电商"发展政策，拓展丝路电商合作空间，并指导厦门市跨境电商综合试验区加快建设进度，推动福州市、泉州市成功获批设立第四批国家跨境电商综合试验区。2019 年 1 ～ 11 月，福建省跨境电商零售进出口总额达到 20.58 亿元，同比增长 69.25%。其中出口额达到 8.15 亿元，同比增长 1216.32%；进口额达到 12.43 亿元，同比增长 7.7%。

数字化治理能力全面提升。在电子政务方面，福建省电子政务应用体系已基本建成，2001 年福建省开始建设统一的政务网络、信息交换体系和信息安全体系 3 套基础支撑平台，奠定的数字福建总体框架一直延续至今。整合全省政务服务资源，开通"闽政通 App"，全面接入全省行政审批和公共服务事项，大力整合政府部门和第三方可信便民服务资源。在"互联网＋"医疗健康方面，目前，福建省已经建成全省统一的互联网医院监管平台，鼓励各级医疗机构开通互联网医院业务，为老百姓提供常见病、慢性病复诊服务。截至 2019 年年底，已有 16 家医院提交了互联网医院注册申请。在数字化城市管理方面，福建省政法系统立足"数字福建"基础优势，打通数据壁垒，推进"互联网＋社会治理"建设，创新推出"e 治理"品牌，确定 10 个"e 治理"重点领域和 50 个重点项目清单目录；针对社会治安难点和社会稳定风险点，研发推出了福建省"警务云"平台、公共安全管理平台、网络诈骗防控平台等大批实战应用平台，在社会治安综合治理、公共安全等领域发挥了至关重要的作用。

（二）数字经济政策情况

前瞻性布局数字经济发展。福建省是较早布局数字经济的省，陆续出台了《福建省电子商务"十五"发展规划》《福建省人民政府关于加快发展智能制造九条措施的通知》《推动农村电子商务发展行动方案》《福建省人民政府关于深化"互联网＋先进制造业"发展工业互联网的实施意见》等一系列政策。2018 年起，福建省数字经济发展驶入快车道，提出了一系列顶层设计规划，例如，《2018 年数字福建工作要点》《新时代数字福建发展纲要》等。在政策领导机制上，2018 年 11 月，福建省成立数字福建建设领导小组，统筹规划和协调推进重大信息化基础设施和公共平台建设等工作。在政策保障上，福建省建立数字经济发展专项资金，并于 2018 年 9 月出台了《福建省数字经济发展专项资金管理办法》，进一步规范资金管理，提高了资金的使用效率。

释放数字产业动力，实现高质量发展。2016 年 6 月，《福建省促进大数据发展实施方案（2016—2020 年）》指出，要充分发挥大数据在经济社会发展中的基础性、战略性、先导性作用，释放大数据驱动创新发展、提高治理能力、创新公共服务的巨大潜能；同时提出夯实大数据发展承载基础、加强数据资源开发建设、推动数据共享开放，运用大数据改进政府治理方式、提升公共服务水平、创新科学研究模式、激发产业发展动力。2018 年 3 月，《福建省人民政府关于推动新一代人工智能加快发展的实施意见》提出，加强人工智能产业核心技术研发、加快人工智能创新平台建设、优化人工智能产业布局，强化人工智能在智能工厂、智能检测、智能医疗、智能交通、智能物流等领域示范应用，培育人工智能创新企业，加快全省新一代人工智能和实体经济的深度融合。2019 年 1 月，《新时代"数字福建·宽带工程"行动计划》从建设高水平全光网络、发展新一代移动通信网络、推动网络 IPv6 升级改造等方面提出具体措施，为深化新时代"数字福建"建设，加快构建高速、移动、安全、泛在的新一代信息通信基础网络，支撑福建经济社会高质量发展。

优化一、二、三产业融合发展生态与营商环境。在第一产业方面，为发挥电子商务对解决"三农"问题、促进农村经济新一轮发展的重要作用，2015 年 7 月，《推动农村电子商务发展行动方案》提出，激活农村电子商务经营主体、搭建农村电子商务产业发展平台、构建农村电子商务服务体系、完善农村电子商务物流配送体系、开展电子商务进农村综合示范活动等举措。2016 年 5 月，《福建省加快推进重要产品追溯体系建设实施方案》指出，推进食用农产品、食品、药品、主要农业生产资料等追溯体系建设，到 2020 年，基本形成覆盖全面、多级联通、多方协同的全省产品追溯平台体系和管理机制，社会公众对追溯产品的认知度和接受度逐步提升，追溯体系建设市场环境明显改善。在第二产业方面，2015 年 7 月，《福建省人民政府关于加快发展智能制造九条措施的通知》提出，通过明确目标与主攻方向、推进试点示范、提升企业智能化水平、发展壮大智能制造产业、支持市场开拓与服务创新、加强融资租赁服务、扩大信贷与直接融资、加大财税支持、强化人才支撑 9 项措施，加快产业创新转型。2018 年 1 月，《福建省人民政府办公厅关于加快全省工业数字经济创新发展的意见》明确指出，发展工业数字经济，推动实体经济和数字经济深度融合发展，是推动工业供给侧结构性改革、增强工业竞争优势的必由之路，并提出夯实工业数字经济产业基础，创新提升软件与信息技术服务业，加快新兴信息技术产业化，打造数据驱动的工业新生态。2018 年 6 月，福建省经济和信息化委员会印发了《福建省加快推动企业"上云上平台"行动计划（2018—2020）》，通过开展企业"上云上平台"行动，逐步完善工业互联网生态体系，提升企业互联网应用能力和水平，激发工业发展新动能，推动制造业优化升级和工业数字经济发展；逐步实现信息化基础设施、工具应用软件、开发环境和核心业务系统、生产设备和制造能力"上云"。在第三产业方面，为促进电子商务快速发展，2015 年 6 月，《福建省人民政府办公厅关于加快电子商务发展九条措施的通知》提出，打造闽货自营电子商务平台、推动闽货网上专业市场建设、加快商贸服务业线上线下深度融合、促进农村电子商务发展、支持跨境电子商务快速发展、助力自贸试验区建设等 9 项措施。2018 年 4 月，《福建省推进电子商务与快递物流协同发展实施方案》提出，在确保消费者个人信息安全的前提下，鼓励和引导电子商务平台与快递物流企业之间开展数据交换共享，健全协同共治管理模式，加强基础设施网络建设，推广智能投递设施，进一步提高全省电子商务与快递物流协同发展水平。2018 年 11 月，《福建省口岸通关进一步提效降费促进跨境贸易便利化实施方案》提出，通过口岸作业无纸化、集装箱设备交接单无纸化、简化报关单随附单证等提效工作，以及降低和减免收费、船公司特别是国企船公司减少码头操作费、海运附加费、改单费等降费工作，努力打造更高水平、更富效率、更加开放、更具便利的口岸营商环境。

改革公共服务平台业务与应用。在智慧城市方面，福建省发展和改革委员会于 2017 年 9 月提出了《数字福建公共平台建设应用指导意见》，通过推进云计算平台、基础网络、信息资源公共平台、应用系统公共平台等各类公共平台建设，推进基于公共平台的网络、数据中心、数字福建公共平台等业务整合与应用，创新公共平台建设运营模式，有序推进数字福建公共平台建设、运营和应用，发挥公共平台对于信息化建设的基础支撑和应用带动作用。在在线医疗方面，2018 年12 月，《福建省人民政府办公厅关于加快推进"互联网＋医疗健康"发展的实施意见》提出，通过健全"互联网＋医疗健康"服务体系、完善"互联网＋医疗健康"支撑体系、强化"互联网＋医疗健康"保障体系，全面推进"互联网＋医疗健康"应用发展，助力医药卫生体制改革和健康福建建设，更好地满足人民群众日益增长的医疗健康需求。

（三）政策展望

近年来，福建省数字经济高速发展。2019 年，福建省深入实施"数字经济领跑行动"，建设"国家数字经济创新发展试验区"，数字经济规模约为 1.7 万亿元。福建省发展数字经济具有诸多优势。一方面，对外开放优势为打造"数字海上丝绸之路"提供便利条件。通过建设国际数字经济港，助力打造"数字海上丝绸之路"新节点。另一方面，高端技术产业集聚优势为发展数字经济营造良好环境。数字福建（长乐）产业园、厦门软件园、泉州芯谷等产业园区集聚效应不断增强，形成了大数据、物联网、平板显示、集成电路等产业集群，信息化作用显现。

近年来，福建省数字经济高速发展，对数字经济政策提出了更高的要求，福建省数字经济政策从发展前期侧重于产业数字化转型开始转变，政策逐步向顶层设计及数字产业化领域倾斜，不断夯实基础设施建设。未来，福建省将围绕顶层设计规划布局，加快发展新一代信息技术、新能源汽车、生物医药等战略性新兴产业，促进人工智能、大数据、物联网和经济社会融合发展，继续扩大全省数字经济规模。

九、河南省数字经济政策

（一）数字经济概况

河南省是中原经济区的主体，地处我国内陆中心地带，是全国重要的综合交通枢纽和人流、物流、信息流中心。同时，河南省是我国劳务输出大省，劳动力资源丰富。到 2018 年年底，河南省常住人口达到 9605 万人，比 2017 年年底增加 45.87 万人，增长率为 0.48%。河南省 GDP 总量为 4.8 万亿元，位居全国第五，比 2017 年增长 7.6%，人均 GDP 为 5 万元。

不断夯实数字产业化基础。河南省全面布局数字核心技术。近年来，河南省以建设国家大数据（河南）综合试验区为契机，大力推进大数据、5G、人工智能等技术发展。当下，以"智慧岛"为核心区、省辖市大数据产业园区为节点的"1+18"产业发展格局初步形成，河南省数字经济呈现出"核心引领、节点带动"的集聚发展态势。另外，电信业务也快速发展。2019 年河南省电信业务总量为 5998.78 亿元，同比增长 52%。到 2019 年年底，本地固定电话用户 757.84 万户，移动电话用户 10889.75 万户，互联网用户 11016.79 万户，电话普及率为 121.27 部 / 百人。

加快产业数字化转型升级。河南省工业互联网建设取得突破。河南移动承建的全省唯一官方综合性工业互联网平台—河南省工业互联网平台，目前已正式投入运营。宇通客车、中信矿山装备、卫华起重等省内重点工业互联网平台与国内知名平台服务商开展对接合作，共同探索工业互联网平台建设路径和落地模式。

河南省大力发展互联网金融服务，于 2019 年启动了全省首个大数据信用融资服务平台—"信豫融"，该平台对接"信用 + 融资"，支持银行、基金、保险等各类金融机构运用平台信用信息，通过互联网、大数据、云计算、人工智能等新技术为金融机构、企业提供一站式信用大数据服务，加快研发适合民营企业融资信贷需求的新型金融产品。河南省跨境电商业务稳定增长。2019 年 3 月，中欧班列（郑州）首条跨境电商专线"菜鸟号"发车，由郑州市经阿拉山口出境开往比利时列日，标志着电商发展的又一新通道开启。截至 2019 年 8 月 30 日，经该班列出口跨境电商进出口清单达 468 万票，货值为 4706 万元，推动河南省商品"卖全球"步伐不断加快。2019 年 1 ~ 10 月，全省跨境电商进出口（含快递包裹）额为 1300.8 亿元，同比增长 22.3%。

深入推进数字化治理。在电子政务方面，"一网通办"前提下"最多跑一次"改革是河南省委、省人民政府深化"放管服"改革，推进审批服务便民化的重要举措。2018 年 8 月，首批"一网通办"前提下"最多跑一次"审批服务事项公布，主要涉及工商部门的有限责任公司、股份有限公司以及个体工商户设立登记、税务部门的增值税一般纳税人申报等 111 个审批服务事项。在"互联网 +"教育方面，2019 年，河南电信推出河南电信智慧校园云平台建设方案，满足河南省中小学校的教育信息化需求，全面提升教育信息化基础能力，通过建设区域教育云平台，为市、区、县教育局及近千所中小学校提供教学、管理、评价、安全等教育信息化云服务，累计服务师生、家长近百万人。

（二）数字经济政策情况

逐步加强对数字经济工作的统筹推进。2013 年 12 月，《河南省人民政府关于加快推进信息化促进"四化"同步发展的意见》首次提出，把加快推进信息化放到重要的战略位置，促进信息化与工业化、城镇化、农业现代化同步发展。随后，河南省数字经济政策主要集中在产业数字化领域，出台了《河南省人民政府关于加快电子商务发展的若干意见》《河南省电子商务进农村综合示范县（市）项目实施和资金使用工作指南》等一系列政策。2018 年至今，河南省数字经济政策开始向数字产业化领域倾斜，陆续出台了《河南省大数据产业发展三年行动计划（2018—2020 年）》《河南省新一代人工智能产业发展行动方案》等。在政策领导机制上，河南省建立由省发展和改革委员会牵头，省工业和信息化厅、省委网络安全和信息化委员会办公室、省通信管理局等有关部门共同参与的省促进数字经济发展部门联席会议制度和协调联动机制，对全省数字经济工作进行统筹推进和组织领导。在政策保障上，河南省通过统筹省先进制造业发展等专项资金，支持数字经济示范工程、重大项目与人才培养。

强化数字产业技术支撑与试点示范。2017 年 5 月，河南省通信管理局制定了《河南省云计算和大数据"十三五"发展规划》，围绕提升基础设施能力、促进数据资源开放流通、深化云计算大数据行业应用、推进大数据产业重点领域集聚发展等六大方面 22 项发展任务，提出了数据中心建设、数据资源开放流通、工业、农业、服务业、政府治理应用示范、数据加工产业培育等 11 项重点工程，细化了组织实施、政策支持、人才建设等 4 个方面 12 项具体保障措施。2018 年 5 月，《河南省大数据产业发展三年行动计划（2018—2020 年）》出台，通过着力构建"核心产业 + 创新应用 + 关联产业"三位一体的大数据产业体系，全面提升河南省大数据资源开发能力、技术支撑能力和产业发展能力。2019 年 6 月，《关于加快推进 5G 网络建设发展的通知》出台，围绕推动 5G 产业"一网四基地"建设，进一步明确加快推进 5G 网络建设发展的总体要求、基本原则、工作目标；提出要将 5G 基站建设纳入城市控制性详细规划，采用政府购买服务模式落实专项规划编制费用；积极支持在超高清视频、智慧医疗、智慧物流、自动驾驶、车联网、工业互联网等领域率先开展 5G 试点示范应用。

强调产业数字化发展规范与民生惠及。在第一产业方面，2016 年 8 月，《河南省人民政府办公厅关于加快推进重要产品追溯体系建设的实施意见》指出，要有序推动食用农产品、食品、药品和医疗器械、主要农业生产资料等追溯体系建设，保障人民消费安全。为加快推动电子商务进农村综合示范工作，指导示范县（市）项目管理和资金使用，2017年3月，《河南省电子商务进农村综合示范县（市）项目实施和资金使用工作指南》提出，河南省电子商务进农村综合示范县（市）资金可用于支持县级电子商务公共服务中心建设、乡村电子商务服务站点建设、县域电子商务物流仓储分拣配送中心建设等6个方面内容。2018年10月，《河南省乡村振兴战略规划（2018—2022年）》提出，作为全国重要的人口大省、粮食和农业生产大省，河南省将按照"产业兴旺、生态宜居、乡风文明、治理有效、生活富裕"的总要求，确定实施农村产业振兴、美丽乡村建设等六大行动。在第二产业方面，2018年4月，《河南省智能制造和工业互联网发展三年行动计划（2018—2020年）》出台，为加快发展智能制造和工业互联网，深入开展转型发展攻坚，提出实施关键岗位"机器换人"行动、生产线智能化改造行动、智能车间建设行动、智能工厂建设行动、智能化示范园区建设行动等九大行动。2018年4月，《河南省支持智能制造和工业互联网发展若干政策》提出，通过支持智能装备产业发展、支持企业智能化改造、支持开展试点示范、支持工业互联网平台建设、支持企业上云等，加大政策支持力度，推动制造业转型升级、提质增效。在第三产业方面，2014年1月，《河南省人民政府关于加快电子商务发展的若干意见》指出，大力推进电子商务是抢抓机遇实现经济社会又好又快发展的迫切要求，明确提出加强电子商务体系建设、大力拓展和深化电子商务应用、加强电子商务市场监管等主要任务。2017年8月，河南省发展和改革委员会出台了《全面推进电子商务领域诚信建设实施方案》，提出通过建立电子商务领域诚信主体"红黑名单"制度，大力实施守信激励和失信惩戒。加大对"红名单"主体推介的力度，及时将电子商务领域守信主体"红名单"向河南省项目融资对接信息平台和金融机构推送。加大对"黑名单"主体惩戒的力度，对"黑名单"主体实施限制入驻会员、降低信用等级、屏蔽或关闭店铺等惩戒措施。

推进治理领域资源调度与数据共享。在智慧交通方面，2017年8月，河南省交通运输厅发布了《关于加快推进智慧高速公路建设的实施意见》，提出到"十三五"末，形成信息基础设施完善、资源平台统一、行业应用深入、信息服务快捷的智慧高速公路发展局面，使公众服务便捷化、高速公路管理精细化、基础设施智能化，实现"互联网＋"条件下高速公路的新管理、新服务、新体验。在互联网医疗方面，2018年11月，《关于促进"互联网＋医疗健康"发展的实施意见》提出，通过完善全民健康信息平台功能、健全"互联网＋医疗健康"标准体系、提升医疗卫生机构基础设施保障能力，夯实"互联网＋医疗健康"基础；通过开展"互联网＋"医疗服务、创新"互联网＋"公共卫生服务、优化"互联网＋"家庭医生签约服务，完善"互联网＋"药品供应保障服务，健全"互联网＋医疗健康"服务体系。在电子政务方面，2017年2月，《河南省加快推进"互联网＋政务服务"工作方案》出台，对于以往滥开证明、造成群众办事跑腿多背后的部门间政务信息数据保存、交换、共享、应用等问题进行了明确要求。提出建成全省统一的政务数据共享交换平台，向网上政务服务平台按需开放业务系统实时数据接口，支撑政务信息资源跨地区、跨层级、跨部门互认共享。

（三）政策展望

近年来，河南省数字经济迅速发展，2018年河南省数字经济规模已达1.25万亿元。河南省是全国8个大数据综合试验区之一、十大通信网络交换枢纽之一，发展数字经济条件优越。数字经济基础优良，河南省已经形成以郑东新区智慧岛为核心区、18个产业园区为主要节点的数字经济发展空间格局。华为软件开发云创新中心、诺基亚全球交付中心、海康威视中原区域研发与运营总部、阿里巴巴中原总部等一批重大项目落户河南省。河南省拥有良好的数字经济发展机遇，"三区一群"等一批国家级战略平台形成战略叠加优势明显。

近年来，河南省数字经济政策主要集中在数字产业化和产业数字化两大方面。河南省为抓住数字经济发展机遇，已经陆续出台了《河南省加快数字经济发展实施方案》《河南省数字经济发展重大工程》《2019 年河南省数字经济工作要点》等顶层设计规划，为数字经济推动全省经济社会的转型发展提供政策支持。未来，河南省将培育壮大新兴产业，改造提升传统产业，推动数字经济成为培育经济新动能、构筑竞争新优势的重要支持。

十、四川省数字经济政策

（一）数字经济概况

四川省是我国西部地区经济强省。2019 年 10 月，四川省入选国家数字经济创新发展试验区，继攀西战略资源创新开发试验区、系统推进全面创新改革试验区之后，四川省再次成为国家试验区。2018 年年底，全省常住人口达到 8341 万人，比 2017 年年底增加 39 万人，增长率为 0.47%。全省 GDP 总量为 4.07 万亿元，位居全国第六，比 2017 年增长 8%，人均 GDP 为 4.9 万元。

数字产业化稳步发展。 2019 年四川省电信业务总量为 5155.0 亿元，同比增长 56.4%。2019 年年底移动电话交换机容量为 15321.5 万户，固定电话用户 1871.8 万户，移动电话用户 9443.5 万户。固定电话普及率达 22.4 部 / 百人，移动电话普及率达 113.2 部 / 百人。固定互联网用户 2811.8 万户，移动互联网用户 7283.4 万户，长途光缆线路长度达 12.2 万千米，本地网中继光缆线路长度达 149.6 万千米。2018 年四川省软件和信息技术服务业的综合发展指数为 70；电子信息制造业的发展指数为 70.13，位居全国第七。

全面推进产业数字化转型升级。 四川省发展农村电商助力精准扶贫。目前，四川省电商进农村综合示范实现 66 个国家级贫困县全覆盖，全省 88 个贫困县已有 84 个进入国家级和省级示范，开展电商培训 32.6 万人次，为 12.5 万建档立卡贫困群众创造就业岗位。四川省工业互联网应用广泛普及，积极推动实施企业上云行动，先后遴选推出了益企云、汽车产业生态圈建设云和德阳装备制造工业云等两批 17 个省级云服务推荐平台，为全省企业提供上云服务。截至 2019 年第三季度，四川省累计上云企业已超过 1 万家。从上云企业的行业分布来看，主要集中在制造业、建筑业、金融业等行业。此外，德恩精工、金星清洁能源装备、蓝彩电子等一批企业入选工业和信息化部 2018 年企业上云典型案例，入选数量位居全国第三。电子商务发展取得新成效。目前，四川省已经成功打造了 3 家国家级电商示范基地和 26 家省级电商示范基地。据不完全统计，四川省电商产业园数量已经达到近 50 个。2019 年 1 ～ 11 月，四川省实现网络交易额 33320.13 亿元，同比增长 10.81%，其中，大宗及 B2B 交易额为 28601.45 亿元，网络零售额为 4718.68 亿元，同比增长 21.34%。

数字化治理能力不断提升。在电子政务方面，四川省政务服务网以社会公众需求为导向，围绕企业群众办好"一件事"，梳理高频、便民服务事项，配置上线跨层级、跨部门场景式主体服务和特色服务旗舰店。目前，四川省政务服务网各级站点已经梳理上线医疗挂号、法律援助、查验发票等场景式服务，并开通特色服务旗舰店。在"互联网 +"医疗方面，"天府医健通"于 2019 年 12 月上线，该平台是由四川省卫生健康委员会监管、省卫生健康信息中心主导建设的官方公益平台和面向公众服务的统一门户，为公众提供集预防、医疗、康复于一体的方便快捷的在线医疗健康服务。在智慧交通方面，2019 年 6 月，四川高速公路建设开发集团有限公司与阿里云共同成立智慧交通联合实验室，该实验室以人工智能、云计算、边缘计算、云边协同、数字平行世界、5G 等"智能 +"技术为核心，致力于道路基础设施智能化产品研发以及新商业模式探索，包括新一代云控数字隧道、区域协同人工智能收费站等。

（二）数字经济政策情况

从电子商务单点发展到数字经济统筹规划。四川省数字经济政策以省商务厅出台的《2011 年全省电子商务工作要点》为出发点，旨在提高全省电子商务发展水平，使四川电子商务应用与发展走在全国前列。随后，四川省数字经济政策主要围绕产业数字化展开，促进第一产业与第三产业的数字化转型，相继出台《四川省电子商务进农村综合示范工作方案》《四川省农业厅关于认定全省农业电子商务示范企业和农业物联网示范基地的通知》《四川省人民政府关于加快电子商务产业发展的实施意见》等政策。2019 年，四川省数字经济政策主要以顶层设计为主，出台了《四川省人民政府关于加快推进数字经济发展的指导意见》《四川省推进数字经济发展领导小组工作机制》等。在政策领导机制上，四川省通过发挥省推进数字经济发展领导小组作用，统筹推进全省数字经济发展工作。在政策保障上，四川省成立四川省推进数字经济发展专家咨询委员会和四川省数字经济研究院，为重要应用项目及工程实施提供决策咨询，同时设立数字经济发展基金，提供资金支持。

攻坚数字经济核心技术和产品培育。2018 年 1 月，四川省发展和改革委员会等 3 个部门联合印发了《四川省促进大数据发展工作方案》，明确提出扩展大数据应用范围，提升政府治理能力和民生服务水平，并提出发展健康医疗服务大数据、发展教育大数据、发展文化大数据、发展交通运输和物流大数据、发展社会服务大数据等重要内容。2018 年 9 月，《四川省新一代人工智能发展实施方案》出台，围绕四川省装备制造、民生及社会治理等关键领域，加快提升社会治理和民生服务的智能化水平，并提出核心技术攻关工程、重点产品培育工程、行业应用示范工程、企业集群培育工程、高端人才引培工程 5 个方面的重点任务。

扩大电子商务、智能制造等领域创新应用。在第一产业方面，2016 年 3 月，《四川省促进农村电子商务加快发展实施方案》提出，通过培育农村电子商务市场主体、建设新型农村日用消费品流通网络、加快推进农产品电子商务、鼓励发展农业生产资料电子商务等举措加快发展农村电子商务。2019 年 3 月，《关于坚持农业农村优先发展推动实施乡村振兴战略落地落实的意见》提出，坚决打赢脱贫攻坚战，确保如期完成全面建成小康社会硬任务；扎实推进农村人居环境整治，坚决打好实施乡村振兴战略的第一仗；加强粮食综合生产能力建设，确保四川粮食安全等多方面举措。在第二产业方面，2015 年 10 月，四川省提出十大任务、七大工程和十大重点领域突破发展。十大任务方面，提出要提高四川制造业自主创新能力、加快信息化与工业化深度融合、提升四川制造业基础能力等，同时，将配套实施制造业创新中心建设、高端装备创新研制、智能制造等七大工程。2019 年 8 月，《四川省人民政府关于深化"互联网 + 先进制造业"发展工业互联网的实施意见》明确提出，将围绕电子信息、装备制造、食品饮料、先进材料、能源化工五大支柱产业，支持龙头企业打造一批面向垂直行业和细分领域的工业互联网平台，争创国家级跨行业、跨领域平台。在第三产业方面，2015 年 11 月，《四川省人民政府办公厅关于推动跨境电子商务加快发展的实施意见》明确提出，将复制借鉴跨境电商试点城市（综合试验区）和自贸区改革经验，加快推动跨境电子商务发展，并提出建立便捷高效的服务体系、支撑体系与本土跨境电商队伍体系 3 个方面工作重点。2016 年 1 月，《四川省人民政府关于加快电子商务产业发展的实施意见》明确提出，要夯实创新创业载体、培育壮大本土平台、深入开展试点示范、推动电子商务应用创新、推进线上线下互动创新等 10 项发展重点。2019 年 1 月，《四川省人民政府关于推进"5+1"产业金融体系建设的意见》提出，要推动构建与电子信息、装备制造、食品饮料、先进材料、能源化工和数字经济为主要内容的现代产业体系相适应的产业金融体系，促进产业与金融相互融合，提高金融服务实体经济的能力。

推动治理领域信息互通共享与服务监管。在在线医疗方面，2018 年 11 月，《四川省人民政府办公厅关于促进"互联网 + 医疗健康"发展的实施意见》提出，一是从发展"互联网 +"医疗服务、创新"互联网 +"公共卫生服务、优化"互联网 +"家庭医生签约服务等 7 个方面健全"互联网 + 医疗健康"服务体系；二是从加快实现医疗健康信息互通共享、健全"互联网 + 医疗健康"标准体系、制定完善相关配套政策 3 个方面完善"互联网 + 医疗健康"支撑体系；三是从加强医疗质量监管、保障数据信息安全两个方面强化行业监管和组织保障。在数字政府方面，2018 年 11 月，《加快推进四川省一体化政务服务平台建设进一步深化"互联网＋政务服务"工作实施方案》出台，针对高质量完成国家试点任务、规范政务服务事项、优化政务服务流程、融合线上线下服务、推广移动政务服务等多方面任务，细化提出33项具体工作措施，并逐项明确工作要求、责任主体和完成时限。在智慧交通方面，2019年3月，《四川省人民政府办公厅关于加快推进全省平安智慧高速公路建设的指导意见》明确提出，平安智慧高速公路的建设要求、目标和主要任务，要求通过运用互联网、大数据技术，集中数据跨行业、跨部门高度共享，实现对高速公路透彻全面、实时智能的感知或趋势预测，实现高速公路交通事故风险有效降低，交通事故起数明显下降。

（三）政策展望

近年来，四川省电子信息、5G规模化组网试点、大数据应用等数字产业发展迅猛，2018年全省的数字经济总量超过1.2万亿元。2019年10月，四川省入选国家数字经济创新发展试验区。在发展数字经济优势上，除国家数字经济创新发展试验区建设以外，一是政策保障力度加强，2018年6月，中共四川省委十一届三次全会明确构建"5+1"现代工业体系，其中"1"即数字经济；二是产业优势明显，四川省是全国四大区域性电子信息产业基地之一，软件、信息安全、计算机及芯片等信息产业基础雄厚，初步形成了以"芯、屏、端、软、智、网"为支撑的电子信息产业体系；三是人才优势突出，四川是科教大省和人口大省，拥有电子科技大学、四川大学等高等院校共129所，人才储备丰富，创新潜力巨大。

四川省推进数字技术与实体经济深度融合，尤其注重第三产业的数字化转型，近年来，为抓住数字经济发展机遇，逐步出台了众多顶层设计规划完善支撑体系。根据《四川省人民政府关于加快推进数字经济发展的指导意见》，四川省将不断壮大人工智能、大数据、5G、超高清视频等数字经济核心产业规模，推动数字经济与实体经济融合发展。

第六章

数字经济政策展望

在党中央、国务院的大力支持下，我国数字经济政策由省市下沉到县区，政策覆盖人群不断扩大，政策着力方向日趋贴近人民日常的生产生活，但政策落地细化仍存在严峻挑战。**一是顶层设计不足。**当前，数字经济政策出台及实施以地方政府为主，各地倾向于结合自身对于数字经济的理解以及当地经济的发展特征开展政策部署，缺乏统一政策口径。**二是对数字产业化关键核心技术布局不足。**我国对于数字产业化政策布局"重应用，轻研发"的现象依然存在，对于新模式、新业态政策的重视程度远高于对关键核心技术的布局。**三是生产领域产业数字化政策落地困难。**遵从数字经济的第三、第二、第一产业逆向融合发展规律，我国数字经济政策逐步由消费领域向生产领域拓展，但与消费领域不同，生产领域产业数字化转型面临的政策问题更加复杂，对政策分类实施的要求更高，推动实施更加困难。**四是数字化治理政策面临诸多挑战。**作为新生事物，数字经济对全球的数字化治理均提出巨大的挑战，政府监管体系不能适应新业态创新发展的需要，市场准入监管与数字经济发展不相适应等问题相继出现，这要求政策要能在实践中不断提升数字化治理能力。**五是国际合作不确定性加大。**当前，全球产业格局和金融稳定受到冲击，世界经济运行风险和不确定性显著上升，为数字经济国际合作带来诸多不确定因素，亟须加强数字经济务实合作，谋求互利共赢，解决全球数字经济的发展瓶颈。

一、进一步加强国家数字经济顶层设计

数字经济政策落地实施不断深化，加强政策顶层设计，形成共识性的政策框架是至关重要的。国家应加快出台国家级数字经济战略，强化数字经济宏观战略布局，明确数字经济发展目标、重点方向及政策举措，建立数字经济领导小组，统筹部署数字经济工作重大决策；研究审议拟出台的数字经济相关法律法规、宏观规划和重大政策，督促检查数字经济有关法律法规及政策措施落实情况，形成中央和国家机关有关部门横向协同、中央地方联动的工作推进机制，组织落实数字经济的相关政策，及时沟通交流工作推进中遇到的重大问题，保证数字经济落地实施的有效性；

加强数字经济相关立法，在平台责任、知识产权保护、创新、税收、劳动就业、反垄断、国际规则、信息技术风险与安全等方面研究建立适应数字经济特点的新规则体系，加快重新构建符合数字经济发展规律、体现综合治理的数字经济立法体系。

二、不断深化数字产业化的关键技术领域布局

当前，新一轮科技和产业革命蓄势待发，其主要特点是重大颠覆性技术不断涌现，科技成果转化速度加快，产业组织形式和产业链条更具垄断性。在关键核心技术领域占据制高点是世界主要经济体的战略目标。我国应进一步加大数字产业化领域基础研究，部署互联网、大数据、人工智能、量子信息、机器人和生命科学等前沿领域关键技术研发与产业化布局，支持人工智能应用、量子物质与应用、生物信息学、集成电路与光电芯片、机器人与智能制造、高超声速新型航空发动机、先进材料、地球系统科学等前沿领域研究，力争实现基础性理论突破；加强关键核心技术研发，加大对 5G、工业互联网、云计算、大数据等领域关键技术的研发支持，重点突破底层基础技术、基础工艺能力等问题，完善技术转化政策环境，助力研究成果加快向应用端转移；建立完善的知识产权管理服务体系，逐步建立全国统一的知识产权交易市场，积极运用在线识别、实时监测、源头追溯等技术，利用数字技术加强知识产权保护，鼓励和支持创新主体关键前沿技术知识产权创造，推动成果转移转化。

三、产业数字化政策不断迈向精准化

近年来，产业数字化在数字经济中的比重逐年上升，互联网新技术新应用在全方位、全角度、全链条改造传统产业，提高全要素生产效率，释放数字经济潜力等方面的作用不断扩大。各行业的差异对于产业数字化政策制定与落地的影响也不断暴露。未来，应鼓励各地政府以分类实施、精准施策为原则，结合本地产

业发展的实际情况，制定切实可行的产业数字化政策方案。对于产业基础好、上下游设施配套完备、行业集聚度高的区域，建议加大智能制造、工业互联网、智能工厂等高端制造业部署，探索利用数字化技术大幅提升生产效率、降低人员成本、提高产品品质。对于产业基础相对薄弱、企业运营管理能力较弱、数字化转型认识不足的区域，建议优先布局数字化转型服务环境，通过开展工业互联网改造升级、推进工业互联网标识解析应用等方式加强基础性网络部署，通过打造行业级、企业级工业互联网平台及提升工业互联网平台服务能力等方式提高企业数字化转型能力，通过大力培育数字化产品与解决方案供给、开展中小企业数字化人才培训等方式完善产业数字化环境，实现数字产业化政策精准化、务实化。

四、积极布局全方位数字化治理

伴随数字经济发展的不断深化，数字化治理日益成为全球广泛关注的话题。我国应顺应数字经济发展趋势，坚持包容审慎治理的理念，在严守安全底线的前提下，鼓励新模式新业态创新发展，对于新生事物留有"观察期"，同时密切跟踪数字经济的发展动向，适时制定并出台相应政策，推动多元共治深层次应用。一方面，要建立高效的政府协同监管体系，开展联合执法，使协同监管制度化、常态化，在平台治理、网络安全保障等方面形成监管合力；另一方面，要构建互联网行业多方参与治理机制，就热点、重点与难点问题进行研讨磋商，寻求共识，打造政府主导、企业自治、行业自律、社会监督的社会共治模式。数字化治理也要做好技管结合，利用数字化技术提升政府治理能力，不断优化治理手段与方式。例如，积极运用大数据、人工智能等新技术提高数字化治理能力，对典型平台的突出问题（例如，交易类平台的假货问题、信息内容类平台的网络谣言等问题）进行精准高效的管理。各级政府要加快数字化公共服务政策实施，积极布局数字化技术在智慧城市管理、医疗健康、交通运输等领域的应用，切实提高人民生活的便利性，让人民共享数字经济发展福祉。

五、务实推动数字经济国际合作

当前，世界各国都力图发展数字经济，我们应该强化数字经济的务实合作，培育新动能、新业态，共同促进世界数字经济的繁荣。我国应强化网络基础设施合作，加快互联网国际出入口扩容，提升国际互联网访问质量，完善面向全球国际海缆和跨境陆缆布局，打造全球网络枢纽；统筹海外业务节点布局，加快数据中心、内容分发网络等互联网应用设施海外布局，为我国企业"走出去"提供信息服务和网络支撑能力；完善国家数据跨境流动机制，促进数据资源交易流转，推动数据开放共享，制定数据交易相关法律法规和交易流通的一般规则，规范交易行为，共同营造稳定透明、公平公正、开放包容、规范有序的发展环境；强化数字安全合作，与世界各国联手打击滥用数字技术的恐怖主义和犯罪活动，共同遏制信息技术滥用，反对网络监听和网络攻击；加强数字安全对话交流，完善网络空间对话协商机制，有效管控分歧，共同构建相互尊重、公平正义、合作共赢的新型国际关系，维护网络空间和平安全；深化数字贸易合作，进一步放宽外资准入领域，不断扩大自由贸易试验区、自由贸易港、产业园区等合作范围，吸引沿线国家来华投资，营造高标准的国际营商环境，深化与沿线国家在数字经济经贸领域的互利共赢，扩大双多边投资贸易规模。

参考文献

[1] 中国信息通信研究院 . 中国数字经济发展白皮书（2017 年）[R]. 2017.

[2] 中国信息通信研究院 . G20 国家数字经济发展研究报告（2017 年）[R]. 2017.

[3] 中国信息通信研究院 . 互联网平台治理白皮书（2017 年）[R]. 2017.

[4] 中国信息通信研究院 . G20 国家数字经济发展研究报告（2018 年）[R]. 2018.

[5] 中国信息通信研究院 . 中国数字经济发展与就业白皮书（2019 年）[R]. 2019.

[6] 中国信息通信研究院 . 全球数字经济新图景（2019 年）[R]. 2019.

[7] 中国信息通信研究院 . 新型智慧城市发展研究报告（2019 年）[R]. 2019.

[8] 中国信息通信研究院 . 区块链白皮书（2019 年）[R]. 2019.

[9] 中国信息通信研究院 . 数字经济治理白皮书（2019 年）[R]. 2019.

[10] 中国信息通信研究院 . 数字贸易发展与影响白皮书（2019 年）[R]. 2019.